PASSAUER KONTAKTSTUDIUM ERDKUNDE 3

Ernst Struck
Aktuelle Strukturen und Entwicklungen im Mittelmeerraum

PASSAUER KONTAKTSTUDIUM ERDKUNDE 3

Ernst Struck

# Aktuelle Strukturen und Entwicklungen im Mittelmeerraum

Mit 48 Abbildungen, 16 Tabellen, 29 Bildern und Materialien

PASSAVIA UNIVERSITÄTSVERLAG PASSAU

© 1993

Printed in Germany
Satz: Fach Geographie der Universität Passau
Verlag: Passavia Universitätsverlag und -Druck GmbH, Passau

**CIP-Titelaufnahme der Deutschen Bibliothek**

**Aktuelle Strukturen und Entwicklungen im Mittelmeerraum**
Ernst Struck (Hrsg.)
Passau: Passavia-Univ.-Verl., 1993
(Passauer Kontaktstudium Erdkunde 3)

ISBN 3-86036-009-4

# Inhalt

Vorwort .................................................................................................. 7

*Klaus Rother*
„Was heißt eigentlich mediterran?"
Zu Begriff und Grenzen des Mittelmeerraums ................................................................ 9

*Michael Richter*
Mediterranes Brachland eine Chance für die Rückgewinnung naturnaher Standorte? ................................ 15

*Ulrich Deil*
Die Straße von Gibraltar
Auswirkungen einer kulturgeographischen Grenze auf Vegetationsstrukturen und Landschaftsentwicklung ................ 25

*Max Huber*
Aktuelle Forschung zum Mittelmeerraum und ihre unterrichtliche Umsetzung
am Beispiel „Verschmutzung und Schutz des Mittelmeeres" ................................................... 33

*Hans-Georg Möller*
Aktuelle agrarpolitische und agrarwirtschaftliche Entwicklungsprobleme
der mediterranen Intensivkulturen in Südfrankreich und Spanien ............................................. 49

*Ernst Struck*
Die Bewässerungslandwirtschaft der Türkei ................................................................ 69

*Herbert Popp*
Tendenzen der Tourismusentwicklung in den Maghrebländern ................................................. 79

*Johann-Bernhard Haversath*
Stadtentwicklung in Griechenland
Wandel, Strukturen und Probleme der gegenwärtigen Groß- und Mittelstädte ................................. 101

# Vorwort

Da die Erforschung des Mittelmeerraumes ein Schwerpunkt des Faches Geographie der Universität Passau ist, lag es nahe, dieser Großregion auch eine Fortbildungstagung für Gymnasiallehrer zu widmen. So setzten sich am 18. und 19. Oktober 1991 insgesamt 40 Lehrer aus Niederbayern und der Oberpfalz mit Wissenschaftlern aus Bayreuth, Erlangen, Hannover und Passau mit aktuellen Problemen der Mediterrangebiete anhand von acht Referaten auseinander und diskutierten in einem Workshop über die unterrichtliche Umsetzung dieser Forschungsergebnisse.

Angestrebt wurde ein breites Themenspektrum, das von der Verschmutzung des Mittelmeeres über weitere ökologische Fragen, die mediterrane Landwirtschaft bis hin zum Tourismus und zur Stadtentwicklung reichte. Dabei legte der Veranstalter aus pragmatischen Gründen den Begriff ‚Mittelmeerländer‘, gemeint sind die Anrainerstaaten des Mittelmeeres, zugrunde, um auch das Innere Marokkos wie der Türkei einbeziehen zu können. Wie problematisch eine solche ganz gängige, weite Grenzziehung ist, und wie eng man dagegen den eigentlichen Mittelmeerraum aus geographischer Sicht fassen kann, zeigt Klaus Rother im ersten grundlegenden Beitrag.

Der Herausgeber hofft, daß die überarbeiteten Referate der 3. Passauer Kontaktstudiumstagung für Erdkunde, die in diesem Band mit einer großen Zahl von Karten, Bildern und anderen Materialien vorgelegt werden, vielfältige Anregungen zur Unterrichtsgestaltung geben.

Für die Unterstützung der Tagung und einen Zuschuß zu den Druckkosten sei dem Bayerischen Staatsministerium für Unterricht und Kultus, für die Einladung der Tagungsteilnehmer der Dienststelle des Ministerialbeauftragten für Niederbayern, besonders Herrn Studiendirektor Gradl, und für die Vorbereitungen des Drucks meinem Kollegen Dr. Armin Ratusny herzlich gedankt.

Passau, im Juni 1993                                   Ernst Struck

Klaus Rother

# „Was heißt eigentlich mediterran?"

## Zu Begriff und Grenzen des Mittelmeerraums

Als sich vor 15 Jahren eine kleine Gruppe deutscher Geographen anschickte, ein erstes wissenschaftliches Kolloquium zur Kulturgeographie des Mittelmeerraums zu organisieren, schlug es den Teilnehmern als Tagungsthema „Aktiv- und Passivräume im mediterranen Südeuropa" vor. Daraufhin kam von zwei angeschriebenen älteren Vertretern unseres Faches – es waren Fritz Dörrenhaus und Wolfgang Hartke – prompt die zunächst naiv anmutende, aber übereinstimmende Rückfrage „Was heißt eigentlich mediterran?" Damit brachten sie die Initiatoren des Treffens – ob gewollt oder ungewollt sei dahingestellt – in einige Verlegenheit; denn die Veranstalter hatten geglaubt, ein jeder wisse, was es mit dem Terminus „mediterran" auf sich habe.

In der Zwischenzeit fanden noch drei weitere Symposien des kulturgeographischen Arbeitskreises zur Mittelmeerländer-Forschung statt, und für das nächste Frühjahr ist ein fünftes Treffen in Passau geplant, bei dem es um die Bewässerungswirtschaft im Mittelmeerraum gehen soll. Niemals ist freilich die aufgeworfene Grundfrage ausführlich besprochen, geschweige denn geklärt worden. Im Gegenteil, man hat es nach einigen vergeblichen Versuchen ausdrücklich abgelehnt, weiter über sie zu diskutieren, weil ein Streit um Definitionen letztlich fruchtlos erschienen ist.

Bei jeder Beschäftigung mit einem kleinen oder großen Erdausschnitt stellt sich jedoch das Problem der Abgrenzung immer wieder von neuem. Und es kann sicher nicht gleichgültig sein, ob ein Geograph mit „mediterran" – in enger Auslegung des Wortes: „mittelmeerisch" oder „zum Mittelmeer gehörend" – nur die an den Küsten des Mittelmeeres gelegenen Landschaften meint oder ob er den Begriff weiter faßt und z. B. auf den Binnenraum der Festländer ausdehnt, die Mittelmeerländer vielleicht in ihrer Gesamtheit versteht oder gar an noch größere Dimensionen denkt, wofür es ebenfalls Beispiele gibt. Für jede damit verbundene Grenze läßt sich mit Sicherheit auch eine mehr oder weniger vernünftige Begründung finden. Ob sie Sinn hat, muß man prüfen. Denn bald drängt sich die Frage nach der geographischen Einheit eines wie auch immer abgegrenzten Mittelmeerraumes auf. Welche Kriterien sollen für sie angewandt werden, sind sie einsichtig und tragfähig oder führen sie in die Irre? Was ist aus geographischer Sicht tatsächlich das Wesen des Mittelmeerraums? Wenn man es definieren könnte, müßte doch die Frage nach der Abgrenzung leicht zu beantworten sein. So sieht zumindest theoretisch der Lösungsweg aus. Wie aber steht es mit seiner Realisierung?

In den folgenden Zeilen möchte ich das Problem der Einheit des Mittelmeerraums vorrangig behandeln und erst danach über Grenzen sprechen.

Was mediterran sei, hat nicht nur Verstand und Gemüter deutscher Geographen bewegt. Auch in verwandten Disziplinen und im Ausland ist nach Begriff und Grenzen des Mittelmeerraums von jeder Forschergeneration neu gefragt worden. Allerdings fehlt bis heute eine befriedigende, allseits akzeptierte Antwort. Um es gleich vorweg zu nehmen: Von einer umfassenden Definition, die es in Anbetracht der fachlich vielseitigen Interessen an unserem Gegenstand vielleicht gar nicht geben kann, sind wir jedenfalls weit entfernt; und man ist geneigt, jenen zuzustimmen, die meinen, das Klima sei die Klammer der Großregion, alles andere, was sich an „typischen" räumlichen Elementen ausfindig machen läßt, sei eher zufällig. Bei einer solchen resignativen Sicht scheint unser Anliegen tatsächlich müßig zu sein. Dennoch sollten wir nicht von vornherein verzagen, sondern uns zunächst an Altvertrautes halten, nach neuen Aspekten und Lösungen suchen, ehe wir uns für einen gangbaren Weg entscheiden.

Die Frage, ob der Mittelmeerraum eine Raumeinheit, eine Großregion der Erde sei, haben wichtige Wissenschaftler in Vergangenheit und Gegenwart mit guten Argumenten bejaht und bereits in den Titeln ihrer Bücher und Aufsätze deutlich zum Ausdruck gebracht, angefangen von A. PHILIPPSON, der sein heute klassisches Standardwerk – dem nach fast einem Jahrhundert nichts Ebenbürtiges zur Seite gestellt werden kann – bekanntlich überschrieben hat mit „Das Mittelmeergebiet. Seine geographische und kulturelle Eigenart" (1904), bis hin zu F. BRAUDELS „Die Welt des Mittelmeeres" (1987). Ähnliches wollen andere Titel vermitteln wie beispielsweise „Das Mittelmeergebiet als geographische Erscheinung" (H. WILHELMY 1966/67) oder „Das Mittelmeergebiet als subtropischer Lebensraum" (H. G. WAGNER 1988).

Schaut man sich die Auffassungen der kompetenten Fachvertreter näher an, so scheint es zunächst keinen Zweifel zu geben, daß der Mittelmeerraum eine Großregion der Erde mit wohldefinierten Wesenszügen und Grenzen ist, die gegen seine Aufteilung unter die Kontinente Afrika, Asien und Europa sprechen. Theobald FISCHER, der Nestor der deutschen Mittelmeerforschung, faßte diese schon vor der Jahrhundertwende gängige Ansicht in seinen „Mittelmeerbildern" (1908) m. W. erstmals zusammen: „In der Tat haben wir hier einen Teil der Erdoberfläche vor uns, welcher so ausgeprägte Sonderzüge besitzt, die überall wiederkehren und als Unterschiede, ja Gegensätze gegen die übrigen Teile des betreffenden Erdteils hervortreten, daß eine Abgliederung von denselben nicht nur möglich, sondern zum vollen Verständnis desselben geboten erscheint" (S. 32). Und H. WILHELMY schreibt in dem genannten Aufsatz unmißverständlich: „Geographisch jedoch ist er (der Mittelmeerraum; d. Vf.) einer der markanten Großräume der Erde, der sich in dieser seiner spezifischen Ausprägung nirgends auf der Welt wiederholt" (S.8). Ähnlich entschieden formulierte es W. G. EAST (1940; zitiert nach H. ROBINSON 1973, S. 4 f.) in „Mediterranean Problems": „Mediterranean: it is clear-cut definite, unique, indivisible within its inner limits and readily recognizable within its outer limits". Er vertrat die Meinung, daß die inneren Grenzen durch das Mittelmeerklima, die äußeren Grenzen durch den umgebenden Rahmen junger Faltengebirge vorgegeben seien, ließ also nur physiogeographische Aspekte gelten.

Vorsichtiger äußern sich jene, die den mediterranen Naturraum mit dem mediterranen Kulturraum in allen seinen Facetten in Einklang bringen wollen, also alle räumlichen Elemente physiognomischer und struktureller Art berücksichtigen möchten, wie etwa der kürzlich verstorbene französische Historiker BRAUDEL: „ ... die Mittelmeerszenerie ist eine aus Ungleichartigem zusammengesetzte Welt, die erst in unserer Vorstellung zu einem zusammenhängenden Bild sich fügt, wie in einem System, in dem das Unterschiedene zunächst vermengt und dann zu einer originalen Einheit neu verflochten wird. Wie jedoch diese offensichtliche Einheit erklären ... ? ... die Natur, die wohl manches bewirkt hat, erklärt nicht alles, und auch die Menschen allein nicht ..." (S. 9 f.). Ebenso artikulierte sich schon 1929 O. MAULL in seiner Länderkunde von Südeuropa, indem er mit geradezu entwaffnender Offenheit niederschrieb: „Das Mittelmeergebiet ist eben eine Einheit in der Mannigfaltigkeit" (S. 10) und damit, wie die Zitatstelle zeigt, nicht nur das für ihn im Mittelpunkt stehende Relief meinte. Und im gleichen Sinne urteilt D. S. WALKER in „The Mediterranean Lands" (1965): „Within the overall unity of the Mediterranean there is a fascinating diversity ..." (S. XXII).

Anders als es zunächst scheint, ist der Begriff Mittelmeerraum offensichtlich komplex, und angesichts der großen Vielfalt, die uns die landschaftliche Realität bietet, können die weit auseinandergehenden Abgrenzungsversuche nicht verwundern. Zweifellos ist es schwer, eine treffende und zugleich kurze Definition zu finden, wie sie für Länder, Kontinente oder andere Großregionen der Erde mit einem dominanten Merkmal (wie z. B. für Monsunasien) sonst möglich ist.

Gewiß sind jene Definitionen auch bei unserem Gegenstand bedenkenswert, die ihm – einem früheren Geographie-Verständnis folgend – allein den Naturraum oder einen Teilaspekt von ihm zugrundelegen. Erstrebenswert sollte aber eine geographische Begriffsbildung sein, die den Kulturraum einbezieht. Seit langem wissen wir, daß im Mittelmeerraum der weitgehenden Einheitlichkeit des Naturraums das bunte Mosaik der Kulturlandschaft gegenübersteht, doch wissen wir auch, daß beides nur schwer zusammenzubringen ist.

Anläßlich der 2. Mittelmeer-Tagung in Marburg vor zehn Jahren habe ich mir schon einmal Gedanken gemacht und gefragt, was denn kulturgeographisch das typisch Mediterrane sei: „Ist es die Transhumance, die enge Verzahnung von Trocken- und Bewässerungsfeldbau, das Nebeneinander sehr gegensätzlicher Betriebsformen und Betriebsgrößen in der Landwirtschaft, ist es die kompakte Dorfsiedlung und ihre Höhenlage, der konservativ-starre Grundzug städtischer Strukturen, die periphere Verteilung und die Jugendlichkeit sowie die große Mobilität der Bevölkerung, ist es die geringe Ausdehnung der entwickelten Gebiete und die Dominanz der Beharrungsräume, ist es der hochgradige Raubbau an der Landschaft, ist es der Küsten- und Hafenstandort der modernen Industrie, die große Bedeutung des Handwerks und des Kleinhandels im Erwerbsleben, sind es die Hotel-, Ferien- und Appartementhausfronten auf Hunderten von Kilometern an den Gestaden des Mittelmeers, oder ist es – wie seit Vorzeiten – die verbindende Funktion der Wasserfläche?" (K. ROTHER 1981, S. 2).

Weil viele dieser Merkmale für sich allein auch für andere Erdräume geltend gemacht werden können, bleibt wohl nichts anderes übrig, als eine spezifische Kombination von hervorstechenden Kennzeichen für die Begriffsbildung heranzuziehen. Mit einer solchen Merkmalsdefinition, die zugegebenermaßen immer Schwächen hat, weil man sie beliebig ausweiten kann, benutze ich eine gängige Methode zur komplexen Raumabgrenzung. Beispielsweise haben H. MENSCHING und E. WIRTH (1989, S. 15 ff.) jüngst wieder die „grundlegenden geographischen Charakteristika" des Orients, der ähnliche Definitionsprobleme bereitet, in sechs schlagwortartigen Thesen formuliert. Dementsprechend seien die geographischen Grundzüge des Mittelmeerraums im folgenden in zwölf Thesen gefaßt, die den Terminus „mediterran" faßlicher machen sollen, wobei ich mich teilweise auf ältere Vorbilder stütze:

1. Der südeuropäisch - nordafrikanisch - vorderasiatische Mittelmeerraum liegt zwischen dem altweltlichen Trockengürtel und dem immerfeuchten Europa; er ist ein Glied der Subtropen. Aus dieser geographischen Lage ergibt sich seine Funktion des Übergangs und der Vermittlung zwischen zwei sehr unterschiedlich ausgestatteten geographischen Zonen der Erde (vgl. O. SCHMIEDER 1969, S. 3).

2. Der Mittelmeerraum umgreift ein warmes Binnenmeer, das seine Bewohner immer mehr verknüpft als getrennt hat. Die Auflösung der Landmassen in Halbinseln und Inseln jeder Größe, die mehr oder weniger lange Küstenlinie aller Anrainer und ihre enge Nachbarschaft fördern seit jeher den regen und vielseitigen Austausch zwischen den drei Kontinenten Asien, Afrika und Europa (Th. FISCHER 1908, S. 1, 36 u. 43).

3. Durch seine Lage im alpidischen Faltensystem ist der Mittelmeerraum in viele kleine und kleinste Landschaftszellen zersplittert. Gebirgsketten und -massive umrahmen intramontane Becken ebenso wie reich gegliederte Berg- und Hügelländer und bilden die hohe Kulisse schmaler Talniederungen und breiter Küstenebenen. Das Auf und Ab des Reliefs erzeugt die wechselvolle Szenerie, in der ein großflächiger Lebensraum so gut wie keinen Platz hat. Selten einmal besitzt die Erde eine solche enge Kammerung und Individualisierung ihrer Oberfläche (A. PHILIPPSON 1914, S. V).

4. Der Mittelmeerraum erhält seine Einheitlichkeit vor allem durch das Klima, das eine entsprechende Einheitlichkeit des Gewässerregimes, der Böden und des natürlichen Pflanzenkleides hervorbringt. Das Mittelmeerklima mit seinen beiden gegensätzlichen Jahreszeiten, den milden, feuchten Wintern und den trockenen, heißen Sommern, erfordert freilich auch ein hohes Anpassungsmaß von Menschen und Wirtschaft (z. B. F. BRAUDEL 1987, S. 19).

Diesen vier physiogeographisch orientierten Thesen seien acht mehr kulturgeographische Aspekte gegenübergestellt:

5. Im Mittelmeerraum hat der Mensch das geoökologische Gleichgewicht, das – an der Grenze zwischen Wald und Step-

pe – ohnedies labil ist, empfindlich gestört. Lange Geschichte und soziale Zwänge haben den Naturhaushalt immer mehr beeinträchtigt oder sogar erschöpft, die Menschen haben sich ihrer Lebensgrundlagen vielerorts selbst beraubt. Andererseits bilden gerade die durch Entwaldung entblößten Hänge, die klaren Formen der Höhenzüge und das „üppige Leben der Ebenen" zusammen mit Lichtfülle und Sonnenwärme den Hauptreiz mediterraner Landschaften, der den aus dem Norden kommenden Fremden in seinen Bann zieht (A. PHILIPPSON ³1914, S. 141).

6. Der Mittelmeerraum ist ein eigenständiger Agrarraum. Gemäß seiner klimatischen Übergangsstellung sind der weitflächige Trockenfeldbau und der engräumige Bewässerungsfeldbau seine gegensätzlichen Grundbestandteile (die selbst im einzelnen landwirtschaftlichen Betrieb nebeneinander vorkommen können), ergänzt von der große Areale beanspruchenden transhumanten bzw. halbnomadischen Kleinviehhaltung. Zusammen schaffen sie die Basis der traditionellen Agrargesellschaft von Kleinbauern und Hirten, die teilweise von der Latifundienwirtschaft umgestaltet worden ist. Aus den Reformen und Marktbedürfnissen der Gegenwart ist das Kleinbauerntum häufig noch gestärkt, sind Hirtentum und Latifundium im allgemeinen geschwächt hervorgegangen oder gänzlich verschwunden.

7. Im Mittelmeerraum, in dem die Wiege der abendländischen Kultur und das Zentrum der griechisch-römischen Antike lagen, hat die Kulturlandschaft ein hohes Alter mit geringen Veränderungen der inneren und äußeren Grenzen seit den Anfängen. Im ländlichen wie im städtischen Siedlungsraum finden sich deshalb herkömmliche Strukturen, die den Weg in die moderne Zeit unablässig behindert haben und selbst heute den Fortschritt verzögern.

8. Weil der Mittelmeerraum keine politisch-territoriale Einheit, sondern einen Tummelplatz vieler Völker darstellt, die in ständiger Auseinandersetzung gelebt haben, ist die Wasserfläche längst eine Scheidelinie zwischen Okzident und Orient, „ein kulturelles Grenzgebiet" geworden (A. PHILIPPSON ³1914, S. 195). Nicht nur der christlich-abendländische Kulturkreis und der islamische Orient, Europäer und Araber, stehen sich gegenüber, auch das relativ einheitliche romanisch-katholische Südwesteuropa und das griechisch / slawisch-orthodoxe Südosteuropa mit seinem Völkergemisch bilden einen tiefgehenden Kontrast. Der Mittelmeerraum zerfällt außerdem in große und kleine Nationalstaaten, die zwar im Weltgeschehen der Gegenwart eine randliche Position haben, unserer Aufmerksamkeit gegenwärtig dennoch bedürfen.

9. Trotz der fehlenden politischen, ethnischen und religiösen Einheit hat die Bevölkerung des Mittelmeerraums eine gemeinsame geistig-soziale Grundhaltung entwickelt und bewahrt. Sie äußert sich – teils klimatisch, teils historisch bestimmt – in der besonderen Lebensart und in der besonderen Wirtschaftsgesinnung. Hierzu gehören (nach A. PHILIPPSON ³1914, S. 196 ff.) unter anderem das Leben im Freien, die Mäßigkeit und Selbstbescheidung im leiblichen Genuß, das urbane Wesen und der politische Sinn der Menschen, das öffentliche Leben als Sache des Mannes, die Geringschätzung von Arbeit und Zeit usw. Es ist allerdings fraglich, ob man derartige, sicher im Prinzip einsichtige und von jedermann gewiß nachvollziehbare Werturteile vom heutigen methodischen Selbstverständnis her noch aufrechterhalten kann, wie es z. B. M. Aymard (in: F. BRAUDEL 1987, S. 122) wieder tut, der apodiktisch feststellt: „Der mediterrane Mensch (sic !), Landwirt wider Willen, ist ein Städter."

10. Der Mittelmeerraum, heute an der europäischen Peripherie gelegen, ist durch das gemeinsame Problem der Unterentwicklung verbunden (A. SHMUELI 1981). Der von Nord nach Süd abgestufte Entwicklungsrückstand tritt in erster Linie als Bevölkerungsproblem zu Tage. Es zeigt sich in der großen räumlichen Mobilität, in Binnen- und Auswanderungsbewegungen der Menschen, namentlich im Gastarbeitertum unserer Tage, in diversen demographisch-sozialen Selektionsprozessen und verwandten Erscheinungen mit mannigfachen raumwirksamen Konsequenzen. Während sich zum Beispiel die Binnenräume infolge retardierter oder fehlender Entwicklung entleeren, erleben die Küstenräume eine Bevölkerungszunahme und einen ökonomischen Aufschwung wie nie zuvor, verbunden mit allen Vor- und Nachteilen moderner Raumgestaltung. Die enge Nachbarschaft „armer" und „reicher" Regionen verdeutlicht den modernen Verlagerungsprozeß am besten.

11. Der Mittelmeerraum ist die wichtigste und wohl auch älteste Fremdenverkehrsregion der Erde. Der Tourismus beherrscht vor allem seine Küsten. Trotz der wirtschaftlichen Impulse, die das touristische Gewerbe dank landschaftlichen Reizes, kulturhistorischer Stätten und langer Strände weithin hervorgebracht hat, machen heute Phänomene der Übernutzung, Verdichtung und Flächenkonkurrenz die Grenzen der Belastbarkeit des schmalen Raumpotentials zwischen Land und Meer deutlich und erheischen mit Nachdruck die übergeordnete Raumplanung in den verstädterten Küstengebieten.

12. Der Mittelmeerraum drängt darauf, sich von seiner Aufgabe als bloßes wirtschaftliches Ergänzungsgebiet für die nördlichen Nachbarn zu lösen und zum gleichberechtigten Partner eines erstarkenden Europas zu werden. Inwieweit sich die ökonomischen Wesenszüge (insbesondere die Abhängigkeit vom primären und die Übermacht des tertiären Wirtschaftssektors) auf dem langen Weg einer vollständigen Eingliederung in die Europäische Gemeinschaft mit den wünschenswerten positiven Folgen für Mensch und Raum erhalten werden oder verlorengehen, muß einem späteren Urteil überlassen bleiben.

Soweit die zwölf Thesen mit den wesentlichen geographischen Kennzeichen. Welche faktische Grenze können wir nun ziehen? Unser Dilemma ist ja, daß bei der Vielzahl der Merkmale, die leicht auch anders hätten gegliedert, zusammengefaßt oder noch verfeinert werden können, ein breiter Grenzgürtel entstehen muß, in dem sich die Konturen verwischen und der willkürlich geführten Linie Tür und Tor geöffnet ist. Während die physische Einheit des Mittelmeerraumes naturgesetzlich begründet ist, entzieht sich seine kulturräumliche Vielfalt einer entsprechenden kausalen Verankerung. Die geringen Erfolgschancen stehen also von vornherein fest, d. h. eine Grenzziehung auf Grund unseres Thesenkatalogs, also möglichst aller wesentlichen Geofaktoren, ist letztlich zum Scheitern verurteilt, wie dies auch Abgrenzungsversuche anderer irdischer Großräume immer wieder gezeigt haben (z. B. H. UHLIG 1987, S. 15 f., für Südostasien). Zwar können wir die Verbreitung aller naturräumlichen Merkmale recht genau angeben und kartographisch präzise festhalten, wir können den Mittelmeerraum geotektonisch, bioklimatisch oder vegetationsgeographisch eindeutig abgrenzen. Im Kulturraum ist dies allenfalls für die agrarische Landnutzung möglich, die teilweise naturabhängig betrieben wird. Alle anderen historisch-ökonomisch bedingten Elemente überlagern sich in vielfältiger Weise und entziehen sich meist einer scharfen Grenzlinie.

Doch hat schon A. PHILIPPSON (³1914) den Lösungsweg vorgezeichnet. Er stellte fest: „Die Grenzen des Mittelmeergebietes sind durchaus offene und, je nach dem Gesichtspunkte der jeweiligen Betrachtung, verschiedene" (S. VII). Wir sind also im

*Abbildung 1: Die Olivengrenze im Mittelmeerraum (nach P. BIROT 1964)*

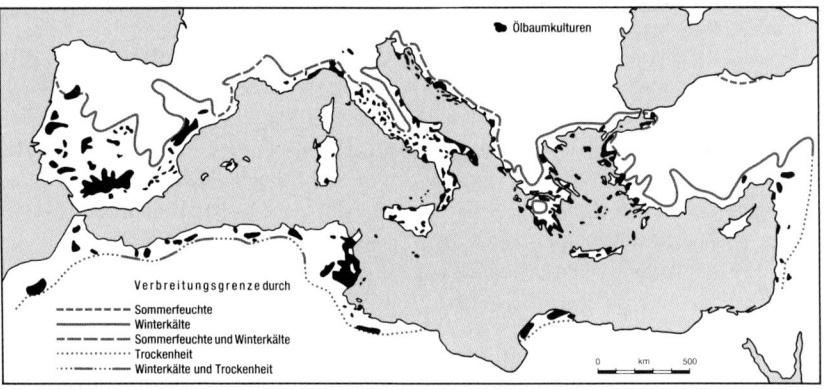

Grunde frei, sollten aber unseren Standort bekennen und möglichst ein einzelnes Merkmal mit weitreichender Wirkung suchen, das konsensfähig ist und mit den traditionellen Vorstellungen von „mediterran" nicht völlig bricht. Es sollte also eine Grenze sein, die einerseits so eindeutig wie möglich begründet ist und die andererseits unseren Merkmalskatalog weitgehend berücksichtigt.

Daß zu diesem Zweck ein breiter Spielraum besteht, haben wir einleitend schon angedeutet. Sicherlich am weitesten gehen Abgrenzungsversuche nach den wirtschaftlich-kulturellen Beziehungen, die der Mittelmeerraum mit seinen Nachbarräumen unterhält oder jemals unterhalten hat; sie streben eine Art „Groß-Mittelmeerraum" an. „Das Mittelmeer stricto sensu wird also von einem ausgedehnten, mediterran beeinflußten Territorium umschlossen, das ihm als Resonanzboden dient" (F. BRAUDEL 1987, S. 59). Auf dieser Basis hat unsere Großregion allerdings in jeder Epoche einen anderen Umriß. Einmal reicht sie von Mesopotamien bis Kreta, ein ander Mal schließt sie die süddeutschen Reichsstädte ebenso ein wie die Karawanenstationen vorderasiatischer Wüsten.

Demgegenüber wäre es schon eine starke Einschränkung, wenn wir in grober Annäherung definierten: der Mittelmeerraum umfaßt die Mittelmeerländer und eine Grenze nach den zufälligen und vergänglichen politischen Gebilden zögen, welche die Wasserfläche berühren. So verfahren die gängigen englischsprachigen Lehrbücher von D. S. WALKER (1965), J. H. BRANIGAN und H. R. JARRETT (1975) und H. ROBINSON (1973) sowie jenes des Franzosen H. ISNARD (1973). Sie wenden sich nach einem kurzen einleitenden Überblick über den Gesamtraum sogleich, dem Titel „The Mediterranean Lands" gemäß, den einzelnen Ländern zu – wenn auch mit einer gewissen Schwerpunktsetzung in den küstennahen Räumen. Selbst bei diesem Weg, bei dem historisch zusammengewachsene Territorien wenigstens nicht zerrissen werden, befinden wir uns bald in der Normandie, in Belgrad, am Ararat oder im Hoggar-Gebirge, also tief in den ans Mittelmeer grenzenden Kontinenten. Eine solche Grenzziehung nach Staaten, auch wenn sie sehr praktisch und bequem ist und oft als Kompromiß hingenommen werden muß, geht entschieden zu weit und bleibt unbefriedigend. Sie entbehrt vor allem der soliden geographischen Argumentation und spiegelt im Grunde eine gewisse Ratlosigkeit wider. Allenfalls aus arbeitstechnischen Erwägungen, die z. B. von den verfügbaren Länderstatistiken vorgegeben sein können, sollte man sie gelten lassen.

Hier sei einer noch engeren Grenzziehung das Wort geredet und trotz der einleitenden Wunschvorstellungen nach Berücksichtigung aller Geofaktoren für die Beibehaltung der Ölbaumgrenze (P. BIROT 1964), freilich in erweiterter Form, plädiert (s. Abbildung 1). Dies muß auf den ersten Blick abwegig erscheinen. Die wohl definierte Grenze einer Kulturpflanze, letztlich eine klimatische Grenze, als einziges Kriterium? Ist dieser Weg bei einer solch großen Wissensanhäufung über den mediterranen Kulturraum, wie wir sie heute besitzen, nicht allzu simpel?

Ein wichtiges Argument dafür, daß sich die Ölbaumgrenze bewährt hat und auch weiterhin für unseren Zweck geeignet ist, führte z. B. der Schweizer Pflanzengeograph M. RIKLI (1943–48, S. 41) ins Feld. Er hob den integrativen Charakter der Olivengrenze hervor: „Der Ölbaum ist nicht nur der wertvollste Frucht- und Nutzbaum der Mittelmeerregion (im Trockenfeldbau; d. Vf.), sondern auch ihre wichtigste Leit- und Charakterpflanze", ja, „geradezu das Wahrzeichen der mediterranen Küstengebiete"; seine Obergrenze entspricht sowohl der vertikalen Ausdehnung der immergrünen Hartlaubvegetation als auch „der vertikalen Erhebung der mediterranen Kulturstufe". Die Olivengrenze hat also den Vorteil, daß sie natürliche und kulturelle Bezüge vereint und jenen Raum umgreift, der durch die Küstenlage in jeder Beziehung bevorzugt ist. Wir erfassen mit ihr gewissermaßen den Mittelmeerraum im engeren Sinne.

Die Ölbaumgrenze hat indessen den beträchtlichen Nachteil, daß sie die Höhenregionen zum größten Teil ausspart. Eine solche Einengung ist aber gerade am Mittelmeer nicht vertretbar. Einmal besteht in geoökologischer Hinsicht stets ein enger Zusammenhang zwischen den höheren und tieferen Teilen eines Gebirges, die Gebirgsnatur wirkt sich bis in die Täler und selbst auf die Vorländer der Gebirge aus. Zum anderen macht der mediterrane Siedlungs- und Wirtschaftsraum als ganzer in seiner Vielfalt nicht an der Obergrenze des Olivenanbaus halt. Im Gegenteil, auch in kulturgeographischer Hinsicht gibt es Wechselbeziehungen in der Vertikalen, wie z. B. die Wanderbewegungen von Mensch und Weidetieren bei der Transhumance.

Ohne Frage müssen die Höhenregionen auch oberhalb der Ölbaumgrenze eingeschlossen werden. Es empfiehlt sich, dies überall dort zu tun, wo in der Fußzone die mediterrane Stufe entwickelt ist. Damit wäre dann der Mittelmeerraum im weiteren Sinne abgegrenzt (K. ROTHER 1984, S. 14 f.).

Auf solche Weise erhält man einen einigermaßen zufriedenstellenden Umriß des Mittelmeerraums: Wir verstehen unter ihm den größten Teil der sommertrockenen Iberischen Halbinsel, den französischen Midi, die Apenninen-Halbinsel, die jugoslawisch-albanische Küstenregion, Griechenland, die West- und Südtürkei, die Levante mit Westsyrien, Libanon und Palästina, den Djebel Achdar und den tripolitanischen Küstensaum in Libyen, Nord- und Mitteltunesien, Algerien nördlich von Aurès und Tell und Marokko nördlich des Mittleren und Hohen Atlas sowie selbstverständlich alle Inseln des Mittelmeers und die Wasserfläche selbst.

Naturgemäß verbleiben noch Räume unsicherer Zuordnung, für die man, je nach Aspekt, eine Entscheidung treffen muß. Probleme bereitet z. B. die Zwischenstellung der Nordmeseta in Spanien, der Po-Ebene in Italien und Inneranatoliens; man kann sie – je nach Aspekt – einschließen oder den Nachbargroßräumen zuordnen. Portugal sollte dagegen trotz seiner atlantischen Orientierung als Teil der Iberischen Halbinsel zum Mittelmeerraum gehören. Die türkischen Gestade des Schwarzen Meeres (und weitere Vorposten des Ölbaums, etwa in den Südalpen und auf der Krim) sollte nicht nur wegen der anderen geographischen Lage, sondern auch wegen des anderen hygrischen Klimagangs ausgeschieden werden. Widerspruch kann indessen erregen, daß nicht einmal der nordafrikanische Küstensaum vollständig einbezogen ist. Obschon Libyen und Ägypten ans Mittelmeer grenzen, erhalten sie ihre Wesenszüge mehr vom altweltlichen Trockengürtel als vom mediterranen Raum. Aber auch hier, z.B. für Unterägypten, sind Kompromisse nötig.

In der so abgegrenzten Großregion der Erde finden sich alle zwölf genannten Merkmale, naturgemäß in abgestufter Form, wieder (meist in einem Nord-Süd-Gefälle), teilweise gehen sie auch über sie hinaus, so daß man vom Kern- und Randgebiet der Mediterraneis sprechen könnte; denn „der Mittelmeerraum ist kein allseits hermetisch abgeschlossenes Gebiet ... . Er ist ein Gebiet des Übergangs an den Grenzen und ein solcher der Vermittlung im Ganzen" (O. MAULL 1929, S. 9).

Die empfohlene Grenzziehung wird uns auch künftig weder behindern noch schaden können. Sie setzt einen Rahmen, der je nach Standort flexibel zu handhaben ist. Mit guten Gründen wird unsere Großregion solange verschieden aufgefaßt werden dürfen, als der Terminus „mediterran" inhaltlich offen bleibt.

# Literatur

BIROT, P. und GABERT, P.: La Méditerranée et le Moyen-Orient. 2 Bände, Paris ²1964.

BRANIGAN, J.H. und JARRETT, H.R.: The Mediterranean Lands. London ²1975.

BRAUDEL, F., DUBY, G. und AYMARD, M.: Die Welt des Mittelmeeres. Zur Geschichte und Geographie kultureller Lebensformen. Frankfurt / Main 1987.

FISCHER, Th.: Der Ölbaum. Seine geographische Verbreitung, seine wirtschaftliche und kulturhistorische Bedeutung. Petermanns Mitteilungen, Ergänzungs-Heft 147. Gotha 1904.

FISCHER, Th.: Mittelmeerbilder. Gesammelte Abhandlungen zur Kunde der Mittelmeerländer. Neue Folge. Leipzig, Berlin 1908.

ISNARD, H.: Pays et paysages méditerranéens. Vendôme 1973.

MAULL, O.: Länderkunde von Südeuropa. Leipzig 1929.

MENSCHING, H. und WIRTH, E.: Nordafrika und Vorderasien. Frankfurt / Main ²1989 (Fischer Länderkunde, 4).

PHILIPPSON, A.: Das Mittelmeergebiet. Seine geographische und kulturelle Eigenart. Leipzig, Berlin 1904, ²1907, ³1914, ⁴1922 (Nachdruck: Hildesheim 1974).

RIKLI, M.: Das Pflanzenkleid der Mittelmeerländer. 3 Bände. Bern ²1943 – 1948.

ROBINSON, H.: The Mediterranean Lands. London ⁴1973.

ROTHER, K.: Einige Gedanken zur kulturgeographischen Erforschung des Mittelmeerraums. – In: A. PLETSCH und W. DÖPP (Hrsg.): Beiträge zur Kulturgeographie der Mittelmeerländer IV. Marburger Geographische Schriften, 84, 1981, S. 1 – 8.

ROTHER, K.: Die mediterranen Subtropen. Braunschweig 1984 (Geographisches Seminar Zonal).

SCHMIEDER, O.: Die Alte Welt. Band II: Anatolien und die Mittelmeerländer Europas. Kiel 1969.

SHMUELI, A.: Countries of the Mediterranean basin as a geographic region. In: Ekistics, 48 (290), 1981, S. 359 – 369.

UHLIG, H.: Südostasien. Frankfurt / Main ²1987 (Fischer Länderkunde, 3).

WAGNER, H.-G.: Das Mittelmeergebiet als subtropischer Lebensraum. In: Geoökodynamik, 9, 1988, S. 103 – 133.

WALKER, D.S.: The Mediterranean Lands. London ³1965.

WILHELMY, H.: Das Mittelmeergebiet als geographische Erscheinung. In: Die Karawane, 7, 1966 / 67, S. 3 – 8.

Michael Richter

# Mediterranes Brachland – eine Chance für die Rückgewinnung naturnaher Standorte?

## Sozialökonomische Aspekte der Nutzungsaufgabe

Begriffe wie *macchia, macquis* oder *matorral alto* sowie *garriga, garrigue, matorral bajo, tomillar, phrygana* oder *batha* bezeichnen in verschiedenen Sprachen der Mittelmeerländer hochwüchsige bzw. niederwüchsige immergrüne Strauchformationen. Üblicherweise werden sie als Regenerations-Stadien der Vegetation aufgefaßt, die durch eine mehr oder weniger ausgeprägte Degradierung der Landschaft zustandekommen.

Wenig bekannt ist hingegen die Tatsache, daß Macchien zum erheblichen Teil auch Entwicklungs-Stadien einer progressiven Brachland-Entwicklung bilden. Immerhin sind in den mediterranen Zonen der Mittelmeerländer innerhalb der letzten hundert Jahre rund 10.000 km der landwirtschaftlichen Nutzfläche aufgegeben worden. Der ökologischen Bewertung der dortigen Verbrachung muß daher ein bedeutender Stellenwert bei Untersuchungen zur Regenerationsfähigkeit naturferner Systeme zukommen.

Zunächst stellt sich die Frage nach den Gründen des Brachfallens sowie nach den betroffenen Anbaufrüchten und -gebieten. Hinsichtlich des ersten Punktes läßt sich seit Mitte des letzten Jahrhunderts für Südeuropa ein vielfältiger sozialökonomischer Strukturwandel belegen, der in mehreren Phasen eine Aufgabe der Nutzflächen bedingt:
1. Erste Phase der Auswanderung in andere Kontinente von 1890 – 1930 infolge regionaler Überbevölkerung (vor allem aus Italien nach Australien, Süd- und Nordamerika).
2. Phase des 2. Weltkrieges mit Betriebsextensivierung durch Wehrdienst und Kriegsopfer (vor allem Spanien, Italien, Jugoslawien).
3. Zweite Phase der Auswanderung in andere Kontinente von 1945 – 55 in den Nachkriegswirren, wobei die früheren Auswanderungsgebiete wichtige Anlaufpunkte bildeten.
4. Phase der saisonalen bzw. endgültigen Abwanderung in Industriegebiete Mitteleuropas und des Inlands als Folge geringer Verdienstmöglichkeiten auf dem Lande von 1955 – 70 (Italien, Spanien) bzw. ab 1970 (Jugoslawien, Griechenland, Türkei, Tunesien, Marokko). Parallel dazu erfolgt seit 1965 eine Landflucht infolge des wirtschaftlichen Aufschwungs inländischer Industrie- und Handelszentren.
5. Phase der erweiterten Berufsmöglichkeiten vor Ort (Tourismus: Spanien, Italien, Jugoslawien seit 1960, später Griechenland) und des verbesserten infrastrukturellen Ausbaus (Pendlerwesen: Spanien, Frankreich, Italien) sowie Auslaufen landwirtschaftlicher Betriebe.

Vor allem die drei letztgenannten Phasen haben die Aufgabe von Nutzflächen zur Folge, von denen Weingärten und Ölbaumkulturen besonders betroffen sind. Überwiegend handelt es sich dabei um Parzellen im Kleinbesitz, die in terrassierten Steillagen einer intensiven manuellen Bodenpflege im Hackbauverfahren bedürfen. Dagegen kommt es in Ebenen mit günstigeren Bodenstrukturen und Möglichkeiten maschinellen Einsatzes zur Nutzungsintensivierung und stellenweise auch -umstellung. Hier wechselt der Trend von traditionellen Erzeugnissen des ‚mediterranen Dreiklangs' (Wein, Oliven, Getreide) zu exportorientiertem Fruchtanbau oder zu Sonderkulturen mit Feldgemüse und Anbau in Folienhäusern.

Der beschriebene sozioökonomische Wandel mit dem daraus folgenden Brachephänomen bezieht sich auf Südeuropa, vor allem auf die EG-Länder. Die außereuropäischen Mittelmeerländer sind davon wegen der Landknappheit und ihrer teilweise rasanten demographischen Entwicklung nicht betroffen. Gerade in den Maghrebländern mit ihrem hohem mediterranen Flächenanteil lassen sich zwar ebenfalls Veränderungen in der Produktionsorientierung feststellen, der Bevölkerungsdruck verhindert jedoch die Aufgabe von Nutzflächen.

## Zwei Fallbeispiele

Die mediterrane Klimaregion läßt sich vom feucht-gemäßigten Norden des Mittelmeergebietes mit frostreichen Wintern bis zum trocken-warmen frostarmen Süden in vier Teilzonen unterteilen: supra-, meso-, thermo- und xeromediterran (Abbildung 1). Während der nördlichste bzw. südlichste Bereich bereits zur benachbarten Klimaregion Mitteleuropas bzw. der nördlichen Sahara überleitet, bilden die beiden Zentralzonen zusammengenommen den eigentlichen mediterranen, den ‚eumediterranen' Abschnitt. Auf diese Region beziehen sich die folgenden Betrachtungen, wobei jeweils ein Fallbeispiel aus der meso- und thermomediterranen Teilzone in Italien näher betrachtet wird.

Als mesomediterranes Beispiel dient die Ortschaft Corniglia in Ligurien, die als mittleres Dorf der sogenannten *Cinque Terre* sowohl von La Spezia im Süden als auch von Levanto im Norden nur recht umständlich über eine Stichstraße erreichbar ist. Ebenfalls peripher liegt als thermomediterranes Beispiel der Ort Lingua auf der liparischen Insel Salina. In beiden Fällen ist

*Abbildung 1: Unterteilung des Mittelmeergebietes in vier verschiedene klimaökologische Unterzonen*

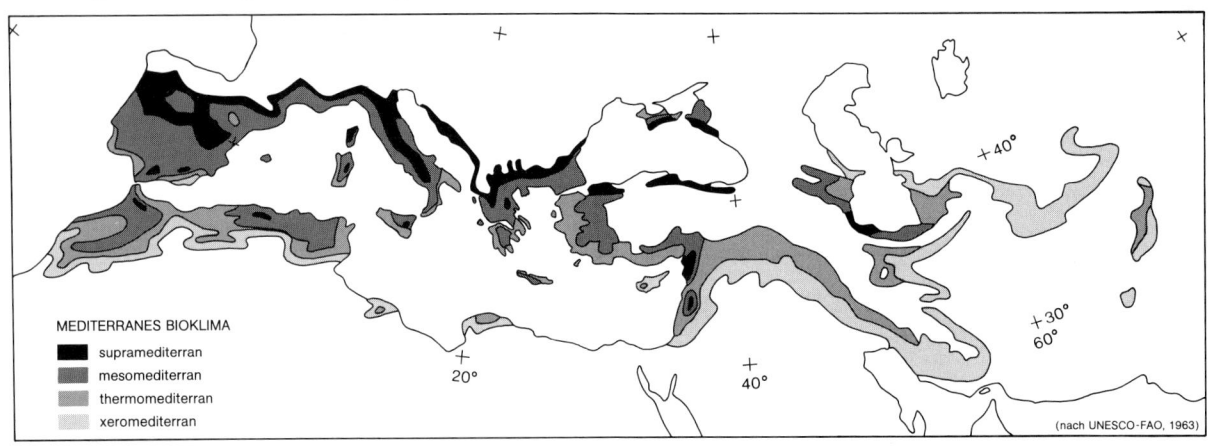

*Abbildung 2: Landnutzung in Lingua (Quelle: eigene Erhebungen)*

also die relative Isolation für die Landflucht und das Brachfallen entscheidend, wobei seit etwa zwanzig Jahren die zwei Dörfer (1990: ca. 300 Einwohner) zusätzlich von einem wachsenden Individual-Tourismus auf der Basis von Hausvermietungen profitieren.

Für die Kennzeichnung der Landnutzung und ihrer Intensität in Lingua liegen zwei Abbildungen vor, die die bewirtschafteten und aufgegebenen Agrarflächen zeigen. Aus Abbildung 2 lassen sich Bereiche verschiedener Anbaufrüchte ableiten, die sich bei genauerer Betrachtung halbkreisförmig in unterschiedlicher Entfernung um die Streusiedlung anordnen. Zugehörige Betriebssysteme setzen eine Besitzzersplitterung voraus, die durch das in weiten Teilen Italiens verbreitete Realteilungsrecht vorgegeben ist.

Unmittelbar an die Wohnhäuser sind die Hausgärten angeschlossen, in denen Gemüse und verschiedene Früchte zur Eigenversorgung angebaut werden (Salate, Tomaten, Bohnen; Feigen, Aprikosen, Agrumen). Hier spielt nicht nur der kurze Weg für die regelmäßige Nutzung und Wassergabe eine Rolle sondern auch der Schutz vor Diebstahl. Als nächstes folgen Kapernkulturen, die auf Salina einen recht hohen Stellenwert einnehmen, da Kapern nach dem Wein das zweitwichtigste ‚Exportprodukt'

Bild 1: Schrägluftaufnahme der Ortschaft Lingua im Südosten der Insel Salina. Die Streusiedlung liegt auf einem intensiver genutzten Küstenabschnitt junger Strandterrassen und flach geneigter Schwemmfächer, während die anschließenden Hänge einer extensiver Nutzung unterliegen.
Aufnahmerichtung: auf Abbildung 4 von der Ortschaft aus nach NE

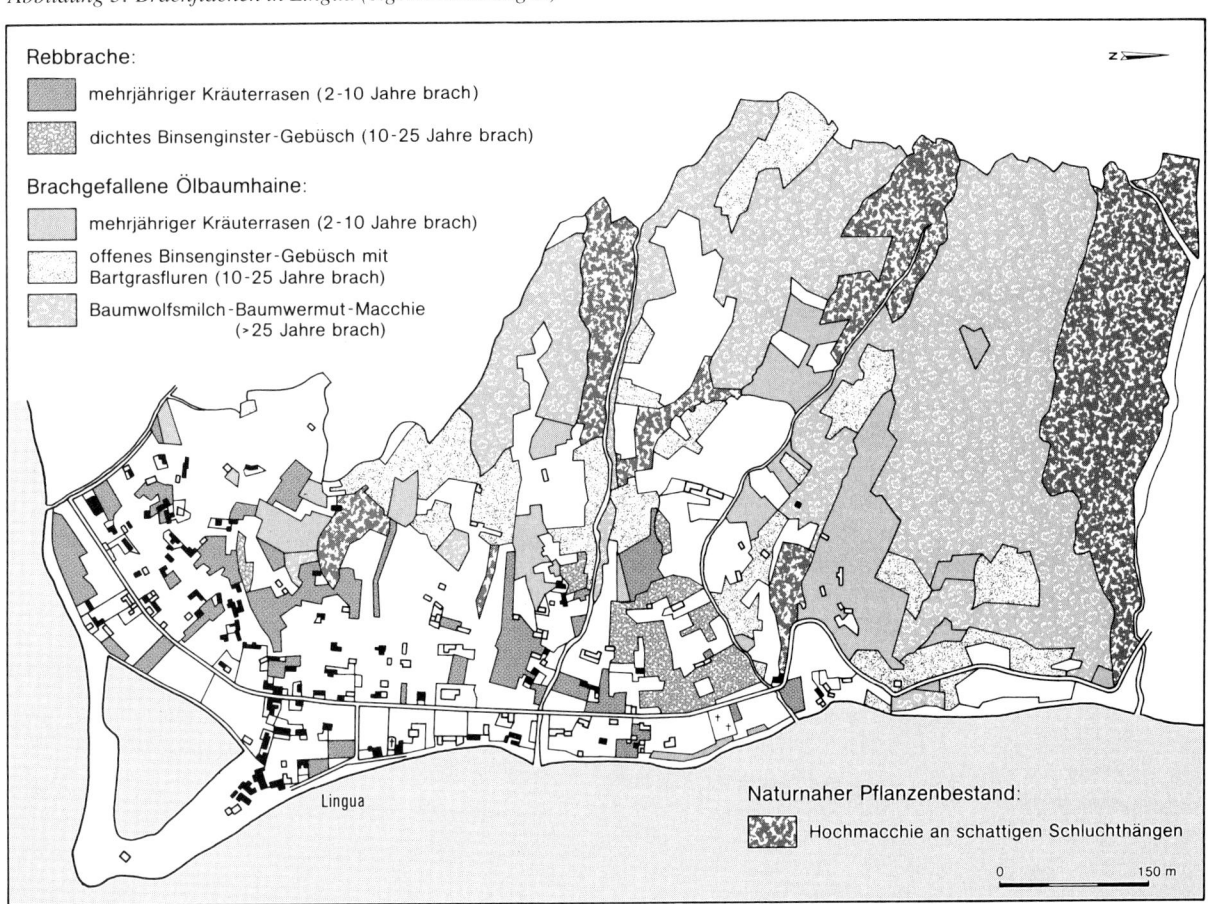

Abbildung 3: Brachflächen in Lingua (eigene Erhebungen)

bilden. Ihre Nähe zum Wohnsitz ergibt sich aus den wöchentlichen Erntedurchgängen in den Monaten Mai bis August.

Dagegen bedürfen die schon etwas entfernter gelegenen Rebkulturen nur dreimal im Jahr einer intensiveren Pflege, nämlich zum Umgraben, zur Reberziehung und zur Ernte. Wegen der höheren Feuchtigkeitsansprüche konzentrieren sich die Weingärten jedoch immer noch auf die Alluvionen im Siedlungsumfeld (zur Lage und Orographie vgl. Bild 1). Dagegen liegen die trockenresistenteren Ölbaumhaine an den steinigen Hängen stark verwitterter andesitischer Laven weiter von der Ortschaft entfernt. Die Arbeitsintensität ist in diesen Kulturen am geringsten, da Ölbäume nur im November und Dezember zur Ernte und zum anschließenden Aussägen alter Äste aufgesucht werden müssen.

Diese Nutzungsgliederung entspricht also einer Abfolge der Nutzungsintensität und folgt damit dem Thünenschen Gesetz,

*Abbildung 4: Rebbrachestadien in Corniglia (Phasenuntergliederung siehe Text; eigene Erhebungen)*

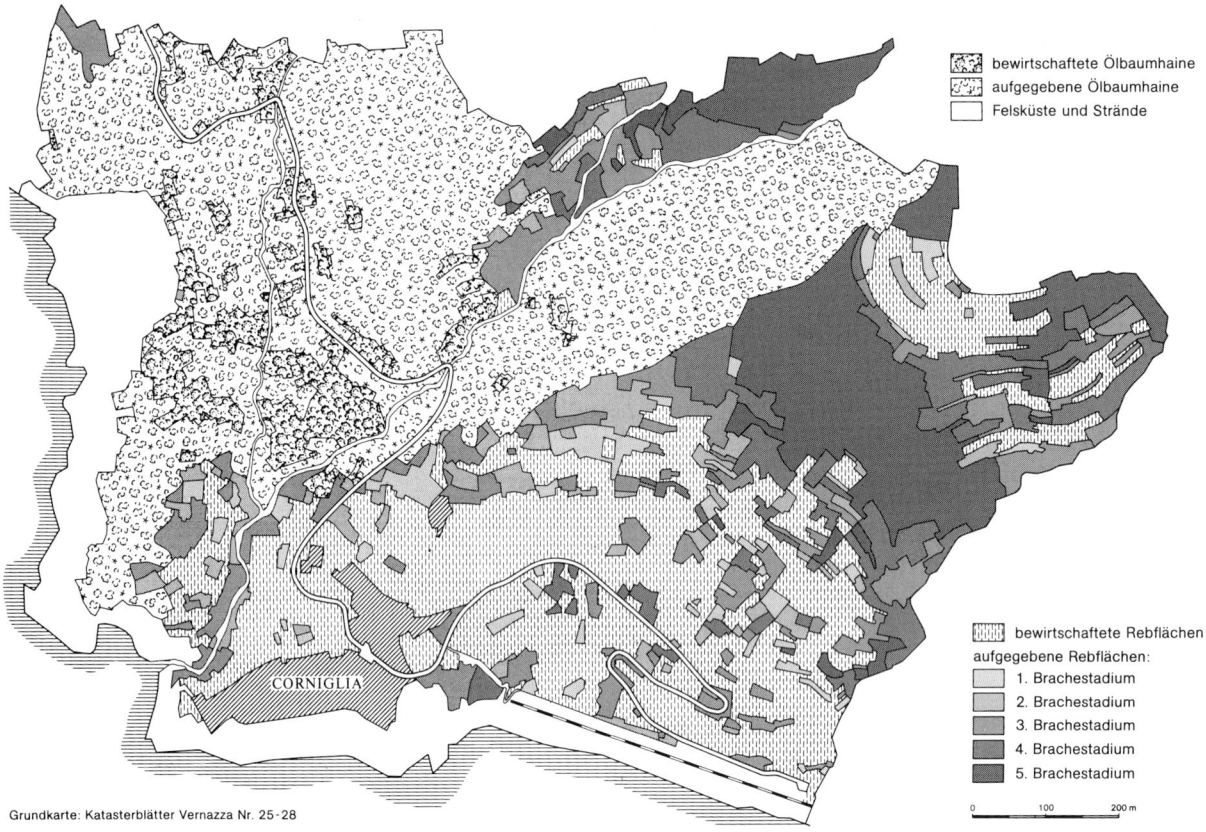

*Bild 2: Terrassenlandschaft über der südligurischen Ortschaft Corniglia. Die Gebüsch- und Baumgruppen auf den Rebterrassen zeugen von verschiedenen Brachestadien; auch der oberhalb anschließende Kiefernwald stockt auf alten Kulturterrassen.*
*Aufnahmerichtung: auf Abbildungen 2 und 3 vom Bildwinkel unten links nach rechts oben*

wobei es hier aufgrund der Küstenlage nicht um Ringe sondern um Halbkreise geht. Der gleichen Gesetzmäßigkeit folgend lassen sich aber auch die in Abbildung 3 widergegebenen Brachestadien interpretieren. Hier sind zuerst ortsnähere Rebbrachen von den entfernter gelegenen Ölbaumbrachen zu unterscheiden, in denen jeweils nochmals eine weitere Untergliederung auszumachen ist. So liegen die jungen Rebbrachen im Kräuterrasenstadium noch im Siedlungsbereich, während sich die vor mindestens einem Jahrzehnt aufgegebenen Weingärten im Randbereich der Alluvionen befinden. Und ebenso erkennt man bei den aufgegebenen Ölbaumhainen einen zentral-peripheren Wandel von jungen hin zu alten Brachestadien.

Ähnliche Regeln treffen auch für die ligurische Ortschaft Corniglia zu, für die in Abbildung 4 die verschiedenen Ringe der Rebbrachestadien genauer aufgegliedert sind. Hier befindet sich das Weinbaugebiet oberhalb der Bahnlinie auf einem terrassierten Schutthang aus Sandsteinen mit relativ leichten Böden, während die Ölbaumhaine oberhalb eines Kliffs auf anstehenden Kalkschiefern mit schweren Böden angelegt sind.

Auch hier wird wieder deutlich, daß das Brachealter mit der

Bild 3: *Aufgegebene Rebterrassen zwischen Corniglia und Manarola in den Cinque Terre. Die kugelförmigen Sträucher der Baumwolfsmilch bilden hier in Küstennähe zusammen mit Zwergsträuchern und Staudenrasen ein etwa 25-jähriges Brachestadium.*

Entfernung von der Siedlung zunimmt. Auf der Karte erscheint der Sprung zwischen den jüngeren und ältesten Brachestadien recht eng; er entspricht einem Geländesprung mit größerem Hanggefälle. Am Oberhang werden die ältesten Brachen wieder von jüngeren bzw. Kulturflächen abgelöst, da hier ein kleiner, außerhalb des Kartenausschnitts gelegener Weiler die Brachesequenz von Corniglia unterbricht.

Die abgebildeten Brachephasen folgen wiederum sozialökonomischen Phasen (Ausgangspunkt 1980):

5. Phase (40 Jahre brach): Aufgabe vor allem durch Wehrdienst und Kriegsopfer im 2. Weltkrieg.
4. Phase (25 – 40 Jahre brach): Auswanderung nach Chile und Argentinien während der Nachkriegswirren.
3. Phase (12 – 25 Jahre brach): Abwanderung in die Industriegebiete von Genua, Turin und Florenz. Ausweitung der Eisenbahnstrecke nach La Spezia mit Pendlerwesen zu Arbeitsstellen im Marinearsenal des dortigen Militärhafens.
2. Phase (5 – 12 Jahre brach): Weiterhin Pendlerwesen, aufkommender Fremdenverkehr und Auslaufen landwirtschaftlicher Betriebe, auch infolge der Überalterung der Bevölkerung.
1. Phase (1 – 4 Jahre brach): wie 2. Phase.

Die vorgenommene Untergliederung in verschiedene Brachephasen entspricht verschiedenen Stadien der Vegetationsentwicklung (Sukzession), die nun vor allem für aufgegebene Rebflächen näher behandelt wird.

## Die Vegetationsentwicklung

Die manuelle Bewirtschaftung der Reb- und Ölbaumkulturen erfolgt in beiden Fallbeispielen auf Terrassen über Trockenmauern, die gleichzeitig die Funktion von Lesesteinmauern erfüllen. Das jahrhundertelange Aufsammeln von Steinen sowie die tiefgründige Bodenbearbeitung durch regelmäßiges Rigolen bedingt bei durchweg fehlendem Einsatz von Pestiziden eine sehr günstige Ausgangslage für die Pflanzensukzession.

Da es sich bei den üblichen Terrassenlandschaften selten um begraste Böschungen handelt, bildet im eumediterranen Klimabereich die Ansamung von Wildkräutern die Grundlage für die Brachesukzession. Dies steht im Kontrast zu vielen mitteleuropäischen Gebieten, wo wurzelstarke Fiederzwenken- und Quecken-Rasen die Invasion einleiten und rasch zu einem recht stabilen Pflanzenbesatz führen (HARD 1975).

So beginnt die in Abbildung 5 vorgestellte Pflanzensukzession bei der Veränderung der Lebensformen mit einem hohen Anteil an kulturbegleitenden Zwiebelpflanzen und einjährigen Wildkräutern, deren Vegetationszeit sich auf das feuchte Winterhalbjahr beschränkt. Im Gegensatz zu Mitteleuropa, wo sich allein einjährige Sommerkräuter auf die Nutzungsphase konzentrieren, beherrschen im mesomediterranen Gebiet beide kulturbegleitende Lebensformen auch noch die ersten vier Brachejahre.

Erst vom fünften bis zum zwölften Brachejahr dominieren mehrjährige Kräuter, die danach von stark wucherndem Brombeer- und Clematisgestrüpp verdrängt werden. Letztere sind im mesomediterranen Klimagebiet noch konkurrenzstärker als im mitteleuropäischen, da ihnen versiegelnde Rasen selten entgegenstehen. Ähnlich rasch, wie sich Brombeeren und Waldreben über Sproßausläufer verbreiten, zerfallen sie im 25. – 30. Brachejahr wieder. Sie hinterlassen bis zu diesem Stadium mit einer milden Humusauflage und einem ausgeglichenen Bestandsklima ein günstiges Keimbett für den Aufwuchs eindringender Arten.

Hiervon profitieren nun vor allem einige Macchienvertreter, vor allem die Baumheide sowie zwei Klimmpflanzen (Stechwinde und Färberröte). Aber auch die Meerstrandkiefer gedeiht

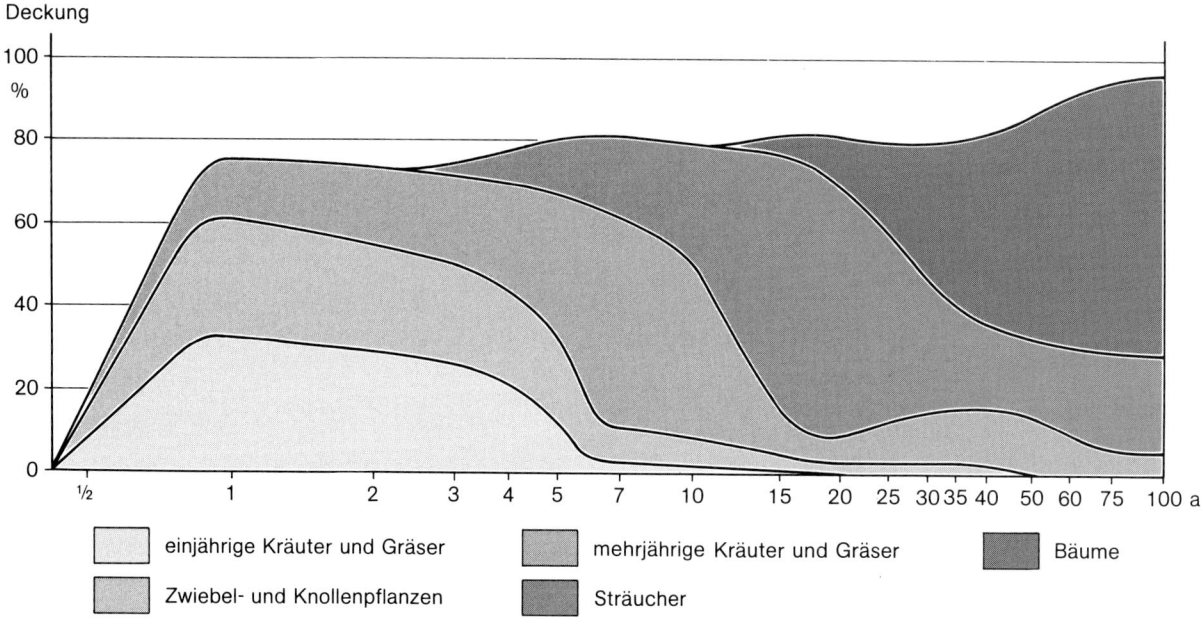

*Abbildung 5: Pflanzensukzession auf Grundlage der Lebensformenveränderung in den Rebbrachen von Corniglia*

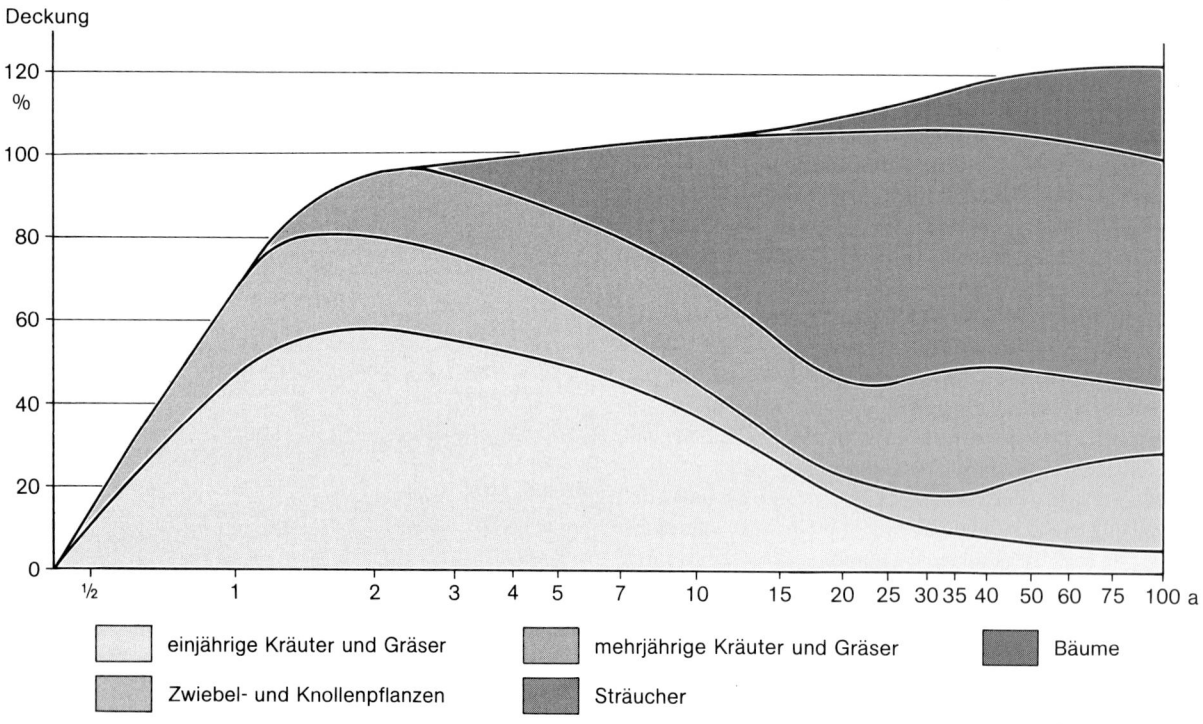

*Abbildung 6: Pflanzensukzession auf Grundlage der Lebensformenveränderung in den Rebbrachen von Lingua*

bestens; da ihr Aufwuchs einige Jahre länger dauert, bildet sie erst vom etwa 40. Brachejahr an Wälder mit einer Kronenüberschirmung von 50 %. Langsamer entwickeln sich Steineichen, die den Kiefernwald vor allem an steinigen Stellen zurückdrängen und nach etwa 60 Brachejahren dominant werden können.

Bleibt festzuhalten, daß sich die Pflanzenüberdeckung in Corniglia schon ein Jahr nach dem letzten Umgraben auf 70 % beläuft und sich allmählich bis zur Schlußphase auf fast 100 % steigert (Abbildung 5). Bezieht sich dieser Fall nun auf ein mesomediterranes Beispiel mit immerhin rund 1.000 mm Niederschlag im Jahr, so stellt sich die Frage, ob im thermomediterranen Beispiel mit knapp 600 mm N / a die Brachesukzession gehemmter oder anders abläuft.

Abbildung 6 belegt jedoch auf den ersten Blick, daß die rasche Pflanzenüberdeckung auf eine noch lebhaftere Entwicklung schließen läßt. Denn in bezug auf die Eckdaten werden auf den dortigen Rebbrachen ein Jahr nach dem letzten Umgraben 80 % und in der Schlußphase sogar 120 % des Bodens durch die

Vegetation überschirmt; im zweiten Fall wird also eine deutliche Mehrfach-Schichtung deutlich.

Der Boom zu Anfang erklärt sich abermals aus einer recht üppigen annuellen Flur mit Wildkräutern und Zwiebelpflanzen. Diese Kulturbegleiter scheinen noch länger als im mesomediterranen Beispiel zu dominieren (vgl. den breiten Sockel des Basisfeldes in Abbildung 6). Tatsächlich treten jedoch in den ersten Brachejahren unter lichten Bestandsvoraussetzungen trockenresistente Einjährige des Sommerhalbjahres hinzu, die eher den Merkmalen von Wildkräutern arider Regionen entsprechen. Sie werden auch in der Folgezeit nur langsam verdrängt.

Im Unterschied zum mesomediterranen Beispiel erreichen die mehrjährigen Kräuter nie den absoluten Deckungsgrad wie in Corniglia (vgl. Abbildung 5), jedoch bleiben sie im thermomediterranen Fall während der folgenden Sukzession etwa gleich stark erhalten. Dies ist auf eine geringere Vitalität der Brombeer- und das Fehlen der Clematis-Kolonien zurückzuführen. Stattdessen nimmt der Binsenginster schon nach etwa 12 Jahren hohe Anteile ein, begleitet vom Baumwermut.

Letzterer überdauert bis in die späten Phasen, in denen andere Macchienarten hinzutreten, vor allem verschiedene Zistrosen, der Mastixstrauch und später auch recht massiv die Baumheide. Diese prägt letzlich die Schlußphase und wird nur an wenigen Stellen von der Meerstrandkiefer überschirmt. Die Sukzession bleibt also in einer baumarmen Hochmacchie stecken, zeichnet sich jedoch durch einen sehr dichten Bewuchs aus. Für diese günstige Entwicklung sind möglicherweise die nährstoffreichen Vulkanböden verantwortlich, während das trockenwärmere Klima die größere Bestandsvielfalt mit einem Nebeneinander von kurz- und langlebigen Kräutern bzw. Gräsern inmitten von Gebüschen bedingt. Beide Faktoren verursachen auch eine recht große Artenvielfalt, die man unter den klimatisch extremeren Voraussetzungen zuerst gar nicht vermutet. – Damit ist eine Überleitung zum klimatologischen und bodenkundlichen Standortwandel gegeben.

## Der ökologische Standortwandel

Besonders gut lassen sich die bestandsklimatischen Effekte der zunehmenden Vegetationsüberschirmung nach Brachfallen unter den xerothermen Verhältnissen auf den dunklen Vulkanböden der Insel Salina demonstrieren. Denn selbst im beblätterten Zustand verursacht im Hochsommer die kurzzeitig durch die Lücken des Laubdachs dringende Einstrahlung an der Bodenoberfläche mittlere Aufheizungen von fast 50°C. Bei einer winterlichen Abkühlung auf 6°C im Januar führt dies zu einer Amplitude von 44 K (Abbildung 7).

Unter unbeschatteten Verhältnissen lassen sich sogar Bodenoberflächen-Temperaturen von bis zu 80°C ermitteln. Abbildung 7 belegt die extreme Aufheizung am Beispiel der Freiland-Messungen sehr deutlich, denn hier liegen im Juni die mittleren (!) Maxima knapp über 66°C. Da andererseits die mittleren Minima im Januar bis 4°C hinunterreichen, beweist in diesem Beispiel die besonders dichte Scharung der Isothermen den hohen Amplitudenwert von 62 K.

Nun sollte man unter solch extremen klimaökologischen Streßvoraussetzungen, denen vor allem die Übergangsphase der Bewirtschaftungsaufgabe mit rascher Verkümmerung der Rebstöcke bei nur langsam aufkommenden mehrjährigen Käutern entspricht, ein dürftiges Pflanzenwachstum vermuten. Andererseits verursacht gerade das enge Nebeneinander vegetationsfreier

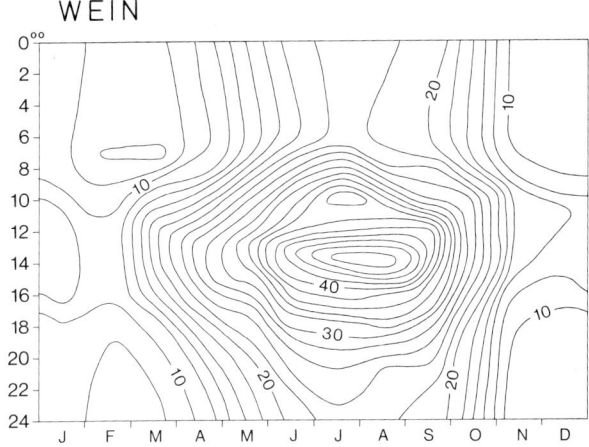

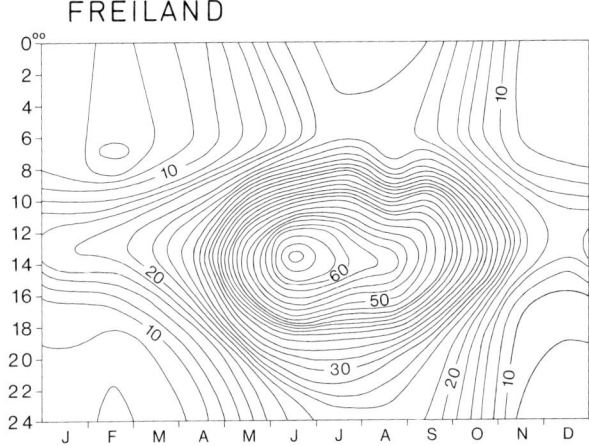

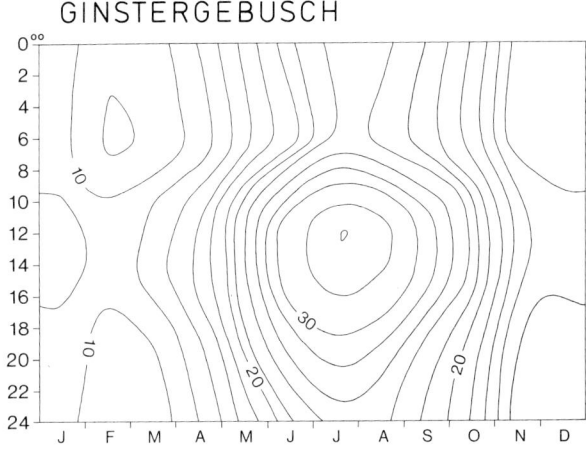

*Abbildung 7: Thermoisoplethen-Diagramme der Bodenoberflächentemperaturen in °C (Äquidistanz: 2 K) in einer Rebkultur, im nahezu unbewachsenen Freiland und im Binsenginster-Gebüsch in Lingua; Meßperiode vom Oktober 1981 bis September 1982*

Stellen und die initiale Ansiedlung von Büschen eine enge mikroklimatische Kammerung. Dieser mikroklimatischen Vielfalt entspricht aber auch eine große floristische Vielfalt, da kleinräumig zahlreiche Nischen unterschiedlichster Strahlungsverhältnisse nebeneinander liegen. So bietet also die hohe interne Standort-Komplexität einem breiten Pflanzenspektrum Möglichkeiten zur Ansiedlung.

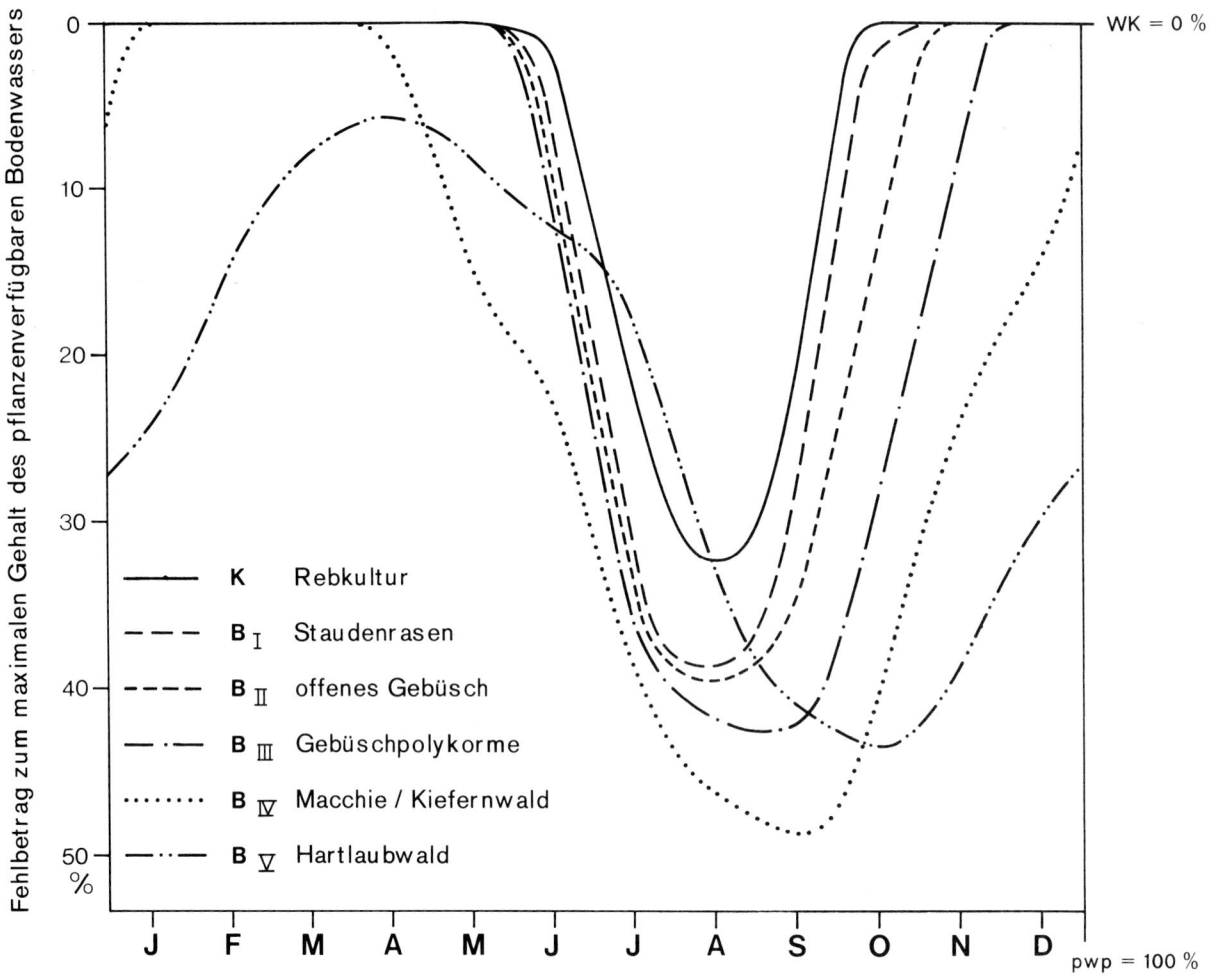

*Abbildung 8: Jahresgang der Bodenfeuchte in sechs verschiedenen Beständen der Rebbrache-Sukzession in Corniglia; WK = Wurzelraumkapazität, pWP = permanenter Welkepunkt (bezogen auf sandigen Lehm)*

Da jedoch im Laufe der Brachesukzession zahlreiche der lichtliebenden Arten durch Gebüsche überschirmt werden, gerät gerade die große Gruppe xerothermer Vertreter ins Hintertreffen. Denn der Wandel vom mikroklimatischen Extremklima zum bestandsklimatischen Ausgleichsklima bedingt einförmige Verhältnisse, auf die sich vergleichsweise wenige Schattenarten einstellen. Die wesentlich homogeneren Verhältnisse späterer Brachestadien zeichnen sich also durch ein wenig variables Bestandsklima aus, das im Beispiel des Ginstergebüschs in Abbildung 7 eine weite Scharung der Isothermen mit einer maximalen Amplitude von 27 K zeigt.

Analog zu der Abschwächung der thermischen Extreme kommt es auch bei der Luftfeuchte bzw. dem Wasserdampf-Sättigungsdefizit im Verlaufe der Brachesukzession zu ausgeglicheneren Verhältnissen. Hieraus sollte eine geringere Verdunstung resultieren, was in bezug auf die Bodenevaporation zutrifft. Jedoch kommt es mit der anwachsenden Phytomasse zur zunehmenden Transpiration. Sie sorgt aufgrund der tiefreichenden Wurzeln der meisten Macchiensträucher zu einer ebenfalls tiefgründigen Bodenaustrocknung, die durch verminderte Niederschlagseingaben noch akzentuiert wird. Denn das überwiegend immergrüne Blattwerk des Gebüschs verursacht eine weitere Form mikroklimatischer Veränderungen: die Interzeptionsverluste, d. h. die von den Blättern aufgefangenen und nicht bis zum Boden vordringenden Niederschläge nehmen mit der Dichte der Brachevegetation zu.

Steigende Transpiration und sinkende Niederschlagseingaben führen also während der Brachesukzession zur relativen Austrocknung des Bodens, die sowohl meßbar als auch kalkulierbar ist. Die Ergebnisse einer solchen Berechnung unter Berücksichtigung der Bodenart und -tiefe, des Wasserbedarfs der Vegetation, der Evaporation und der Interzeption sind in Abbildung 8 dargestellt. Die Bodenfeuchte wird hier als Fehlbetrag zum maximalen Gehalt des pflanzenverfügbaren Wasserbedarfs in Prozenten dargestellt. Auf diese Weise zeigt sich am besten, welchen ‚Ariditätsgrad' die hydrologische Grundlage in verschiedenen Brachebeständen erreicht.

Auf einen Blick wird ersichtlich, daß die durchgezogene Linie für die Rebkultur die günstigste Wasserversorgung anzeigt. Eine Austrocknung des Bodens findet im Mittel nur während der drei Hochsommermonate statt. Einen wichtigen Impuls für die günstige Situation verursacht die Bodenbearbeitung gegen Ende der Regenzeit und außerdem der nahezu ungehinderte Niederschlagseintrag bei fehlender Laubüberschirmung im Winterhalbjahr.

Sobald diese beiden Effekte fortfallen, kommt es mit zunehmenden Interzeptionsverlusten und Gefügeverdichtungen zu einer Ausweitung der bodenhydrologischen Trockenphasen: sind im anfänglichen Brachestadium mit Staudenrasen noch rund viereinhalb Monate als arid zu bezeichnen, so liegen im Kiefernwald schon acht trockene Monate vor. Im gleichen Sinne steigt der maximale Fehlbetrag in der Jahreszeit stärkster Wasseraufzehrung von 33 % auf 43 % an. Im Schlußstadium der Sukzession zeigen die Hartlaubwälder mit ihrem erhöhten Wasserbedarf bei geringem Niederschlagseintrag sogar ‚vollaride' Verhältnisse. Dies ist jedoch nur im übertragenen Sinne zu verstehen, denn die beschriebene Zunahme mediterraner Arten während der Vegetationsentwicklung belegen ja die xerotherme Anpassung der Flora im Laufe der späten Brachephasen.

Somit läßt sich also die bodenhydrologische Austrocknung nicht unbedingt als ökologischer Nachteil herausstellen. Zwar besteht in der trockenen Sommerzeit die Gefahr des Versiegens von Quellen, jedoch werden auch die Abflußspitzen gebrochen und damit katastrophale Auswirkungen durch Hochfluten gemindert. So kommt den Gebüschen und Wäldern der Brachesukzession eine bedeutende Funktion bei der Regulierung des Wasserhaushalts zu. Eng damit verbunden ist die Erosionskontrolle, die von dichteren Pflanzenbeständen ausgeht (vgl. DIECKMANN et al. 1985). Eigene Untersuchungen belegen dies vor allem für die Mauerbrüche in der grandiosen Terrassenlandschaft der *Cinque Terre*, wo es in den Kulturstadien wesentlich häufiger zu Sturzereignissen kommt als in den Brachephasen (CARL und RICHTER 1989).

## Zusammenfassende Beurteilung der Brachesukzession

Daraus soll allerdings nicht der Schluß gezogen werden, daß massives Brachfallen als Allheilmittel für die Rückgewinnung naturnaher Ökotope im Mittelmeergebiet unabdingbar sei. Gerade die *Cinque Terre* verdanken ja ihre landschaftliche Attraktion den Terrassenkulturen, aber sicher nicht den Brachflächen. Zudem verträgt sich vom ökologischen Gesichtspunkt gerade unter dem Aspekt der floristischen und faunistischen Vielfalt durchaus ein enger Verbund aus Kultur- und Naturflächen. Insbesondere bei Rebflächen beinhaltet Brachfallen drei positive Merkmale, die im Sinne einer Rückgewinnung naturnaher Ökosysteme im Mittelmeergebiet zusammenzufassen sind:
– spontane und rasche Vegetationsentwicklung,
– Erweiterung des Angebots von Lebensräumen für Flora und Fauna,
– hydrologische Stabilisierung und Erosionskontrolle.

Entsprechendes gilt für die ähnlich ablaufende Brachesukzession in ehemaligen Ölbaumhainen. Hier kann die Vegetationsentwicklung noch rascher fortschreiten, da die bestandsklimatologisch wichtige Schattenwirkung nach Bewirtschaftungsaufgabe fortbesteht und die Baumstämme eine Stütze für die zahlreichen Rank- und Klimmpflanzen bieten. Außerdem ist mit dem zusätzlichen Vorkommen von Ölbaumhainen auf schweren Böden die Brachesukzession um einige Typen der Artenprogression erweitert, ohne daß jedoch prinzipielle Unterschiede in der Formationsabfolge bestehen.

Was den regionalen Vergleich betrifft, so läßt sich nur für die xeromediterranen Fälle ehemals bewässerter Intensivkulturen eine regressive Brache-Entwicklung nachweisen. Dies belegen Beispiele aus dem Südosten Andalusiens, wo Rebbrachen nördlich von Almería bei Fortfall der Wassereingaben Desertifikationsmerkmale aufweisen (Versalzung, Vertrocknung der Vegetation, Bodenabspülung).

Ansonsten belegen vergleichende Untersuchungen in mesomediterranen und thermomediterranen Gebieten der östlichen und westlichen Mittelmeerländer die Ergebnisse der vorgestellten Beispiele.

Dies betrifft vor allem die Formationsabfolge und zum Teil sogar auch die pflanzensoziologische Progression. Beim ökologischen Standortwandel sind die Ähnlichkeiten noch größer, da die klimatologischen, hydrologischen oder bodenkundlichen Veränderungen allein prozessualen und nicht regionalen Gesetzmäßigkeiten unterliegen.

So läßt sich für eine abschließende Beurteilung eine rasche und stabilisierende Entwicklung der Brachflächen in der mediterranen Region festhalten. Menschliche Eingriffe, sei es durch gezieltes Flämmen oder durch Aufforstungsmaßnahmen insbesondere standortfremder Arten in Reinbeständen sind nicht angebracht.

Brachflächen bilden also in der Tat eine wichtige Ressource zur Rückgewinnung naturnaher Standorte im Mittelmeerraum.

Dieses Fazit bildet angesichts der Gesamtzahl der betroffenen Flächen und der überregionalen Verbreitung des Phänomens auch für Entscheidungsfragen bei EG-Programmen zu Flächenstillegungen ein wichtiges Ergebnis.

## Literatur

CARL, Th. und RICHTER, M.: Geoecological and Morphological Processes on Abandoned Vine-Terraces in the Cinque Terre (Liguria). In: Geoökodynamik, 10, 1989, S. 125 – 158.

DIECKMANN, H., HARRES, H.-P., MOTZEK, H. und SEUFFERT, O.: Die Vegetation als Steuerfaktor der Erosion. In: Geoökodynamik, 6, 1985, S. 121 – 148.

HARD, G.: Vegetationsdynamik und Verwaldungsprozesse auf den Brachflächen Mitteleuropas. In: Die Erde, 106, 1975, S. 243 – 276.

RICHTER, M.: Untersuchungen zur Vegetationsentwicklung und zum Standortwandel auf mediterranen Rebbrachen. Camerino / Baillieu 1989 (Braun-Blanquetia, 4).

Ulrich Deil

# Die Straße von Gibraltar

Auswirkungen einer kulturgeographischen Grenze auf Vegetationsstrukturen und Landschaftsentwicklung*

## 1 Fragestellungen und Gründe für die Wahl des Arbeitsgebietes

Befaßt man sich als Geobotaniker mit dem Mittelmeergebiet, so wird man nach einer Beschreibung und Typisierung der Vegetation versuchen, das Aussehen und die Zusammensetzung der heutigen Pflanzendecke zu erklären. Man stellt zunächst fest, daß die mediterrane Vegetation sehr vielfältig ist und insbesondere durch Gebirge differenziert wird, in denen mehrere klimatisch bedingte Höhenstufen aufeinanderfolgen. Die Mittelmeervegetation i. e. S. ist auf die küstennahen Gebiete sowie auf die planare und colline Stufe begrenzt. Schluß einer natürlich ablaufenden Entwicklung sind hier immergrüne Hartlaubwälder. Sie besitzen zahlreiche strukturelle und floristische Gemeinsamkeiten, die aus Überblicksdarstellungen des Mittelmeerraumes bekannt sind.

Auch wenn man in dieser einen bioklimatischen Stufe bleibt, beobachtet man eine regionale Differenzierung. Man wird zunächst nach weiteren ökologischen Ursachen hierfür suchen. Gibt es bei den abiotischen Geofaktoren und im Arteninventar jedoch keine Differenzen, so sind die Unterschiede auf das Wirken des Menschen zurückzuführen.

Die Straße von Gibraltar trennt Gebiete mit weitgehend identischer Flora und ursprünglich auch ähnlicher Vegetation. Die Meerenge bildet aber eine scharfe wirtschaftliche und kulturräumliche Grenze zwischen Südspanien und Nordmarokko. Man kann hier also studieren, ob und ggf. wie sich verschiedenes Wirtschaften und kulturkreisspezifische Verhaltensweisen auf den Geofaktor ‚Vegetation' auswirken.

Die aktuelle Vegetation ist jedoch nicht nur ein Ergebnis der jetzigen Tätigkeit des Menschen, sondern konserviert auch Strukturen historischer Nutzungsformen. ‚Tradierte Substanz' gibt es also nicht nur in Flurformen und Gebäuden[1]. Man kann

---

* Gekürzte und überarbeitete Fassung der Publikationen Deil 1990 und 1991 (siehe Literaturverzeichnis).

1) Hierzu bemerkt Thirgood (1981) im Vorwort seines Buches „Man and the Mediterranean Forest": "The regression and rehabilitation of the Mediterranean landscape is inextricably bound up with the political, social and military history of the peoples of the region, their religions and cultures. An understanding of these forces is not merely of only antiquarian or historical interest, for the social and cultural forces involved still operate today, and still mould the Mediterranean environment".

versuchen, aus der heutigen Pflanzendecke etwas über die jüngste Landschaftsgeschichte zu erfahren („the past in the present'-Ansatz, siehe Jäger 1987).

Nicht alle, aber doch recht viele Vegetationseinheiten lassen sich im Luftbild unterscheiden. Durch einen Vergleich aktueller und historischer Luftbilder (letztere liegen für das spanische Teilgebiet vor) kann man daher die historische Vegetationslandschaft ansatzweise rekonstruieren (retrospektiver Ansatz der Geobotanik).

Aus vielen Untersuchungen der Archäologie, Paläobotanik und Historischen Geographie weiß man, daß die Agrarlandschaftsentwicklung in Stufen (Technologische Niveaus, Tragfähigkeit) verläuft. Ist diese Entwicklung in Abhängigkeit vom Wirtschaftsniveau und den agrarsozialen Verhältnissen in einzelnen Teilräumen unterschiedlich weit vorangeschritten, so findet man räumlich benachbart verschiedene Zeitetappen. Auch dies ist beiderseits der Straße von Gibraltar zu erwarten. Man kann aus den Erscheinungsformen der ‚rückständigeren' Landschaft auf frühere Formen des ‚moderneren' Gebietes schließen (Methode des aktualistischen Vergleichs).

Der Begriff ‚Wirtschaftsniveau' wird hier ohne Wertung verwendet. ‚Moderner' ist also nicht gleich ‚besser', ‚entwickelter' heißt nur: stärkere Marktverflechtung, geringerer Subsistenzanteil, stärkerer Energie-Input usw. Bei der Beurteilung der Effektivität der Landwirtschaft gehen langfristige Prozesse (z. B. abnehmendes Ertragspotential durch Humusabbau, ökologische Nebenkosten wie eine Verschlechterung der Grundwassersituation) nicht in die Wirtschaftlichkeitsrechnung ein. Wie später dargelegt wird, bedeutet ‚moderner' zugleich Monotonisierung der Landschaft und Nivellierung der Standortunterschiede und damit Verlust an biologischer Vielfalt.

## 2 Das Arbeitsgebiet

Das Untersuchungsgebiet umfaßt die Halbinseln beiderseits der Straße von Gibraltar, Südwestandalusien (das Gaditano) und Nordwestmarokko (das Tangérois). Diese Räume sind abiotisch weitgehend identisch. Ihre Übereinstimmung ist das Ergebnis einander entsprechender geologischer und geomorphologischer Strukturen (Didon et al. 1973) und einer Landverbindung zwischen den beiden Kontinenten bis ins jüngere Tertiär. Ein sehr eigener Klimatyp (euatlantisch-mediterran, lokale Zirkulationssysteme und Düsenwirkung durch die Meerenge, aufliegende Wolkenbänke und Nebelniederschlag auf den umrahmenden Gebirgen) in diesem Gebiet erklärt, daß 90 % der Arten beiderseits vorkommen und einige Pflanzenarten nirgendwo sonst wachsen (sog. endemische Arten). Ähnlich sind auch die Pflanzengesellschaften, die Vegetationsserien und die Höhenstufen der Vegetation. So folgt auf beiden Seiten auf den Dünenkomplex als potentiell-natürliche Vegetation ein Ölbaum-Korkeichenwald, der in höheren Lagen von einem reinen Korkeichenwald abgelöst wird. Wir haben also mit den Gebieten beiderseits der Straße von Gibraltar ein ideales Untersuchungsobjekt für die Fragestellung: Wie strukturiert der Mensch die Pflanzendecke? Wie wirken sich die unterschiedliche Dichte der ländlichen Bevölkerung (zwei- bis dreifacher Wert in Marokko), das unterschiedliche Einkommens- und Lebensniveau in den beiden Ländern und der verschiedene anthropogene Druck auf die Vegetation aus?

Einige anthropogene Unterschiede, die vegetationswirksam sind, sollen stichpunktartig angesprochen werden:
– Koppelweide mit Rindern der ‚Retinto'-Rasse in Spanien, Triftweide mit einer ‚Race locale' in Marokko;
– Waldweide von Schweinen und Zucht von Kampfstieren in Südspanien, Kleinviehhaltung in Marokko;
– ständige Entnahme von Feuerholz durch die Frauen der Djebala-Berber, Aufgabe der ‚Labor extensiva' im Campo de Gibraltar;
– agroindustrielle Landwirtschaft durch Großgrundbesitzer in Spanien, kleinbäuerliche Subsistenzwirtschaft in Marokko;
– Marabut-Wäldchen auf der Rifseite, in den Tieflagen häufig die einzigen Zeugen der ursprünglichen Pflanzendecke. Sie beherbergen die Zwergpalme auch baumförmig, auf der spanischen Seite findet man sie nur noch in degradierter Form;
– büschelartige Formen der Zwergpalme, die als pantherfelartiges Muster das traditionell bewirtschaftete Ackerland in Marokko überziehen. Die Horste sind auch durch häufiges Abflammen und Schnitt der Wedel für Flechtwerk nicht zu entfernen, wenn mit dem Holzhaken gepflügt wird;
– linienhafte Strukturen entlang der andalusischen Cañadas, der heute weitgehend funktionslosen historischen Wanderrouten der transhumanten Herden, mit ihrem charakteristischen Vegetationsmosaik dorniger Gebüsche und einem distelreichen Saum;
– Heckenstrukturen um die marokkanischen Streusiedlungen als lebende Einfriedungen, nitrophile Steinfugengesellschaften im Mauerwerk der befestigten andalusischen Agrostädte.

Völlig unterschiedlich können die ökologischen Bedingungen und damit die Zusammensetzung der Pflanzendecke bei Landschaftselementen sein, die zwar dieselbe Hauptfunktion, jedoch andere Nebenfunktionen besitzen, z. B. Friedhöfe und Straßenränder, die in Marokko gleichzeitig als Weideland dienen.

Die von der Naturausstattung her weitgehend identischen Halbinseln Gaditana und Tingitana unterliegen im Augenblick sehr verschiedenen Bewirtschaftungsformen und -intensitäten. Wie spiegelt sich dies in der Pflanzendecke wider?

Das Arbeitsgebiet bietet die Möglichkeit, historische und rezente Daten aus einem Gebiet zu vergleichen, in dem ein Landnutzungswandel stattgefunden hat. Finden wir botanische Zeugnisse dieses Wandels?

Aus der Literatur und eigenen Beobachtungen von 1973 und 1989 / 90 war zu erwarten, daß sich im marokkanischen Teilgebiet noch Landnutzungsformen finden, die auf der spanischen Seite in den letzten Jahrzehnten verschwunden sind. Wir stellen ein räumliches Nebeneinander zeitlich aufeinanderfolgender Entwicklungsstufen fest. Gibt es stufenspezifische Vegetationsstrukturen?

Vergleichen wir die Vegetationslandschaft mit einer Bühne, so haben wir auf beiden Seiten der Meerenge dieselben Akteure (Pflanzenarten). Spielt dieses Ensemble in Marokko und Spanien dasselbe Stück oder gibt der Mensch durch seine Aktivitäten (Brachesysteme, Fruchtfolgen etc.) verschiedene Rollen (Nischen im ökologischen Sprachgebrauch) vor? Welcher geobotanische Arbeitsansatz ist geeignet, solche anthropogenen Vegetationsstrukturen und ihre Veränderungen zu erfassen und zu analysieren?

## 3 Geobotanische Arbeitsansätze zur Analyse von Vegetationslandschaften

Der physiognomische Ansatz erlaubt eine rasche Analyse über Landnutzungs- und Formationsklassen. Oft werden auch nur Strukturelemente kartiert. Er geht von großen zu kleineren Einheiten. Eine Kartierung auf Luftbildbasis ist möglich, bei Befliegungen aus verschiedenen Zeiträumen kann auf diesem Genauigkeitsniveau auch ein Landschaftswandel verfolgt werden. Karten der aktuellen Vegetation für das Gebiet von Tanger aus den sechziger Jahren und Landnutzungskarten auf der andalusischen Seite aus den siebziger Jahren im Maßstab 1 : 50.000 zeigen deutlich den Zusammenhang zwischen dem Mesorelief und den Vegetationstypen, die Intensität des menschlichen Einflusses in Abhängigkeit von der Zugänglichkeit, die Zonation der Degradierungsstufen um die Dörfer usw. Sie berücksichtigen auch Übergangsformen der Bodennutzung, z. B. Ackerflächen, in die locker die Horste der Zwergpalme eingestreut sind sowie anthropogene Elemente im engeren Sinne: Opuntien-Hecken, Straßenrandbepflanzungen oder Fruchtbaumkulturen über Akkerland. Solche Strukturen tragen viel zum Landschaftseindruck bei, werden aber bei der Untersuchung der Pflanzengesellschaften meist nicht berücksichtigt.

Der pflanzensoziologische Ansatz untersucht die Vergesellschaftung von Pflanzen, geht von kleinen zu größeren Einheiten und arbeitet auf drei räumlichen Stufen (Abbildung 1):
1. Die Pflanzengesellschaft
2. Der Gesellschaftskomplex, der die in einem Entwicklungszusammenhang stehenden Gesellschaften einer Sukzessionsserie umfaßt.
3. Die Vegetationslandschaft. Sie ist durch ein Ökotopengefüge entlang sich wiederholender Toposequenzen charakterisiert. Solche Aufnahmen dokumentieren die botanische Vielfalt einer Landschaft. In einer zeitlichen Abfolge erlauben sie auch Aussagen über eine Verarmung oder Anreicherung durch menschliche Eingriffe.

Die aktuelle Vegetation ist das Ergebnis von zwei räumlichen Strukturen, die sich überlagern: Die abiotische Grundstruktur führt zu den Schlußgesellschaften und ihrer Verteilung. Hierüber legt sich das anthropogene Nutzungsmuster, das die vegetationsdynamischen Prozesse auslöst. Dabei besteht zwischen den beiden Ebenen ein enger Zusammenhang. So sind zum Beispiel die ländlichen Siedlungen in Nordmarokko nicht zufällig verteilt, sondern häufig an der Grenze zwischen zwei Naturraumeinheiten angesiedelt, zum Beispiel in den Sandsteinketten des Tangérois an der Grenze zwischen den Sandsteindecken und dem tonig-mergeligen Sockel (Quellhorizontlage): Dort ist die biologische Variabilität besonders hoch, es gibt die Möglichkeit

*Abbildung 1: Drei räumliche Niveaus der Erfassung der Vegetation*

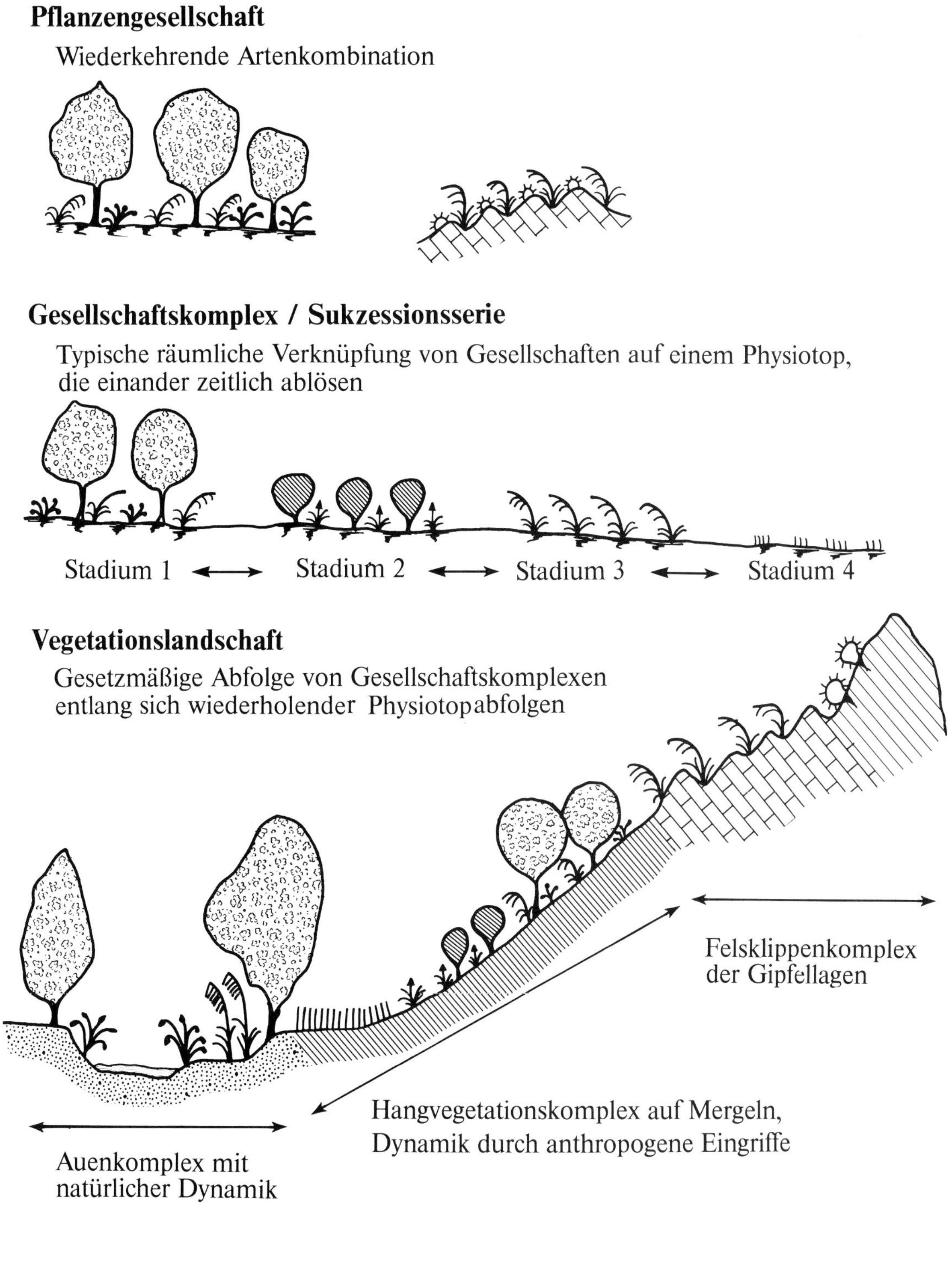

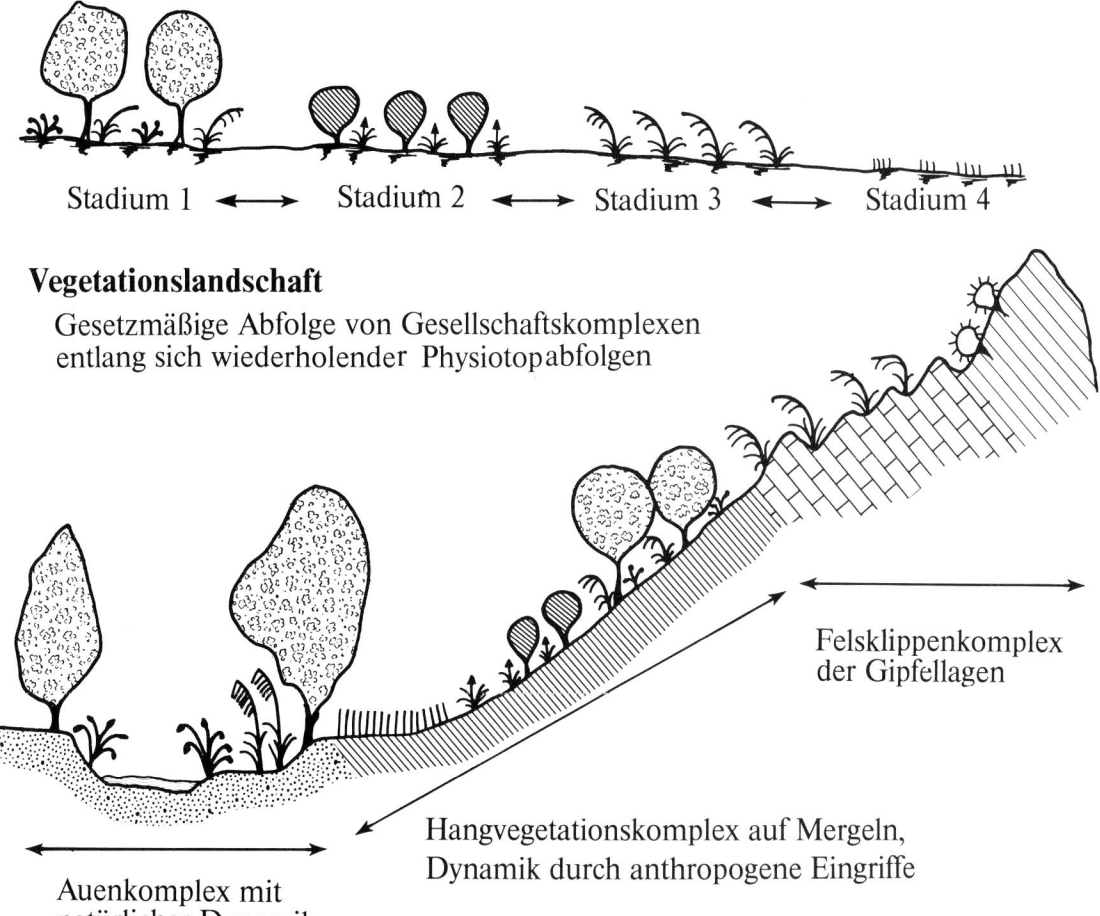

einer vielseitigen Landnutzung auf kurzem Wege (Weide- und Holznutzung auf dem Sandstein, Ackerbau und Fruchtbaumkulturen auf den tiefgründigen Böden).

An einem Beispiel soll erläutert werden, weshalb die Untersuchung der räumlichen Bezüge so wichtig ist. In verschiedenen mediterranen Gebirgen (Rif, Kabylei, Taurus und Afghanistan) werden die Wälder der montanen Stufe von verwandten Baumarten aufgebaut (Abbildung 2). Dennoch sind die Vegetationslandschaften dieser Gebiete sehr verschieden strukturiert, je nachdem, ob sie in Transhumanz beweidet werden bzw. wurden, wie in Spanien, durch Halbnomaden vom Typ der Yayla-Bauern in der Türkei oder durch einen täglichen Weidegang vom Dorf aus bei einer seßhaften Bevölkerung im nordafrikanischen Küstenteil.

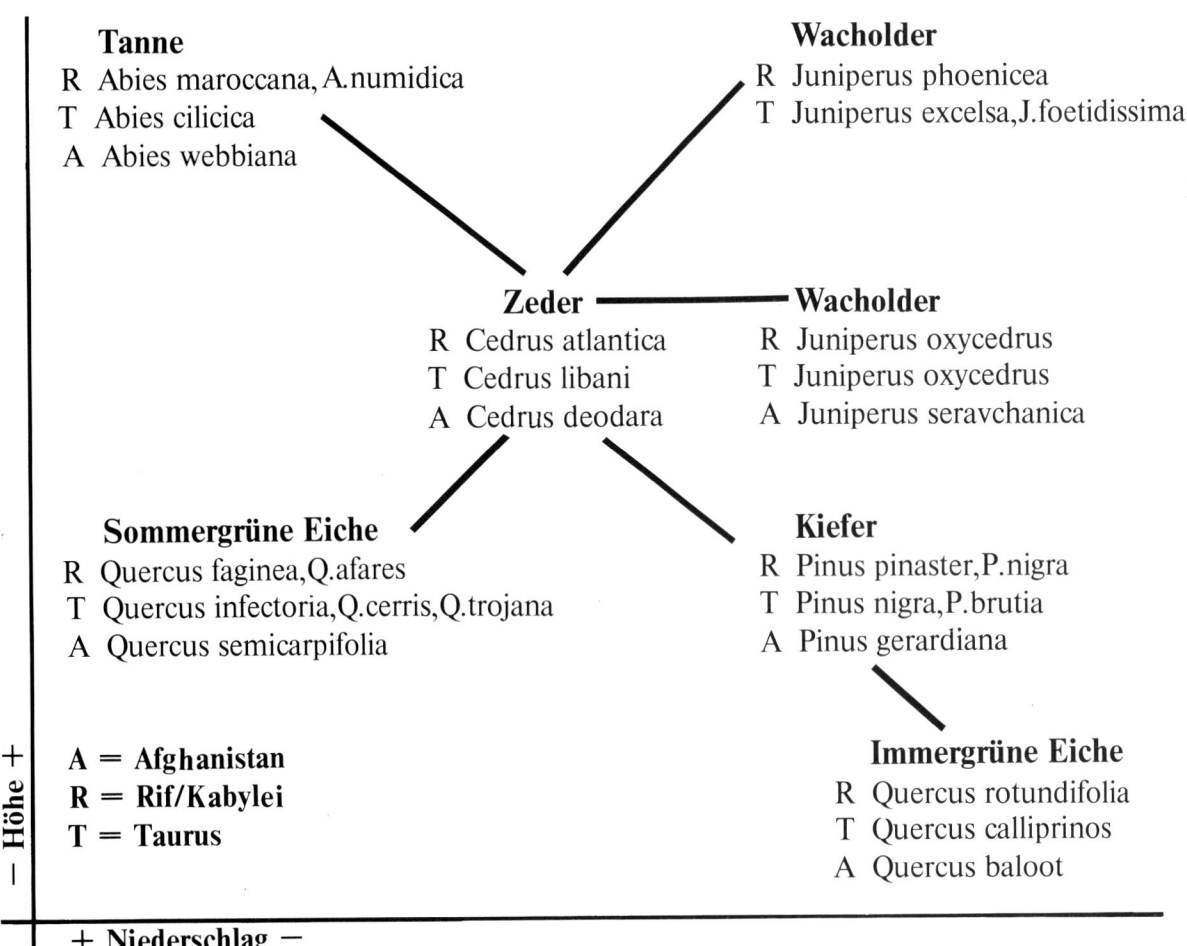

*Abbildung 2: Zedern und ihre Kontaktbaumarten in der montanen Stufe mediterraner Gebirge*

## 4 Räumlicher Vergleich der tingitanischen und gaditanischen Halbinsel am Beispiel der Ackerunkrautgesellschaften

Die andalusische Landwirtschaft ist EG-orientiert und wird von Großgrundbesitzern kapitalintensiv mit einem hohen Mechanisierungsgrad betrieben. Es wird ein zweijähriger Fruchtwechsel *(cultivo año y vez)* durchgeführt, z. B. Hartweizen / Zuckerrübe. Grenzertragsflächen werden nicht mehr bearbeitet. Im marokkanischen Teil des Arbeitsgebietes wird hauptsächlich Hartweizen angebaut. Der Anbau ist arbeitsintensiv bei geringem Kapitaleinsatz. Es überwiegt kleinbäuerliche Subsistenzwirtschaft. Die Feldbestellung erfolgt mit Zugtieren und einem Holzhaken, der den Boden nur aufreißt, aber nicht wendet. Eine Egge kommt nicht zum Einsatz. ‚Unkräuter' werden von Hand gejätet, nutzbare Arten werden aussortiert und an das Vieh verfüttert. Zum Erhalt der Bodenfruchtbarkeit werden Brachejahre in den Produktionsprozeß eingeschaltet. Aussaat, Ernte und Drusch geschehen von Hand. Auch wenig rentable Böden werden von Zeit zu Zeit beackert. Wir haben also Bedingungen, wie sie in Mitteleuropa zur Zeit der Einführung der Dreifelderwirtschaft bestanden (siehe hierzu auch Bild 1 und 2). Zeigt sich dies auch in der Unkrautflora?

Um den Einfluß von Fruchtfolgesystemen, Herbizideinsatz und Bodenbearbeitung auf die spontane Vegetation von Getreide- und Zuckerrübenfeldern in Spanien und Marokko zu untersuchen, haben wir einerseits die Ackerwildkräuter auf edaphisch gleichen Standorten erhoben, andererseits in zufallsverteilten Äckern die spontanen Arten notiert, um auch unkrautarme Äcker entsprechend ihrem Flächenanteil im Arbeitsgebiet in die Untersuchung miteinzubeziehen.

Insgesamt ist das Gesellschaftsspektrum und damit der Artenreichtum der Ackerflora in Marokko sehr viel größer, da eine weitere Standortspanne als in Spanien ackerbaulich genutzt wird. Beschränkt man sich in beiden Ländern nur auf die schweren Böden (diese werden überwiegend ackerbaulich genutzt), so stellt man zunächst fest, daß sie einen gemeinsamen Artengrundstock besitzen und derselben Ackerunkrautgesellschaft zuzuordnen sind. Im einzelnen gibt es jedoch beträchtliche Unterschiede. In Marokko treten zu den Kennarten der Gesellschaft Arten aus anderen Vegetationseinheiten hinzu, v. a. solche annueller Rasen- und schwach nitrophiler Ruderalgesellschaften sowie ausgesprochene Sukzessionszeiger. Bei traditioneller Bewirtschaftung ist die Spontanvegetation der Äcker derjenigen von Ruderalstandorten und beweideten Brachen noch sehr ähnlich, weil diese Nutzungsformen zeitlich aufeinanderfolgen (eine Rotationsgesellschaft). Die Rosetten der zweijährigen Arten werden bei der Bodenbearbeitung mit dem Holzhaken nicht entfernt und die Rasen-Arten finden auf den nicht gewendeten Erdklumpen zwischen den Ackerfurchen ein ungestörtes Milieu zur Keimung. In der modernen Landwirtschaft mit ihrer räumlich und zeitlich schärfer getrennten Nutzung werden auch die Gesellschaften ‚eindeutiger'. Es bleiben nur ‚echte' Ackerunkräuter übrig. Die Durchdringung von ‚reinen' Unkrautgesellschaften,

*Bild 1: Traditionelle Landnutzung im Habt / Nordmarokko.*
*Die Bodennutzung ist kleinräumig und differenziert mit Ackerbau, Grünlandbrachen und Fruchtbäumen. Zwergpalmenpolster markieren die Besitzgrenzen. Die Bodenbearbeitung mit dem Holzhaken erfolgt hangparallel. Die abgeblühten Disteln der Stoppelphase und Rosetten von zweijährigen Pflanzen werden nur unvollständig beseitigt (alle Aufnahmen: Deil).*

*Bild 2: Moderne Landnutzung in der Campiña Baja Gaditana / Südwestandalusien.*
*Die agroindustrielle Bewirtschaftung ist großflächiger und geht über Standortunterschiede hinweg. Die Bodenbearbeitung mit Wendepflug und Egge ist intensiv und in Hanglagen erosionsfördernd. Distelreiche Unkrautvegetation bleibt auf Wegränder und Bacheinschnitte beschränkt.*

von Brachestadien und Gebüschinitialen war in Mitteleuropa während der Dreifelderwirtschaftsphase ebenfalls verbreitet (WILLERDING 1986, HÜPPE 1987). Es gibt also wirtschaftsstufenspezifische Pflanzengesellschaften und wir können diese heute räumlich benachbart studieren.

Unter den Bedingungen der modernen Landwirtschaft geht die Gesamtartenzahl stark zurück: In 66 Aufnahmen aus Spanien kamen von insgesamt 261 Arten 153 Arten vor, in 46 marokkanischen 226. Die mittlere Artenzahl pro Aufnahme beträgt in Spanien 22, in Marokko 48.

Die Auswirkungen der Intensivierung sind vergleichbar denen in Mitteleuropa wie sie z. B. HILBIG (1987) knapp zusammenfaßt: Zunahme von standortindifferenten Arten und Ungräsern, Rückgang der Gesamtunkrautzahlen, der mittleren Artenzahl pro Aufnahme, Veränderung der Stetigkeit.

Die früher für den Trockenfeldbau im Mittelmeergebiet charakteristischen und ästhetisch ansprechenden blumenbunten Äcker und artenreichen kurzfristigen Brachen sind in Marokko noch weit verbreitet, v. a. in den landwirtschaftlichen Marginalräumen. In Intensivanbaugebieten wie im Rharb sind sie ebenso zurückgegangen wie in den europäischen Mittelmeerländern. Bei maschineller Bodenbearbeitung verschwindet auch das Muster der über das Ackerland zerstreuten Zwergpalmen-Büsche. Die Erosion wird begünstigt, weil tiefgründiger und hangab gepflügt wird.

Der unterschiedliche anthropogene Druck zeigt sich auch auf der Stufe der Gesellschaftskomplexe: Er ist stärker auf der marokkanischen Seite. Bei den Gehölzgesellschaften dominieren dort die stärker degradierten Stadien. Die sehr offenen Erica-Heiden wurden in Marokko durch kurze Brandfolgen stark ausgedehnt und finden sich auch in weniger exponierten Lagen wie in Spanien auf z. T. irreversibel degradierten Böden. Die Auflassung von Grenzertragsböden in Andalusien, in jüngster Zeit durch Programme der EG gefördert, erlaubt progressive Sukzessionen von offenen zu geschlossenen Macchien und zum Wald.

*Bild 3: Traditionelles Weideland in Niederandalusien.*
*Allmählicher Übergang (weiche Grenzen) von einer ungepflegten Naturweide zu einer Ölbaum-Dehesa, einem parkartig aufgelichteten, überalterten Baumbestand ohne echten Waldunterwuchs. Insgesamt hoher Artenreichtum durch Nischenbildung und vielfältiges Standortgefälle (Saumhabitate, Licht-Schattenwechsel, Verbißschutz in Distelherden und Gehölzresten, Rasenanrisse durch Viehtritt etc.).*

*Bild 4: Landnutzungswandel in Niederandalusien.*
*Verbißformen an den Gehölzen, Weidezeiger in kleinflächigen Waldinseln und die Zäunung deuten auf die ehemalige Nutzung hin, eine Ackerbau-Grünlandbrache-Wechselwirtschaft in Kontakt zu Weidewäldern. Heute sind die Nutzungs- und Biotopgrenzen scharf zwischen sich verjüngenden Wäldern und permanentem Ackerbau (hier mit der Sommerfrucht Sonnenblume anstelle der Brache).*

## 5 Zeitlicher Vergleich: das Beispiel Grünland

Einen starken Landnutzungswandel hat in jüngster Zeit v. a. die spanische Seite erfahren. BREUER (1981) skizziert den landwirtschaftlichen Umbruch in Niederandalusien in diesem Jahrhundert, den Wechsel von *Cultivo al tercio* zum *Cultivo año y vez* mit Baumwolle und Leguminosen als Zwischenfrüchten sowie die Ablösung durch Sonnenblumen ab 1965. Der Fortfall der Grün- und Schwarzbrachen, der in Mitteleuropa mit der Einführung des Kunstdüngers ab dem 19. Jahrhundert ablief, erfolgte in Spanien erst in unserem Jahrhundert und ist in Marokko noch nicht abgeschlossen.

Im niederschlagsreichen Campo de Gibraltar und im Umland von Tanger beobachtet man im letzten Jahrzehnt eine massive Vergrünlandung, also den Übergang von der altertümlichen Feld-Gras-Wechselwirtschaft zur modernen Dauerweiden- und Mähwiesennutzung und die Aufgabe der Bewirtschaftung von Grenzertragsböden in Spanien. Futterkonservierung und Stallviehhaltung von Milchkühen sind neue Landnutzungsformen. Vergleichskarten und Luftbilder aus den Zeitschnitten 1955,

1975 und 1990 zeigen das Ausmaß des Landnutzungswandels. Zunächst wurden die gesamten tieferen Lagen beackert, Talauen als Gartenland bewirtschaftet. 1975 war bereits die Hälfte in Weideland überführt. Heute werden nur noch sehr kleine Flächen gepflügt. Alles übrige sind Dauerweiden bzw. Mähwiesen. Die gehölzreichen Weiden haben sich z. T. zu Macchien weiterentwickelt, z. T. wurden sie in gehölzfreie Weiden umgewandelt. Es hat also eine Entmischung der Nutzungsformen stattgefunden. Insgesamt gesehen gibt es in Spanien eine sehr starke Tendenz zu gleichförmigeren Einheiten, zu schärferen Grenzen und zu größeren Flächen (siehe Bild 3 und 4), begünstigt durch Großgrundbesitz und Flurbereinigung. Auf der Rifseite haben Besitzersplitterung und Streusiedlung ganz eigene Gesellschaftskomplexe geschaffen.

Ein anthropogener Eingriff, der sich im Maßstab von Luftbildern ausdrückt, war die Binnenkolonisation in Spanien in den fünfziger Jahren, die im Arbeitsgebiet zur Gründung der Siedlung Tahivilla führte und zur Umwandlung von 3.000 ha Sumpfwiesen-Biotopen in der Laguna de la Janda in Intensivackerland.

Die Unterschiede zwischen den beiden Ländern und die

*Bild 5: Cañada-Weg bei Medina Sidonia/ Niederandalusien.*
*Ein Überbleibsel einer früheren Nutzung sind bandförmige Vegetationskomplexe aus Macchiensträuchern und Weideunkräutern. Man findet sie nur auf der spanischen Seite als Relikte des Cañada-Systems, das für die Fernwanderungen der transhumanten Weiden diente.*

*Bild 6: Friedhofswäldchen zwischen Azilah und Tanger / Nordmarokko.*
*Ein Beispiel für eine kulturkreisspezifische Vegetationsstruktur ist dieser Ölbaumhain. Solche Reste der ursprünglichen Vegetation sind in Nordmarokko auf muselmanischen Friedhöfen und um Heiligengräber anzutreffen.*

Disparitäten innerhalb der Gebiete haben sich in den letzten Jahrzehnten verstärkt:
– Rückgang der ländlichen Bevölkerung in Spanien, Wachstum der ländlichen Bevölkerung im Rif und junge Rodungen auf Grenzertragsböden
– starke agroindustrielle Tendenzen in den tieferen Lagen in Spanien und im Umland von Tanger, eine Fortführung der kleinbäuerlichen Subsistenzwirtschaft in den numidischen Sandsteinketten Marokkos im Gegensatz zu Spanien, wo in diesem Bereich große Flächen aufgelassen werden
– Rückgang der Mischkultur in Andalusien, staatlich geförderte Ausweitung der Fruchtbaumkulturen in Marokko.

Aber es gibt auch vergleichbare Entwicklungen: das Hinterland von Tanger und das Campo de Gibraltar spielen als Milchwirtschafts- und Viehzuchtgebiete eine vergleichbare Rolle. Sie bieten auch ähnliche besitzrechtlich Voraussetzungen durch feudale Großgrundbesitzer, die in der Stadt leben: Die *Constitution du Guich rifain* galt bis 1931: Landeinkünfte waren an solche Rifi vergeben, die Tanger von den Engländern befreit hatten. Die Entstehung ist also vergleichbar den Latifundien und Cortijos der spanischen Hidalgos, die im Zuge der Reconquista entstanden. Wir können folgende Prozesse beobachten: Ausdehnung des Futteranbaus, vorherrschend Großviehhaltung, Import hochgezüchteter Rassen und Stallhaltung, marktorientierte Produktion, Privatisierung des Gemeinschaftslandes, Bodenspekulation, Investitionen städtischer Bevölkerung, Umwandlung der ländlichen Gebäude in städtische Villen oder in touristische Einrichtungen mit einem radikalen Wechsel des Zierpflanzenspektrums. Beide Gebiete haben Bedeutung für den Tourismus. In Marokko erfolgt die Nutzung der Küstengebiete durch Campingurlauber allerdings weit ungeregelter und führt zur Ruderalisierung und schließlich Zerstörung der Dünenvegetation.

## 6 „Naturschutz" für Kulturlandschaften?

Landschaften und damit auch Vegetationslandschaften sind einem anthropogenen Wandel unterworfen. Manche der heute vorhandenen Landschaftselemente und Vegetationsstrukturen stehen allerdings nicht im Gleichgewicht mit der aktuellen Nutzung, sondern sind Reliktformen, z. B. die Cañadas (Bild 5). Der *turn over* der Strukturelemente ist allerdings verschieden schnell. Bei den Ackerunkrautgemeinschaften manifestiert sich die veränderte Nutzung trotz der Samenbank relativ rasch, bei langlebigen Gesellschaften geschieht dies über Jahrhunderte und die Pflanzendecke dokumentiert historische Nutzungen. So finden wir in Südspanien nicht nur kulturelle, sondern auch botanische Zeugnisse der islamischen Siedlungsepoche: auf aufgelassenen muselmanischen Friedhöfen halten sich bis heute Schwertlilienarten als ehemalige Grabbepflanzung, obwohl die Provinz Cadiz bereits Mitte des 13. Jahrhunderts Reconquistagebiet wurde. Auch bei Waldgesellschaften ist die jetzige Zusammensetzung kein Abbild der künftigen, wenn die Beweidung der Ölbaum-Friedhofshaine die Naturverjüngung verhindert oder der Immissionseinfluß der Raffinerien bei Gibraltar zur Schädigung der Eichenwälder führt.

Vegetationslandschaften besitzen eine durch ihre einmalige Nutzungsgeschichte bedingte Individualität und kulturkreisspezifische Vegetationsstrukturen, wie z. B. die Heiligen Haine (siehe Bild 6). Diese Einmaligkeit stellt ein kulturelles Erbe dar, das durch moderne landschaftsverändernde und EG-weit nivellierende Prozesse bedroht wird, wie unsere Baudenkmäler durch die Luftverschmutzung. Beispiele sind die Teichlandschaften in den ehemals katholischen Gebieten Frankens und der Oberpfalz mit ihrem ganzen Komplex von Teichboden- und Verlandungsgesellschaften, die traditionelle Formen der Teichbewirtschaftung für ihr Überleben brauchen. Der Tourismusplaner muß sich fragen lassen, ob Erholungslandschaften wie die Frankenalb mit Badeseen ausgestattet sein müssen, auch wenn dies kein natürliches oder kulturhistorisch gewachsenes Element einer Landschaft ist und die Fremdenverkehrsgebiete damit so austauschbar werden wie die Hotelzimmer und die Speisekarte. Von Seiten des Naturschutzes und der Landespflege sollte bedacht werden, ob lineare Strukturen für ein Biotopverbundsystem landschaftstypisch sind, wenn man die Ideallandschaft Bayerns in einem Büro bei München plant.

Die Beschäftigung mit dem Mittelmeerraum in der gymnasialen Oberstufe sollte die natürlichen Bedingungen dieses Raumes nicht nur als Handlungsrahmen und Hintergrund für die regional differenzierten Aktivitäten des Menschen darstellen. Letztere spielen sich nicht nur im Kopf ab, sondern schaffen auch im physisch-geographischen Raum materielle Strukturen, die den künftigen Handlungsspielraum des Menschen verändern (z.B. wenn durch andere Ackerbautechniken Erosionsprozesse ausgelöst werden, welche das Standortpotential irreversibel verringern). Umgekehrt darf der physisch-geographische Ansatz nicht dabei stehenbleiben, Landschaft als Ökosystem darzustellen, sondern auch als ein Ergebnis sozialer Prozesse und Konflikte: Ist die Lärmtoleranz der Tiroler Bevölkerung überschritten und ändern sich die Alpentransitkosten für italienisches Gemüse und bayerische Frischmilch, so hat dies flächenmäßig gesehen einschneidendere Konsequenzen für die Agrarlandschaften Norditaliens und Süddeutschlands als alle Biotopschutz- und Pflegemaßnahmen. Öffnen wir den EG-Markt für marokkanische Freilandtomaten und Oliven und binden wir die Anzahl der Großvieheinheiten an das wirtschaftseigene Futter,

die tolerierbare Güllemenge an die Flächengröße und unterbinden so eine Tierproduktion, die ohne eigenes Land nur auf dem Import von Futtermitteln aus der Dritten Welt basiert, so hat dies Konsequenzen für Agrarlandschaften in ganz anderen Erdräumen.

So kann die Auseinandersetzung mit dem Thema ‚Auswirkungen kulturgeographischer Grenzen' im Unterricht auch Anlaß sein, über Fern- und Nahwirkungen politischen Handelns bei uns nachzudenken und klar zu machen, daß Biologen und Landschaftökologen nur die Effekte menschlichen Handelns auf die Umwelt aufzeigen können: Welche Landschaft und welche Umwelt wir wollen, ob eine mit der für die Landschaftgeschichte Europas maximalen biotischen Vielfalt der Mitte des 19. Jahrhunderts, ob mit der reduzierten Vielfalt und erhöhten Tragfähigkeit von 1992 oder in Zukunft mit der armseligen Abwechslung von Mais, Quecke, Brennessel und Pappelhybriden, ist eine gesellschaftspolitische Entscheidung.

# Literatur

BREUER, T.: Die Dynamik der Fruchtfolgesysteme in den Latifundien-Gebieten der andalusischen Campina. In: Marburger Geographische Schriften, 84, 1981, S. 99 – 118.

DEIL, U.: Approches géobotaniques pour l'analyse des structures végétales anthropiques à travers des exemples marocaines. – In: A. BENCHERIFA, H. und POPP (Hrsg.): Le Maroc: espace et société. Passauer Mittelmeerstudien, Sonderreihe Heft 1, S. 157 – 165, Passau 1990.

DEIL, U.: Wirtschaftsniveau und Kulturkreise in ihrem Einfluß auf Vegetationsstrukturen in der Agrarlandschaft – dargestellt an Beispielen aus den Subtropen der Alten Welt. – In: E.-G. MAHN und F. TIETZE (Hrsg.): Agro-Ökosysteme und Habitatinseln in der Agrarlandschaft. Wissenschaftliche Beiträge der Martin-Luther-Universität Halle-Wittenberg, 6 (P 46), Halle 1991, S. 124 – 134.

DIDON, J. et al.: Homologies géologiques entre les deux rives du détroit de Gibraltar. In: Bulletin de la Société géologique de France, 15, 1973, S. 78 – 105.

HILBIG, W.: Wandlungen der Segetalvegetation unter den Bedingungen der industriemäßigen Landwirtschaft. In: Archiv für Naturschutz und Landschaftsforschung, 27, 1987, S. 229 – 249.

HÜPPE, J.: Zur Entwicklung der Ackerunkrautvegetation seit dem Neolithikum. In: Natur- und Landschaftskunde 23, 1987, S. 25 – 33.

JÄGER, H.: Entwicklungsprobleme europäischer Kulturlandschaften. Darmstadt 1987.

THIRGOOD, J. V.: Man and the Mediterranean Forest. London 1981.

WILLERDING, U.: Zur Geschichte der Unkräuter Mitteleuropas. Göttinger Schriften zur Vor- und Frühgeschichte, 22, Neumünster 1986.

**Dr. Ulrich Deil**
Lehrstuhl Biogeographie der Universität Bayreuth
Postfach 101251, 95440 Bayreuth

Max Huber

# Aktuelle Forschung zum Mittelmeerraum und ihre unterrichtliche Umsetzung am Beispiel „Verschmutzung und Schutz des Mittelmeeres"

## 1 Berichte aus den Medien

Horrormeldungen über die Verschmutzung des Mittelmeeres in der Presse, gespickt mit meist allgemeinen Informationen über Verursacher und Ausmaß, sind seit einigen Jahren zu gewohnten, fast täglichen Lektüre des Sommers geworden. Seit das Nachrichtenmagazin „Der Spiegel" im Oktober 1983 das Problem der Mittelmeerverschmutzung publik gemacht hat, reißt der Strom von Meldungen über Schmutzfrachten aus Landwirtschaft und Industrie, über die Fäkalienströme aus den Haushalten und touristischen Bettenburgen, über Müllberge, schmierige Teerklumpen, ölverseuchte Strände, von Chemikalien zerfressenen und mit Geschwüren übersäten *frutti di mare*, kurz: über Katastrophen in Europas „größter Badewanne" nicht mehr ab (siehe Abbildung 1). Der aufmerksame Zeitgenosse wird geradezu überschüttet mit Berichten über die Verschmutzung des Mittelmeeres.

Kritische Karikaturen nehmen sich des Themas an, aktuelle Fernsehsendungen liefern uns nicht nur die Bilder der stinkenden Algenbrühe frei Haus, sondern versuchen auch, mit populärwissenschaftlichen Beiträge über dieses Thema zu informieren.

Als am 12. April 1991 der Öltanker „Haven" im Ölhafen Multedo mit 160 Millionen Liter Öl in seinem Bauch explodierte, ging die öffentliche Meinung jedoch nach kurzer Aufregung über die verpatzte Badesaison am ligurischen Strand wieder zur Tagesordnung über.

Auch die Schreckensmeldungen über Ungenießbarkeit hochverseuchter Meerestiere, vor allem über die „Gefahren aus der Muschel" (Süddeutsche Zeitung vom 26.9.1991) wirken nur kurze Zeit und nachweisbar nur auf ganz wenige Leser. Die Urlaubsländer am Mittelmeer verzeichneten, allen schlechten Nachrichten zum Trotz, in diesem Jahr einen neuen Besucherrekord. Je mehr vom fast unvermeidlichen Tod des Mittelmeeres gesprochen wird, um so weniger scheinen sich die Betroffenen – Anwohner wie Urlauber – darum zu scheren.

Gehen sie alle sehenden Auges und blind für die Verantwortung in die ökologische Katastrophe des Mittelmeeres, eine Katastrophe, die einen einmaligen Lebensraum für immer, unwiederbringbar auslöschen kann, wie J. Cousteau schon vor Jahren gewarnt hat?

Oder sind derartige Meldungen übertrieben, unrealistisch und nur aufgebauscht? Trifft die sicher unleugbare Verschmutzung das Mittelmeeres wirklich so schwer?

## 2 Mittelmeerverschmutzung: Ergebnisse der Forschung

### 2.1 Meeresverschmutzung: Definition, Ursachen

**a) Definition**

Was unter Meeresverschmutzung zu verstehen ist, darüber gibt es in der Wissenschaft keinen Streit. Die Forschung folgt hier allgemein der Definition, welche die International Ozeanographic Commission (IOC) schon in einem UN-Bericht 1971 festgesetzt hat:

> Verschmutzung ist die „ ... vom Menschen bewirkte direkte oder indirekte Einbringung von Substanzen oder Energie in die marine Umwelt (einschließlich der Ästuare), sofern dies Schädigungen der lebenden Ressourcen, Gefährdung der menschlichen Gesundheit, Behinderung der marinen Aktivitäten (einschließlich der Fischerei), Minderung der Qualität des Meerwassers für die Nutzung und Beeinträchtigung der ästhetischen Umweltqualitäten zur Folge hat" (KELLERSOHN 1983, S. 32, ergänzt nach KLUG 1986, S. 646).

Bei genauerer Betrachtung dieser Definition fällt dreierlei auf:
1. Die IOC spricht bewußt von „mariner Umwelt", worunter man nicht nur das Meer selbst, sondern auch den angrenzenden Küstenstreifen, den sog. marin-litoralen Bereich versteht.
2. Die IOC engt den Begriff „Meeresverschmutzung" allein auf die anthropogene Verschmutzung ein – eine durchaus sinnvolle Einschränkung. Zwar gibt es auch eine natürliche Verschmutzung: z. B. produzieren 6 Mio. Tonnen südkalifornischer Anchovis die gleiche Menge Fäkalien wie 90 Mio. Menschen (vgl. KELLERSOHN 1983, S. 32). Bekannt sind ferner die untermeerischen Erdölaustritte, die sog. *seeps*, die natürliche Radioaktivität oder auch der ins Meer gelangte Auswurf von hochgiftigen Quecksilberverbindungen bei Vulkanausbrüchen. Aber diese natürliche Verschmutzung ist meist singulär, im Ausmaß beschränkt und im ökologischen Regelkreis verkraftbar. Erst mit dem zunehmenden Umfang anthropogener Meeresverschmutzung werden z. T. irreparable Schäden hervorgerufen.
3. Die IOC verzichtet darauf, exakte Grenzwerte anzugeben, ab denen von Verschmutzung gesprochen werden kann. Dieses Problem bildet bis heute einen Hauptstreitpunkt in der Diskussion.

*Abbildung 1: Zeitungsartikel zur Verschmutzung des Mittelmeeres (von oben: Allgemeine Laber-Zeitung vom 21.3.1990, Remszeitung vom 31.8.1982, Allgemeine Laber-Zeitung vom 9.10.1991, Badische Zeitung vom 12.4.1984, Süddeutsche Zeitung vom 8.8.1989 und vom 26.9.1991)*

## Plastikmüll größte Gefahr für die Küsten
### UNO-Untersuchung: Umweltverseuchung der Meere und Strände nimmt im Verlaufe dieses Jahrzehnts rapide zu

London. (dpa) Mit großer Besorgnis beobachten die Vereinten Nationen die zunehmende Umweltverschmutzung der Küstenregionen der Weltmeere. Die Erschließung der Küstengebiete durch den Menschen bringe erhebliche Umweltprobleme für die Meere, erklärte eine Gruppe von Wissenschaftlern unter Vorsitz von Prof. Alasdnir McIntyre (Universität Aberdeen) in einer am Montag veröffentlichten UNO-Untersuchung.

Dies führe zu der Zerstörung von Lebensräumen, zur Verseuchung von Fischen und Schaphate führen dem Meer zu viele Nährstoffe zu. Die Folgen sind Überwucherung durch Algen und Sauerstoffmangel im Wasser.

### Experten: Die Adria kippt bald um

RIMINI (ddp) – Die Verschmutzung der Adria nimmt Formen an, die ein biologisches Umkippen des flachen Küstenmeeres befürchten lassen. W--n wir nicht bald etia ein totes Meer Direktor des Um-Rimini, Professor ines Tages werden : mehr kommen." e auch sie mitverrschmutzung des

Überraschenderweise äußern sich die Wissenschaftler „jetzt weniger besorgt" über die Belastung der Meere durch Schwermetalle, wie Kadmium, Blei oder Quecksilber, oder durch Radioaktivität und Öl-Verschmutzung. Die Experten räumen ein, daß „radioaktive Verseuchung

### Auch Touristen sollen für sauberes Meer zahlen

Kairo. (dpa) Die Kosten für ein sauberes Mittelmeer sollen nach Auffassung des Direktors des UNO-Umweltprogramms, Mostafa Tolba, alle Verschmutzer – von den Touristen bis hin zur Industrie – bezahlen. Zum Auftakt einer viertägigen Konferenz der Umweltminister und -beauftragten der Mittelmeer-Anrainerstaaten unterstrich Tolba in Kairo, die Regierungen seien nicht in der Lage, den Umweltschutz zu

## Mittelmeer wird zur Kloake
### Schalentiere nur beschränkt genießbar – UNO-Studie
*Von unserer Korrespondentin Amalia van Gent*

Athen. Am Dienstag wurde in Athen eine viertägige UNO-Konferenz zur Rettung des Mittelmeeres eröffnet. Außer Albanien nehmen alle Anrainerstaaten an diesem Treffen teil, bei dem eine von der UNO in Auftrag gegebene wissenschaftliche Studie über die „Kloakisierung des Mittelmeeres" in konkrete Aktionspläne umgesetzt werden soll.

Über 12 000 Wasserproben hatten die 700 über das ganze Mittelmeer verstreuten Meßstationen in den vergangenen fünf Jahren gesammelt. Das Ergebnis: An immer mehr Stellen ist das Wasser derart verschmutzt, ohne Gefahr für die Gesundheit kaum mehr gebadet werden kann, daß Fische und insbesondere Schalentiere nur noch beschränkt für den menschlichen Konsum geeignet sind.

### Die Algen sind untergetaucht
#### Beobachtungen aus dem Flugzeug / Unterschiedliche Strömung

„Wir haben seit drei Tagen keine Algen mehr" verkündete Touristikchef Grassi aus Rimini, und Guido Bartolucci aus Lignano meldete zum wiederholten Mal: „Bei uns gab es den ganzen Sommer keine Algenplage." Das war vergangene Woche, als noch die Algensuppe der Adria auf bundesdeutschen Bildschirmen schwappte. Verunsicherung an allen Fronten. Gibt es doch noch einen angenehmen Adria-Urlaub?

Wir prüften am Freitag die Situation vor Ort, schauten uns die Küsten zwischen Triest und Rimini aus der Luft an. Sollte sich der Schleimteppich so schnell verzogen haben?

ter südlich, links und rechts von Rimini, ist alles blau.

Auch im aktuellen Bericht „Mare Informa" der Emilia Romagna meldet das Forschungsschiff *Daphne II* nur noch Reste der Algenverschmutzung und Sauerstoffarmut im nördlichen Teil der Romagna, also zwischen Po-Delta und dem Lido di Spina. Dennoch ist bei unserem Flug am Freitag nichts zu sehen, das Gebiet um Porto Garibaldi zeigte sich völlig frei von Algenspuren – auch weiter draußen.

Fazit: Man kann an den Stränden der wichtigsten und bekanntesten Adria-Orte wieder ekelfrei baden. Im Biologischen Institut schiebt uns Algenspezialistin Fonda alte Veröffentlichn *Fischerei-Zeitschrift* in schönem sverschleimung d des Sommers ingszeit im 19.

Jahrhundert hatte sich das Naturphänomen wiederholt. Vor allem nach einem zu warmen Winter. Frau Umani erläutert: „Jetzt kam noch hinzu, daß die Bora, der starke Sommerwind aus Jugoslawien, seit zwei Jahren zu schwach ist. In normalen Jahren zerreißt die Bora in den jährlichen Sedimenten schmutzig und dadurch sichtbar wird."

Ist der Rest des Sommers gerettet, nachdem der ekelhafte Belag jetzt auf dem Grund der Adria verwest? Die Meeresbiologin aus Triest wiegt den Kopf: „Ich bin sicher, daß keine neue Produktion mehr stattfindet. Aber bei einer Erhöhung der Temperatur können die Schleimschichten wieder hochgetrieben werden." Professor Elvezio Ghirardelli, der Senior des Instituts, pflichtet bei: „Sicher ist es nicht. Wir wissen doch, wie wenig wir wissen." GOTTFRIED AIGNER

## Gefahren aus der Muschel
### Wie sich Gewässerverschmutzung und Algenblüte auswirken können

Mit „Fruits de mer" locken alljährlich zur Reisesaison die Gastronomen zu Tisch und selbstgesammelte Miesmuscheln werden auf Campingkochern zur Delikatesse gegart. Doch als Folge der zunehmenden Meeresverschmutzung können auch Muscheln nach dem Verzehr Infektionen und Vergiftungen auslösen. 1987 erkrankten in Kanada 153 Menschen an einer damals mysteriösen Lebensmittelvergiftung. Sie zeigten Symptome wie Verwirrung, Gedächnisverlust, Gleichgewichts- und Orientierungsstörungen. Einige fielen in ein Koma, drei ältere Personen starben und andere haben bis heute Gedächnislücken.

### Die richtige Fährte

Anfangs war sehr umstritten, ob die Ursache in einer Verunreinigung des Meeres oder in einem natürlichen Gift zu suchen sei. Auf die richtige Fährte führten schließlich chromatographische Untersuchungen, mit deren Hilfe im Verdauungstrakt von Muscheln des Prince Edward Island toxische Farbstoffe nachgewiesen wurden, die in Kontrollmuscheln fehlten. Diese Pigmente stammten aus dem Phytoplankton, im Wasser lebenden Einzellern, die von den Muscheln aus dem Meerwasser filtriert und gefressen werden. Bei den Toxin handelt es sich um eine bereits bekannte Substanz, die in der japanischen Volksmedizin aus Seetang gewonnen und – in geringer Konzentration – als Wurmmittel verwendet wird. Nach der japanischen Bezeichnung „domoi" für Seetang heißt das starke Nervengift Domoinsäure. Aufgrund der Ähnlichkeit seiner Struktur mit dem Neurotransmitter (Nerven-Botenstoff) Glutaminsäure stimuliert es kontinuierlich die Nervenzellen, bis sie zerstört sind.

Mittlerweile haben Meeresbiologen die Alge *Nitzschia pungens* als Produzent der Domoinsäure identifiziert. Sie ist in den Küstengebieten von Atlantik, Pazifik und Indischem Ozean verbreitet. Zum Zeitpunkt der Vergiftung hatte sich diese Alge stark vermehrt, so daß es zu einer Planktonblüte kam. Vermutlich war durch landwirtschaftliche Abwässer das Nährstoffangebot erheblich angestiegen.

In Miesmuscheln vor der holländischen und deutschen Küste fand sich in den letzten Jahren gehäuft ein anderes Gift, die Okaidinsäure. Das Toxin löst Erbrechen und Durchfall aus und gelangt ebenfalls über Algen in die Muscheln. Neuerdings gibt es – aufgrund von Versuchen an Mäusen – Hinweise darauf, daß die Okaidinsäure beteiligt ist, wenn Tumore entstehen. Um die Verbraucher vor diesen Giften zu schützen, ist es in den Niederlanden mittlerweile gesetzlich vorgeschrieben, daß Muscheln aus gefährdeten Regionen einige Zeit in Wasser „geklärt" werden müssen, bevor sie verkauft werden dürfen. Die Muscheln

### Aus der „Österreichischen Fischerei-Zeitung"

#### Über die Meeresverschleimung im Triester Golfe während des Sommers 1905.
##### Von Prof. Carl J. Cori.

Während des Monates Juli wurden auch heuer im Auftrage des Vereines zur Förderung der naturwissenschaftlichen Erforschung der Adria auf der „Argo" wissenschaftliche Fahrten im Golfe von Triest und in den benachbarten Gebieten unternommen. Bei dieser Gelegenheit konnten Beobachtungen über das Auftreten von enormen im Meere flottierenden und suspendierten Schleimmengen — ein bekanntes Phänomen, das mit Intervallen von ein oder mehreren Jahren in der Adria auftritt — gesammelt werden.

In der Fischereibevölkerung wird dieser Zustand des Meeres als „Mar sporco" oder „Malatia del mare" bezeichnet.

*Abbildung 2: Karikaturen (oben aus: Süddeutsche Zeitung Nr. 174, S. 136 vom 1. / 2.8.1987; unten aus: BÖLSCHE 1984, S. 293)*

«Nur weiter, der pH-Wert bleibt konstant – knochenhart!»

**b) Ursachen**

Über die vielfältigen Ursachen der Meeresverschmutzung besteht weitgehend Klarheit. Man kann die in den langen Listen der Forschungsliteratur erfaßten Quellen und Verursacher der Verschmutzung auf sechs Gruppen zusammenfassen:
1. Die sog. *land-based-pollution*: Organische und anorganische Schadstoffe, Abfälle (Müll), Abwässer, vor allem aus dem kommunalen Bereich, aus der landwirtschaftlichen und aus der industriellen Produktion gelangen über Flüsse, Rohrleitungen etc. ins Meer: hier sind vor allem die Phosphate und Nitrate der Düngemittel, die organischen / anorganischen Pestizide, Fungizide und Herbizide und die Schwermetalle, bes. Quecksilber z. B. aus der Acethylenproduktion, gemeint, aber auch radioaktive Abfälle, über deren ‚Endlagerung' in großen Meerestiefen noch heute diskutiert wird.
2. Das sog. *dumping*, das Verbringen von flüssigen und festen Abfallstoffen aus Schiffen (Verklappen) oder Flugzeugen: Verklappt werden vor allem die sog. Dünnsäuren, die bei der Produktion des Titandioxids, des weltweit wichtigsten weißen Farbstoffes, anfallen. Dünnsäure ist eine durch anorganische Salze verunreinigte 10–12%-ige Abfallschwefelsäure (vgl. RACHOR 1982, S. 104).
3. Das Freisetzen von Schadstoffen durch den Schiffsverkehr: Schiffe lassen Bilgen- und Ballastwasser ab, wobei nach der Londoner Konvention von 1954 (vgl. LICHTENBERG 1982, S. 35) 60 Liter Öl und Ölgemische pro Seemeile außerhalb der 50-Meilen-Zone in Fahrt und max. in der Menge von einem Fünfzehntausendstel des Ladevolumens abgegeben werden dürfen. Durch Havarien, Explosionen, Tankverluste etc. gelangen weitere Schmutzstoffe ins Meer.
4. Die Verschmutzung durch die Nutzung und Erforschung des Meeresgrundes und -untergrundes: Hierzu zählen beispielsweise die Blowouts von Erdölplattformen (z. B. Ekofisk Blowout 1977) oder auch Schäden am Meeresgrund durch die Fischerei.
5. Schadstoffeintrag durch die Atmosphäre: Verbrennungsprodukte aus Verkehr (Blei), Kraftwerken, Haushalt und Industrie, giftige Stoffe aus Vulkanausbrüchen, chlorierte Kohlenwasserstoffe aus Spritzmitteln (wie z. B. Lindan, DDT etc.) oder Quecksilber aus der Erzverhüttung und Zementproduktion sind nur einige Beispiele aus der fast endlosen Liste der atmosphärischen Schmutzeinträge.
6. Thermische Belastung durch Abwärme: Vor allem das Kraftwerkskühlwasser an küstennahen Standorten belastet die marin-litorale Umwelt.

KORTUM (1987, S. 20) meint darüberhinaus, daß – gerade für das Mittelmeer – nicht nur die Einleitung von Giftstoffen ins Meer im engeren Sinne eine Meeresverschmutzung darstellt, sondern auch die oft weitab vom Meer erfolgenden Eingriffe des Menschen in den Naturhaushalt. Als Beispiele nennt er die Änderung des marin-litoralen Bereichs durch den ökologischen Raubbau an Wäldern mit nachfolgender Erosion, Verkarstung etc., den Nährstoffverlust durch den Staudammbau (z. B. Nil) oder die Änderungen der Arten und des Bestandes mariner Organismen durch künstliche Wasserstraßen (z. B. Suezkanal).

## 2.2 Umfang der Verschmutzung des Mittelmeeres

Sind die Ursachen der Verschmutzung des Mittelmeeres denen in anderen marinen Bereichen gleich, so unterscheiden sich doch das Mittelmeer durch das horrende Ausmaß seiner Verschmutzung von allen anderen Meeren auf der Welt. Es gilt als das am schlimmsten verschmutzte Gewässer der Welt, als die „größte Kloake und verseuchteste Badewanne" – das schmutzigste Gewässer der Welt:

Jährlich werden etwa 12 Mio. t organische Schadstoffe, 360.000 t Phosphate, 1 Mio. t Stickstoff, 21.000 t Zink, 1,5 Mio. t Erdöl, 3.800 t Blei, 2.400 t Kadmium, 100 t Quecksilber, 1,1 Mio. t Nitrate und noch vieles mehr in das Mittelmeer eingeleitet. Bei Genua ist 1 Liter Mittelmeerwasser mit 218 g Teeröl belastet. Insgesamt liegt die Gesamtbelastung des Mittelmeeres um das 6– bis 30-fache über der von offenen Ozeanen (vgl. KLUG 1986, S. 647 ff.)

Die mittlerweile recht zahlreich erschienenen Karten zur Mittelmeerverschmutzung[1] zeigen die betroffenen marin-litoralen Bereiche oft mit ungefährer Angabe des Verschmutzungsgrades oder der Verschmutzungsart; sie zeigen im marinen Bereich die Tankerrouten und Pipelines und die Gebiete mit zulässiger Ölabgabe; ferner geben sie die vermeintlichen oder tatsächlichen Urheber der Verschmutzung an, wie z. B. Häfen, Offshore-Bohrungen, küstennahe Industriegebiete, große Ballungsgebiete, touristische Schwerpunkte und die großen verschmutzten Flüsse: eindrucksvolle Karten, gigantische Zahlen, – aber dennoch nur mit geringem Aussagewert!

Die Karten erlauben den topographischen Blick, zeigen

---

[1] Z. B. bei KLUG (1986, S. 651), KORTUM (1987, S. 16–17), RESCHENHOFER (1989, farbige Beilage).

Schwerpunkte der Verschmutzung und verweisen auf deren mögliche Ursachen. Auch Nutzungskonflikte lassen sich interpretieren und einiges mehr. Aber insgesamt lassen sich aus den Karten nur die relativ banalen Feststellungen ablesen, daß dort, wo der Mensch Küste und Meer intensiv nutzt, die größte Verschmutzung festzustellen ist.

Die oben zitierten Zahlen andererseits geben nur absolute Mengen an, mit denen man zwar Zahlenspielereien betreiben kann, aber über das wahre Ausmaß der regional bzw. lokal sehr unterschiedlichen Belastung des Meeres und über das dadurch auftretende tatsächliche Gefährdungspotential sagen weder die Karten noch die Zahlen genügend aus.

Sinnvoll werden Größenangaben und kartographische Darstellungen erst, wenn die tatsächliche Wirkung der ins Meer verbrachten Schmutz- und Schadstoffe bekannt ist. Und damit beginnt das eigentliche Problem für die marine Umweltforschung, die sich zunächst mit den zentralen Fragen auseinandersetzen muß: Ist das Ökosystem Mittelmeer durch die Einbringung von Substanzen in der Tat so gefährdet, daß eine Verschmutzung im Sinne der IOC-Definition vorliegt, oder kann es dies ohne größere Beeinträchtigung verdauen?

Läßt der besondere Charakter dieses Ökosystems wirklich bald einen, vielleicht irreparablen Kollaps, wie ihn ernsthafte Forscher befürchten, erwarten oder besitzt es genügend Pufferkapazität und Selbstheilungskraft, wie eine Reihe ebenso ernsthafter Forscher meint, diesem prognostizierten Schicksal zu entgehen?

## 2.3 Das ‚Ökosystem' Mittelmeer

In der Forschungsliteratur wird das Mittelmeer als ein „ ... produktionsarmes, hyperthermales, oligotrophes, euhalines, hochbelastetes Ökosystem" (GIESSNER 1991) bezeichnet. Um diese Charakterisierung und die damit verbundenen ökologischen und ökonomischen Probleme verstehen zu können, ist es zunächst erforderlich, sich mit einigen wesentlichen ozeanographischen Grundlagen auseinanderzusetzen.

Als die wichtigsten geographischen Komponenten des wechselseitigen Zusammenspiels im „Ökosystem Mittelmeer" sind das Relief v. a. des Meeresbodens, das Klima und die Hydrographie zu nennen.

### 2.3.1 Allgemeine Daten

Das europäische Mittelmeer – es gibt daneben in der Terminologie der Ozeanographen noch eine Reihe weiterer Mittelmeere wie z. B. das Amerikanische (Golf von Mexiko, Karibische See), die Ostsee, das Rote Meer, Persischer Golf, Hudson Bay usw. – ist ein Nebenmeer des sogenannten Atlantischen Raumes. Nur durch die schmale Meerenge von Gibraltar mit dem Atlantik verbunden, entwickelte es sich zu einem besonderen, unverwechselbaren Meer mit vielen einzigartigen Eigenschaften.

Die Angaben über seine Dimensionen schwanken in der Literatur beträchtlich: Die Flächenangabe reicht, je nach Berechnungsart, von 2.510.000 km$^2$ (TARDENT 1979, S. 87) oder 2.976.400 km$^2$ (BECKINSALE 1975, S. 24) bis 3.020.000 km$^2$ (OTT 1988, S. 28) und der Wert der mittleren Tiefe von 1.502 bis 1.450 Meter. Die geschätzte Wassermenge des Mittelmeeres, das approximative Volumen, beträgt in etwa 4 Mio. km$^3$. Die Angaben reichen hier von 3.771.000 km$^3$ (TARDENT 1979, S. 87) bis 4,3 Mio km$^3$ (KORTUM 1987, S.20).

### 2.3.2 Das Relief des Meeresbodens

Der Boden des Mittelmeeres ist in seinem Aufbau und Aussehen bereits seit Beginn unseres Jahrhunderts recht gut erforscht. Die Vermessung der Oberflächenstruktur – seit den 60er Jahren ergänzt durch wissenschaftliche Untersuchungen im Rahmen plattentektonischer Vorstellungen – hat ein sehr genaues Bild ergeben (vgl. STANLEY 1972). Durch eine untermeerische Schwelle zwischen Sizilien und Afrika ist das Mittelmeer in eine westliche und östliche Hälfte geteilt.

Der insgesamt höher gelegene westliche Bereich, in dem das Balearenbecken (maximale Tiefe 3.180 m) und das Tyrrhenische Becken (maximale Tiefe 3.731 m) die tiefsten Depressionen sind, zeigt einen stark gegliederten Meeresboden mit vielen Becken, Terrassen und Rücken. Dieses geologisch komplizierte Relief ist durch plattentektonische Rotationsbewegungen hervorgerufen worden, die in der Zeit der alpidischen Faltung zwischen der europäischen und der afrikanischen Platte abgelaufen sind. Sardinien und Korsika sind vermutlich aus dem Alpenbogen herausgerissen und in einer anderen Rotationsbewegung an ihren heutigen Platz transportiert worden. Die Plattengrenzen im Mittelmeerraum sind noch heute aktiv, wie Vulkanismus und Erdbeben anzeigen.

Das östliche Mittelmeer mit Ionischem, Adriatischem, Ägäischem und Levantinischem Meer ist der größere Rest des früheren Tethysmeeres und einfacher aufgebaut. Im Ionischen Meer zieht ein durch Kollision (vermutlich der anatolischen mit der afrikanischen Platte) entstandenes Riftgebirge vom Süden der Adria bis nach Zypern und trennt zwei Becken, von denen das nördliche ca. 5.000 m Tiefe erreicht. Das Adriatische Meer weist in seinem nördlichen Teil als flaches Schelfmeer eine maximale Tiefe von 250 m auf, sinkt im Süden aber bis 1.000 m Tiefe ab. Das Ägäische Meer mit seiner Inselwelt erreicht Tiefen zwischen 200 und 1.000 m. Erst im Levantinischen Meer sinkt der Meeresboden auf über 4.500 m ab.

Durch die etwa 14,5 km breite und nicht ganz 350 m tiefe Straße von Gibraltar hängt das Mittelmeer erst wieder seit dem späten Miozän (dem sog. *Messin*) mit dem Atlantik zusammen. Dieser schmale Zugang zum Weltmeer (vgl. STANLEY 1972, S. 492) und die intensive Gliederung in viele selbständige Meeresbecken nimmt wesentlichen Einfluß auf die Zusammensetzung, Verteilung und Bewegung der Wassermassen.

### 2.3.3 Die Hydrographie des Mittelmeeres

Die Erforschung der Eigenschaften des Mittelmeerwassers und seiner Bewegung reicht bis an den Beginn unseres Jahrhunderts zurück. Seither sind die Zusammenhänge zwischen dem subtropischen Klima und der Wasserbilanz bekannt und beschrieben worden.

Das Mittelmeer liegt als weitgehend vom offenen Ozean abgeschnittenes Becken im subtropischen Strahlungsgürtel mit seinen hohen Sommertemperaturen; sie erwärmen das Oberflächenwasser so stark, daß es bis zu 5°C höhere Temperaturen aufweist als nach der planetarischen Lage zu erwarten ist (vgl. GIESSNER 1991). Dies führt zu einer intensiven Verdunstung, die z. B. im östlichen Mittelmeer dreimal so hoch ist wie die Niederschlagsmenge. Das so entstehende durchschnittliche Defizit von 130 cm Wassersäule / cm$^2$ kann weder durch die geringen Niederschläge, noch durch die Wasserspende der Flüsse, die ca. 55 cm / cm$^2$ einbringen, ausgeglichen werden.

*Abbildung 3: Das Salinitätsdiagramm zeigt die Abhängigkeit der Dichte von Temperatur und Salzgehalt. Die Pfeile zeigen die jeweils entsprechende Salinitätserniedrigung, die dieselbe Wirkung auf die Dichte hat wie eine Temperaturerhöhung um 10°C (Quelle: OTT 1988, S. 38).*

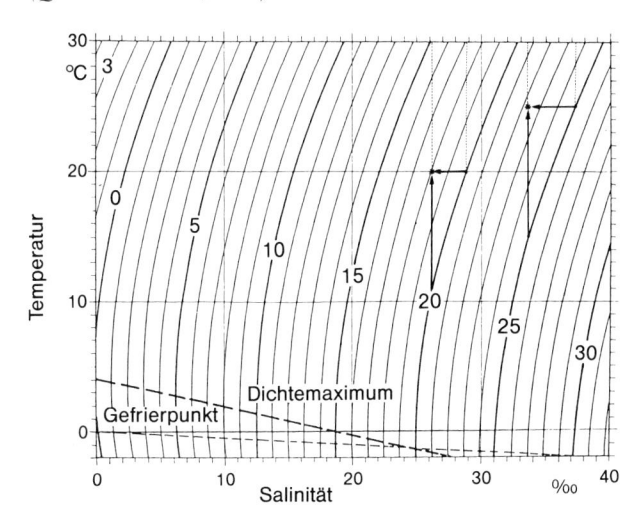

Daraus ergeben sich zwei ganz wesentliche Folgeerscheinungen:
a) Die hohe Verdunstung hebt zunächst den Gesamtsalzgehalt im Wasser an. Man spricht von der hohen Salinität des Mittelmeerwassers.

Sie liegt bei 38,5 ‰, steigt nach Osten zu sogar über 39 ‰ an und kennzeichnet das Mittelmeer als euhalines marines Ökosystem. Zum Vergleich: Die mittlere Salinität der Ozeane beträgt 34,5 ‰, im Schwarzen Meer werden durch reichliche Süßwasserzuflüsse nur Werte von ca.18 ‰ erreicht. Zugleich verliert das in den heißen und trockenen Sommern stark erwärmte Meerwasser viel Sauerstoff.

Die Salinität beeinflußt zusammen mit der Temperatur (und dem Luftdruck) nicht nur die elektrische Leitfähigkeit und die Schalleitfähigkeit, den Dampf- und Gefrierpunkt, sondern auch die Dichte ρ des Wassers. Sinkt (bei gleichbleibender Salinität) die Temperatur des Meerwassers – kühlt sich also das Meer ab – oder erhöht sich durch Verdunstung sein Salzgehalt –, so nimmt die Dichte zu (Formel: t = ρ – 1 ) * 1.000)(vgl. OTT 1988, S. 38 ff.); Wasser z. B. von 20°C hat bei 38 ‰ eine Dichte von 1,027, bei 35 ‰ nur 1,024; kühlt es auf 10°C ab, dann steigt die Dichte bei 35 ‰ auf 1,027, bei 38 ‰ sogar auf 1,029. Wasser hoher Dichte sinkt ab.

b) Die Dichte ist ein wesentlicher Motor für die vertikale – und indirekt auch für die horizontale – Zirkulation des Meerwassers.

Ein vereinfachter Vergleich der Zirkulationsverhältnisse zwischen dem Atlantik und dem Mittelmeer kann die besonderen und einzigartigen Verhältnisse des Mittelmeeres veranschaulichen (siehe Abbildungen 4 und 5).

Im Atlantik lassen sich die erwarteten Gesetzmäßigkeiten in relativ klarer Form wiederfinden. Dort sinkt das schwere, kühle Wasser der Antarktis bis auf den Meeresboden ab und wandert als Atlantische Bodenströmung bis über den Äquator hinaus nach Norden. Darüber lagert sich die etwas wärmere Atlantische Tiefenströmung, die ihr Wasser aus dem Arktischen Becken bezieht, über dessen hohes Sill nur das etwas wärmere Wasser ausfließen kann. Das antarktische Kaltwasser, das durch heftige Winde als Oberflächenwasser nach Norden getrieben wird, trifft etwa 50° südlicher Breite auf wärmeres Wasser. Es bildet sich die sog. Antarktische Konvergenz, an der der kalte Oberflächenstrom als Atlantisches Zwischenwasser abtaucht. Ähnliches geschieht noch einmal an der Subtropischen Konvergenz. Über diesem Zwischenwasserkörper lagert die Sphäre warmen Wassers des tropischen und subtropischen Bereichs. Der Atlantik zeigt also ein klares, eindeutiges Zirkulationsschema.

Ganz anders das Mittelmeer: Ein geringer Ausgleich des Niederschlags- und Zuflußdefizits im Mittelmeer erfolgt zunächst durch einen Zustrom von Atlantikwasser, das wesentlich kühler (ca. 15°C) und salzärmer (ca. 36 ‰) ist. Außerdem strömt etwas salzarmes, warmes Wasser aus dem Schwarzen Meer zu.

Das frische Atlantikwasser weist mit etwa 1,025 eine dem Mittelmeerwasser gegenüber geringere Dichte auf und bildet deshalb einen Oberflächenstrom, das *Epilimnion* (Oberschicht). Dieses strömt mit einer Geschwindigkeit von ca. 90 cm / sec durch die Straße von Gibraltar, verliert aber durch eine erste Drehbewegung sofort wieder etwa 20 – 30 % seines frischen Wassers an den Atlantik zurück. In zwei großen, linksdrehenden Kreisbewegungen fließt der Oberstrom im westlichen Mittelmeer in das Balearenbecken und das tyrrhenische Becken; dabei wird seine Geschwindigkeit auf ca. 50 cm / sec abgebremst.

Die restlichen Wassermassen des Epilimnions werden entlang der nordafrikanischen Küste weiter nach Osten getragen. Beim Überschreiten der sizilischen Schwelle werden sie so stark abgebremst, daß sie in der Adria und im Ionischen Meer nur noch ca. 8 km / Tag erreichen. Schließlich umfließen sie das östliche Mittelmeerbecken wieder in großen Kreisbewegungen und sinken dabei im levantinischen Becken, mittlerweile erwärmt und hochsalinar, langsam ab. Die einzelnen Becken des Mittelmeeres bilden also in sich fast abgeschlossene Wasserkörper, die aufgrund der geologisch-tektonischen Struktur nur in einen sehr begrenzten Austausch miteinander treten.

Diesem Oberflächenstrom steht ein salzreicher, spezifisch schwerer Unterstrom gegenüber. Sein erstes Antriebsaggregat ist das hochsalinare, absinkende Wasser im östlichen Mittelmeer; sein zweites liegt im ligurischen Meer, in der Adria und in der östlichen Levante. Dort fallen kalte Luftmassen, hauptsächlich im Winter, aus den Gebirgen über Flußtäler und Ebenen auf die Wassermassen des Meeres; diese kühlen ab, werden dichter und sinken als etwa 12 – 13°C ‚kaltes' und salzreiches Tiefenwasser ab. Dabei verlieren sie rasch an Sauerstoff. Vor allem aus dem östlichen Mittelmeer schiebt sich das extrem salinare sogenannte ‚levantinische Zwischenwasser' nach Westen, das sich als ‚intermediäres Salinitätsmaximum' im gesamten Mittelmeer und sogar noch streckenweise im Atlantik verfolgen läßt. Dieser salzreiche Tiefenwasserkörper verweilt, aufgehalten durch die nur ca. 350 m tiefe Schwelle von Gibraltar, lange im Mittelmeerbecken. In einem untermeerischen Wasserfall mit großen Fließgeschwindigkeiten stürzt er über die Schwelle in den Atlantik, reißt dort die Sedimente von der Schwelle und lagert sie wellenartig in der Tiefe ab.

Das Zusammenspiel von Oberflächen- und Tiefenwasserzirkulation, die sogenannte ‚thermohaline Konvektion' im Mittelmeer ergibt eine deutliche und stabile thermohaline Schichtung des Wassers:

– Das Epilimnion, gebildet aus dem Oberstrom atlantischen Wassers, ist ziemlich dünn; es erwärmt sich im subtropischen Strahlungsgürtel rasch und von West nach Ost zunehmend, erreicht Salinitätswerte bis 39 ‰ und verliert viel Sauerstoff.

– Die Unterschicht, das *Hypolimnion* in Tiefen zwischen 500 und 700 m beginnend, besteht aus sehr salzreichem, relativ

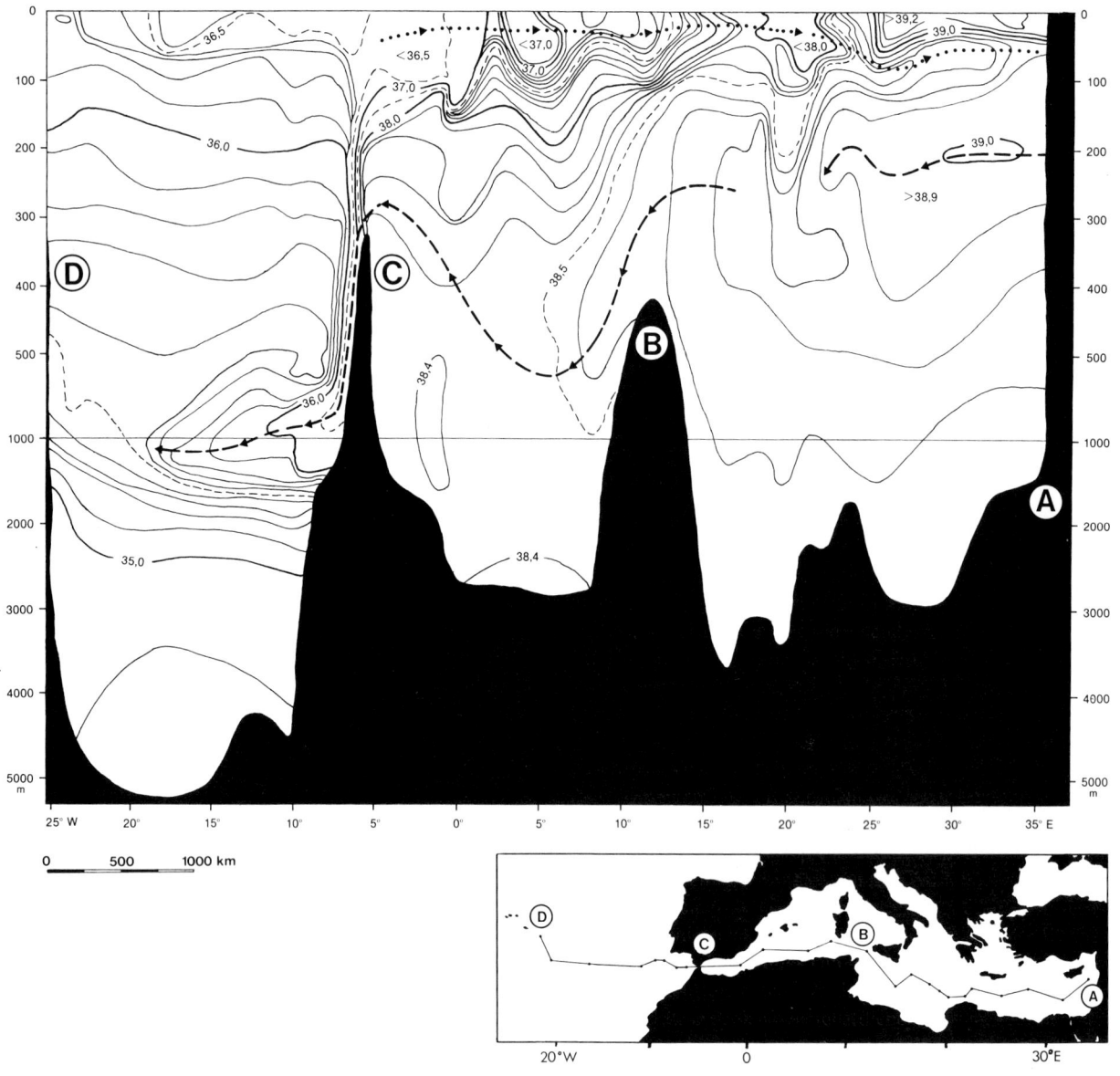

*Abbildungen 4 und 5: Vergleich der Zirkulationsverhältnisse in Mittelmeer und Atlantik (aus: oben KORTUM 1987; unten TAIT 1971)*

**Salzgehaltprofil — West-Ost-Schnitt durch das Mittelmeer**

Salzgehaltsverteilung in °/₀₀ im Sommer
punktierte Pfeillinie: Strömungsachse des Einstroms von Atlantikwasser
gestrichelte Pfeillinie: Strömungsachse des Ausstroms von levantinischem Zwischenwasser (nach Wüst)

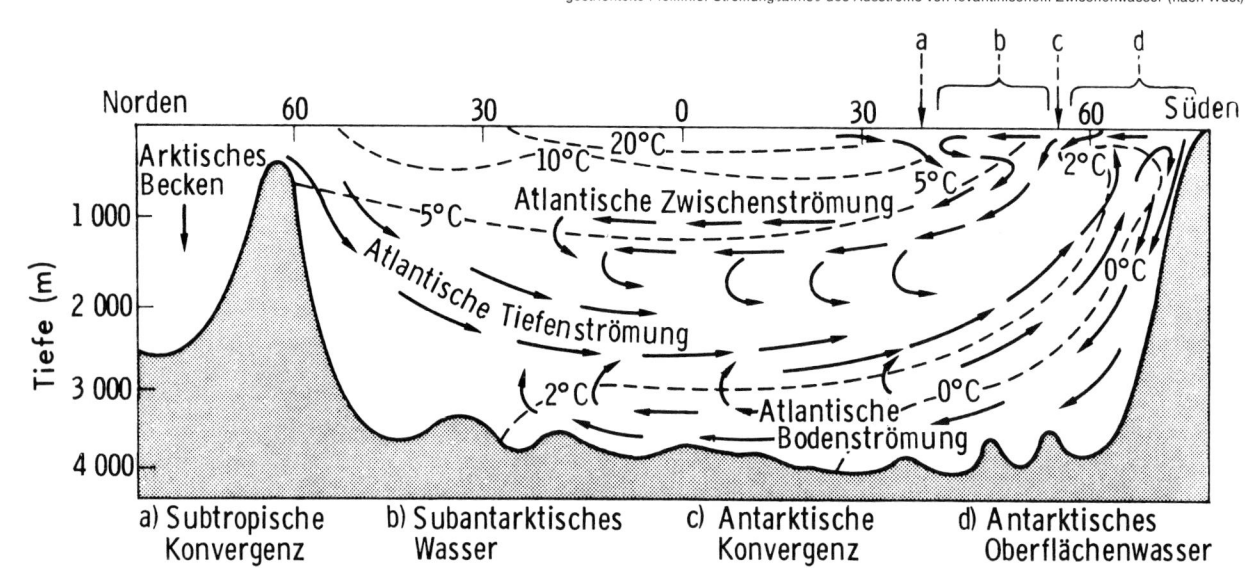

a) Subtropische Konvergenz   b) Subantarktisches Wasser   c) Antarktische Konvergenz   d) Antarktisches Oberflächenwasser

kühlem und temperaturstabilem Tiefenwasser mit geringem Sauerstoffgehalt.
– Die dazwischenliegende Sprungschicht, das *Metalimnion*, ist deutlich ausgeprägt und verhindert eine intensive vertikale Zirkulation des Wassers im Mittelmeer.

So kann der wenige Sauerstoff der tieferen Meeresbereiche kaum ergänzt werden, während die oberen Wasserstockwerke durch die starke Verdunstung an Sauerstoffmangel leiden; in gleicher Weise ist die Nährstoffversorgung mangelhaft: Das Oberflächenwasser ist nährstoffarm, das etwas nährstoffreichere Tiefenwasser strömt aus dem Mittelmeer aus, ohne richtig genutzt werden zu können. Man spricht vom oligotrophen Charakter des Mittelmeeres, das nur wenig an Biomasse produziert. Weil zudem der horizontale Austausch der Wassermassen, durch die Beckenstruktur erschwert, nur sehr langsam abläuft, dauert die Erneuerung des gesamten Wasserkörpers im Mittelmeer ca. 80 – 100 Jahre.

Das Mittelmeer ist also ein produktionsarmes, hyperthermales, oligotrophes, euhalines marines Ökosystem.

## 2.3.4 Biotische Faktoren

Die Erforschung der komplexen Wechselbeziehungen zwischen den geologisch-tektonischen und hydrographischen Faktoren und dem biotischen System im Meer steckt eher noch in den Anfängen und soll deshalb hier nur kurz angerissen werden. Die Hauptschwierigkeit der Meeresbiologie ist dabei, „ ... daß der Meeresbiologe in einem Gebiet arbeitet, zu dem er keinen unmittelbaren Zugang hat. Beobachtungen, Probeentnahmen und Messungen ... beinhalten ... große Fehlerquellen und Ungenauigkeiten, da die Probeentnahme mit Netz, Dredsche, Bodengreifer usw. nicht gerade große Genauigkeit und Reproduzierbarkeit verspricht. Messungen der Aktivität von Meeresorganismen in ihrem natürlichen Milieu sind meistens unmöglich. Man kann die Organismen mit mehr oder weniger Erfolg für einige Zeit im Labor am Leben erhalten. Ihr Verhalten im Aquarium ist jedoch nur bedingt mit den Bedingungen der offenen See zu vergleichen, weshalb Modellversuche immer nur eine Annäherung an natürliche Bedingungen erreichen werden" (TAIT 1971, S. 63). Die wichtigsten Größen, die die biologischen Prozesse, den organischen Kreislauf im Meer beeinflussen, sind Temperatur, Salinität, Gasgehalt, Licht, Druckverhältnisse und die Zirkulation.

Die meisten marinen Organismen gleichen ihre Körpertemperatur dem sie umgebenden Wasser an, sie sind *poikilotherm*. Dabei reagieren sie empfindlicher auf einen Temperaturanstieg als auf eine -senkung. Große Temperatursprünge führen zu einer Abnahme arttypischen Verhaltens vor allem in der Vermehrung, damit zum Rückgang der Population und nicht selten zum Aussterben.

Auch die Änderung der Salinität wirkt sich direkt auf viele marine Biosysteme aus. Ändert sich der Salzgehalt, so können viele Organismen vor allem im offenen Meer, die im osmotischen Gleichgewicht mit dem sie umgebenden Meerwasser leben, ihren Stoffwechsel nicht mehr aufrecht erhalten, oder sie büßen ihre Schwebefähigkeit ein.

Dort, wo mangels vertikaler Zirkulation das Hypolimnion sauerstoffarm bzw. sauerstoffrei wird, ist Tierleben unmöglich; hier erzeugen Bakterien Schwefelwasserstoff.

Licht trägt eine wesentliche Steuerfunktion im marinen Ökosystem dadurch, daß es für die Photosynthese die Energie liefert.

*Abbildung 6: Transfer von Schadstoffen über den marinen Bereich zum Menschen (aus: ERNST 1981, S. 230).*

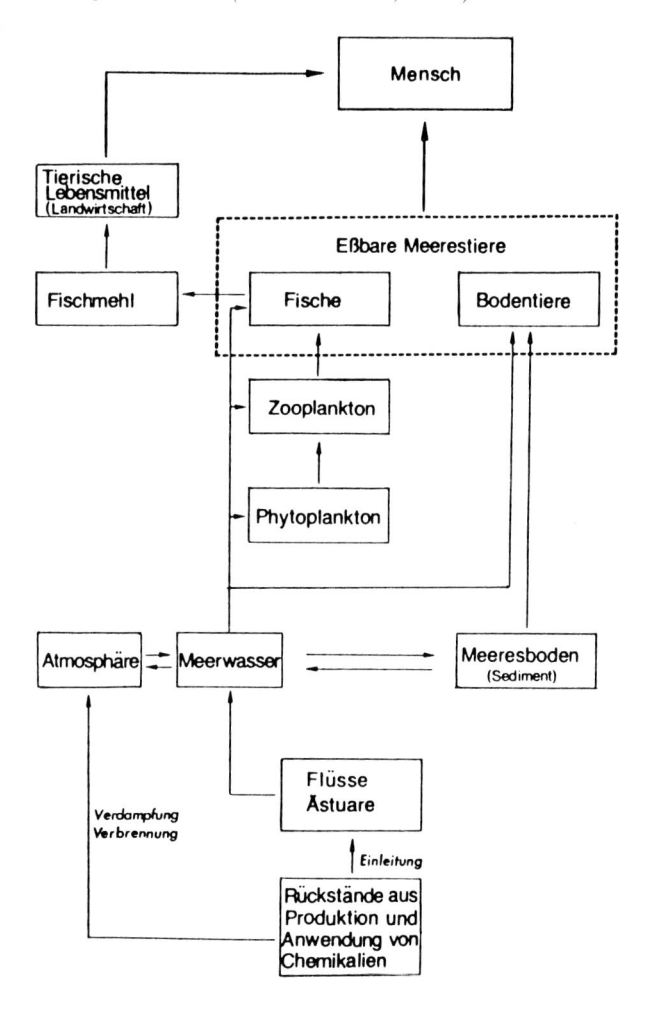

Diese Faktoren bestimmen im wesentlichen die organische Produktion im Meer. In der sogenannten Primärproduktion werden durch Photosynthese aus Wasser, Kohlendioxid und Nährstoffen (hauptsächlich Phosphat und Nitrat) organische Verbindungen, das Phytoplankton, hergestellt. Die wichtigsten und häufigsten Vertreter des Phytoplanktons sind die Diatomeen, winzige einzellige Pflanzen mit einem Kern und, in ihrer einfachsten Form, mit dem Aussehen einer Pillendose, die Dinoflagellaten; diese besitzen, wie der Name schon sagt, Geißeln, die ihnen die Fortbewegung ermöglichen. Beide Arten pflanzen sich überwiegend asexuell durch Teilung und in erstaunlicher Größenordnung fort.

Die nächste Stufe der organisch-marinen Produktion, die Sekundärproduktion übernehmen die Vertreter des Zooplanktons, die in überaus reicher Formenvielfalt auftreten. Über 70 % zählen zu den Crustazeen (z. B. der Krill), daneben gibt es noch Medusen, Mollusken usw.

Auf der ersten Stufe der Tertiärproduktion treten dann die Fleischfresser (Raubfische etc.) auf, und von dort an verschlingen sich die weiteren Wege in vielfache Verästelungen bis hinauf zum Menschen. Diesen Wegen folgen auch die ins Meer verbrachten Schadstoffe (siehe Abbildung 6).

## 2.4 Verschmutzung und ihre Auswirkung im Mittelmeer

Soll die Verschmutzung dieses hochsensiblen Ökosystems Mittelmeer beschrieben und bewertet werden, so verknüpfen sich hierbei zwei Problemkreise zur zentralen Fragestellung:

Welche anthropogen in den marinen und marin-litoralen Bereich des Mittelmeeres verbrachten Stoffe sind denn überhaupt als möglicherweise belastend, als potentiell schädlich anzusehen?

Und in welcher Konzentration und Form müssen diese Stoffe vorliegen, um als Schadstoffe zu wirken? D. h. wann führen sie im Sinne der Definition ‚Meeresverschmutzung' der IOC zu Schädigungen mariner Ressourcen, zur Gefährdung menschlicher Gesundheit, zur Behinderung mariner Aktivitäten, zur Qualitätsminderung des Meerwassers und zu ästhetischen Beeinträchtigung der marin-litoralen Umwelt?

Man unterscheidet fünf Kategorien von Stoffen, die aufgrund ihrer Wirkung grundsätzlich als Schadstoffe gelten (vgl. KLUG 1986, S. 647): Erdöl, künstliche organische Chemikalien (vor allem polychlorierte Kohlenwasserstoffe), Metalle (vor allem Schwermetalle wie das Quecksilber), Abwässer und feste Abfälle (vor allem Plastikpellets). Problematisch erscheint dabei jeweils die Frage, wann diese Stoffe tatsächlich als Schadstoffe zu bewerten sind. Eine wirklich befriedigende Antwort ist hierzu nicht immer möglich.

### 2.4.1 Erdöl

Am leichtesten und am sichtbarsten läßt sich die Verschmutzung des Mittelmeeres durch das Erdöl dokumentieren.

Die extrem schädliche Wirkung des Erdöls auf die marinlitorale Umwelt ist bekannt und braucht hier nur kurz angerissen zu werden. Der Ölfilm auf dem Epilimnion verhindert die Sauerstoffversorgung und die Photosynthese, womit die Primärproduktion sinkt; durch seine aromatischen Kohlenwasserstoffe (z. B. 3,4 Benzypren) wirkt Erdöl krebserregend und hochtoxisch auch auf die Sekundär- und Tertiärproduzenten; an der Wasseroberfläche verklebt durch das Öl das Gefieder der Vögel, so daß sie jämmerlich ersticken und erfrieren. Die schädigende und reduzierende Auswirkung auf das marine Biosystem, aber auch z. B. durch Strandverschmutzung direkt auf den Tourismus und damit auf die wirtschaftliche Situation des Menschen ist unübersehbar und wohlbekannt.

Das Mittelmeer gilt mit jährlich 350 Mio. Tonnen transportierten Rohöls als eines der am stärksten dem Tankerverkehr ausgesetzten Meeresräume; noch heute dürfen die Tankschiffe ihre Laderäume auf dem offenen Meer auswaschen. Zwischen Sizilien und Libyen, dem dichtest befahrenen Gebiet, wurden 500 Liter Teerklümpchen auf 1 km$^2$ Meeresoberfläche gemessen (vgl. KORTUM 1987, S. 22). Durch weitere Öleinleitungen an Offshore-Bohrstellen, Verladeeinrichtungen und Raffineriestandorten oder auch Tankerunfälle (1971 – 81: 10) summiert sich die jährliche Belastung des Mittelmeeres mit Erdöl auf 1,5 Mio. Tonnen. Durch die speziellen Zirkulationsverhältnisse werden die Teer-Erdölklümpchen und die Ölderivate lange innerhalb der einzelnen Meeresbecken und dort auf dem Epilimnion gehalten; dort erfolgt die Freisetzung der toxischen Kohlenwasserstoffe durch die hohe Verdunstungsrate sehr schnell. Die in das Hypolimnion abgesunkenen Erdölbestandteile werden wegen der dort geringen Biomasse (wenig Sauerstoff und hohe Salinität) nur extrem langsam abgebaut. Die Schädigung des Ökosystems Mittelmeer trifft sowohl schneller als auch langfristiger ein als in anderen Ozeanen. Allerdings erfolgt die Verschmutzung durch Erdöl nicht für das gesamte Mittelmeer in gleicher Weise, sondern sie konzentriert sich lokal und regional.

Untersuchungen z. B. im Golf von Neapel durch Universitätsinstitute im Jahr 1990 (vgl. COCCHIERI u. a. 1990, S. 15 ff.) haben den Nachweis erbracht, daß sich eine Vielzahl polyzyklischer aromatischer Kohlenwasserstoffe in den marinen Organismen findet, die durch Ölverschmutzung und durch andere anthropogene Schadstoffeinleitung hervorgerufen sind (s. Tab. 1):

Gänzlich von diesen Stoffen unbelastete Meerestiere gibt es im Golf von Neapel nicht. Ähnliche Ergebnisse sind auch für andere Regionen nachgewiesen (s. Tab. 2). Wenn auch bis heute klare Aussagen darüber fehlen, wie das Mittelmeer als Gesamtraum durch diese Form der Verschmutzung betroffen ist, so wirken doch die Bilder selbst einer lokal sehr eingeschränkten Ölpest drastisch auf den Betrachter. Die Wirkungen können nicht nur in z. T. schrecklichen Bildern sichtbar gemacht, sondern auch sehr eindrucksvoll und nachhaltig direkt erlebt werden.

### 2.4.2 Organische Kohlenwasserstoffverbindungen

Wesentlich problematischer in der Gesamtbewertung ist die Verschmutzung durch künstliche organische Umweltchemikalien, vor allem die Chlorkohlenwasserstoffe. Sie sind in der Regel unsichtbar, und die durch sie hervorgerufenen Schäden sind erst nach langem Einwirken zu erkennen und selbst dann oft nur schwer abzuschätzen.

Organische Chemikalien sind aus unserem Leben nicht mehr wegzudenken; wir finden sie als Lösungsmittel (z. B. das bekannte ‚Tri' = Trichloräthylen), Weichmacher für Kunststoffe (Phthalate), als Holzschutzmittel (z. B. Lindan = Gamma-HCH), als Konservierungsstoffe, Farbzusätze, Insektenvertilgungsmittel (DDT), als PCB (polychlorierte Biphenyle) usw. (s. Tab. 3).

In den chemischen Referenzblättern werden mehr als 4 Millionen organischer chemischer Verbindungen registriert, von denen etwa 60.000 im täglichen Gebrauch sind und auch in das Meer gelangen können. Wieviele dies wirklich tun, ist bis heute noch unerforscht.

Aus dieser immensen Zahl sind einzelnen organischen Chemikalien aufgrund ihrer stark umweltgefährdenden Wirkung Prioritäten bei der Erforschung zugewiesen, z. B. dem DDT, Lindan, Dieldrin, Endosulfan, PCB. Diese Stoffe werden weltweit in großen Mengen produziert (vgl. ERNST 1982, S. 11) und sie gelangen entweder schon während des Produktionsprozesses oder während ihrer Verwendung über Flüsse, Abwasserleitungen oder hauptsächlich über die Atmosphäre in das Meer.

Über die Verschmutzung des Mittelmeers durch diese Stoffe liegen auch eine ganze Reihe von einzelnen speziellen Untersuchungen vor, aus denen nur eine herausgegriffen werden soll:

Ein spanisch-amerikanisches Forscherteam veröffentlichte 1990 Meßreihen über den Eintrag chlorierter Kohlenwasserstoffe ins westliche Mittelmeer durch den Ebro, den drittgrößten Fluß im Mittelmeerraum (vgl. CID MONTAÑES 1990, S. 518 ff.):

Aus den Meßreihen wurden geschätzte Jahreswerte hochgerechnet, so z. B. für das Hexachlorbenzol. Dieser in der BRD wegen karzinogener Wirkung seit 1981 verbotene Stoff, der als Pflanzenschutzmittel, Beizmittel z. B. gegen Weizenbrand, PVC-Weichmacher oder in elektrischen Isolierungen Verwendung findet, wird vom Ebro in einer Jahresmenge von 30 kg in das

*Tabelle 1 und 2: Kontaminierung von Meerestieren im Golf von Neapel und Belastung des nordwestlichen Mittelmeeres durch den Ebro (Tab. 1 aus COCCHIERI et al. 1990, S. 7; Tab. 2 aus CID MONTAÑES 1990, S. 520)*

Concentration of PAHs in fish from the Gulf of Naples (µg kg$^{-1}$ wet wt).

| Common Name | Taxonomic name | Average weight specimen (g) | Total | 1 | 2 | 3 | 4 | 5 | 6 | 7 | 8 | 9 | 10 | 11 | 12 | 13 | 14 | 15 | 16 |
|---|---|---|---|---|---|---|---|---|---|---|---|---|---|---|---|---|---|---|---|
| Anchovy | *Engraulis enchrasicholus* | 8 | 1930 | 63 | 148 | 264 | 20 | 20 | 8 | 44 | 48 | 473 | 86 | 345 | 144 | 43 | 7 | 31 | 185 |
| Bogue | *Boops boops* | 40 | 1281 | nd | nd | nd | nd | nd | nd | nd | nd | nd | nd | 7 | nd | 12 | nd | 1262 | nd |
| Brill | *Scophthalmus rhombus* | 36 | 109 | nd | nd | nd | nd | 5 | 3 | 3 | nd | nd | 32 | nd | 24 | 8 | 34 | nd | nd |
| Cleaver wrasse | *Xyrichthys novacula* | 77 | 164 | nd | nd | nd | nd | 6 | 14 | 29 | nd | 7 | 12 | 5 | 8 | 44 | 27 | 12 | nd |
| Comber | *Serranus cabrilla* | 19 | 336 | 4 | 34 | 43 | nd | 6 | 7 | 19 | 22 | 37 | nd | 60 | 45 | 13 | 25 | 18 | 3 |
| Common sole | *Solea vulgaris* | 33 | 760 | nd | nd | nd | nd | 4 | 4 | 2 | nd | 4 | 2 | nd | 735 | nd | 3 | nd | 6 |
| Cuckoo wrasse | *Labrus bimaculatus* | 47 | 94 | nd | nd | nd | nd | 6 | 7 | 29 | nd | 8 | 9 | 9 | 5 | nd | 5 | 12 | 4 |
| Horse mackerel | *Trachurus trachurus* | 44 | 122 | nd | 56 | nd | nd | nd | 4 | 6 | 10 | 4 | 2 | 13 | 11 | 3 | 13 | nd | nd |
| Pandora | *Pagellus erythrinus* | 30 | 106 | nd | 30 | nd | nd | 3 | 2 | 19 | nd | 6 | 7 | nd | 11 | 3 | 15 | 10 | nd |
| Piper | *Trigla lyra* | 54 | 283 | nd | nd | nd | 5 | 4 | 4 | 192 | nd | 3 | 2 | 64 | nd | nd | 5 | nd | 4 |
| Rainbow wrass | *Coris julis* | 15 | 184 | nd | 16 | nd | nd | 6 | 4 | 8 | 14 | 5 | nd | 10 | nd | 7 | 25 | 30 | 59 |
| Rock goby | *Gobius paganellus* | 8 | 210 | 20 | nd | nd | 5 | 6 | 3 | 7 | nd | 32 | 10 | 10 | 62 | nd | 14 | 14 | 27 |
| Scorpion fish | *Scorpaena scrofa* | 40 | 119 | nd | nd | nd | nd | 6 | 7 | 8 | nd | 14 | 22 | nd | 26 | 7 | 29 | nd | nd |
| Spotted weever | *Trachinus araneus* | 8 | 219 | nd | nd | nd | nd | 5 | 4 | 6 | 17 | 5 | nd | 28 | nd | 21 | 24 | 109 | nd |

nd = not detectable.

[1] naphthalene, [2] acenaphthylene, [3] acenaphthene, [4] fluorene, [5] phenanthrene, [6] anthracene, [7] fluoranthene, [8] pyrene, [9] benz(a)anthracene, [10] chrysene, [11] benzo(b)fluoranthene, [12] benzo(k)fluoranthene, [13] benzo(a)pyrene, [14] dibenzo(a,h)anthracene, [15] benzo(g,h,i)perylene, [16] indeno(1,2,3-cd)pyrene.

Estimated daily inputs of organochlorines into the north-west Mediterranean from the River Ebro, May 1982–February 1983. Concentrations. pg l$^{-1}$ in dissolved (D) and particulate (P) phases, and daily inputs (grams).

| Sampling period | D (pg l$^{-1}$) | P | Input (g) | D (pg l$^{-1}$) | P | Input (g) | D (pg l$^{-1}$) | P | Input (g) |
|---|---|---|---|---|---|---|---|---|---|
| Compound(s) | alpha-HCH | | | beta-HCH | | | gamma-HCH | | |
| 14–15 May 1982 | >760 | 21 | >7.5 | >760 | ≤21 | >7.5 | >1100 | 37 | >11 |
| 5–6 August 1982 | >190 | 11 | >1.4 | >170 | ≤18 | >1.3 | >210 | 44 | >1.8 |
| 22 September 1982 | – | 16 | – | – | ≤7 | – | – | 17 | – |
| 1–2 February 1983 | >1100 | 8 | >27 | >860 | 5 | >22 | >810 | 5 | >21 |
| Compound(s) | HCB | | | p,p'-DDE | | | p,p'-DDD | | |
| 14–15 May 1982 | 6700 | 1800 | 82 | 100 | 190 | 2.8 | 310 | 190 | 4.8 |
| 5–6 August 1982 | >1000 | 570 | – | 97 | 220 | 2.2 | 300 | 290 | 4.1 |
| 22 September 1982 | – | 940 | – | – | 200 | – | – | 240 | – |
| 1–2 February 1983 | 3500 | 550 | 78 | 120 | 77 | 5.1 | 340 | 51 | 10 |
| Compound(s) | o,p'-DDD | | | p,p'-DDT | | | o,p'-DDT | | |
| 14–15 May 1982 | 240 | 130 | 3.6 | 170 | 350 | 5.0 | 150 | 100 | 2.4 |
| 5–6 August 1982 | 230 | 190 | 2.9 | 100 | 160 | 2.5 | ≤130 | ≤130 | – |
| 22 September 1982 | – | 220 | – | – | 480 | – | – | 190 | – |
| 1–2 February 1983 | 310 | 39 | 9.0 | 300 | 88 | 10 | ≤240 | ≤130 | – |
| Compound(s) | Dieldrin | | | Endrin | | | Endosulfan I | | |
| 14–15 May 1982 | 140 | 15 | 1.5 | 74 | 5 | 0.76 | 150 | 6 | 1.5 |
| 5–6 August 1982 | 67 | 16 | 0.58 | 30 | 5 | 0.25 | 38 | 2 | 0.28 |
| 22 September 1982 | – | 25 | – | – | 11 | – | – | 13 | – |
| 1–2 February 1983 | 300 | 21 | 8.2 | 65 | 4.5 | 1.8 | 130 | ≤1 | 3.2 |
| Compound(s) | gamma chlordane | | | alpha chlordane | | | Oxychlordane | | |
| 14–15 May 1982 | 37 | 14 | 0.49 | 48 | 16 | 0.61 | 110 | 56 | 1.6 |
| 5–6 August 1982 | 21 | 15 | 0.25 | 11 | 6 | 0.12 | 59 | 18 | 0.54 |
| 22 September 1982 | – | 15 | – | – | 12 | – | – | 6 | – |
| 1–2 February 1983 | 110 | 7 | 3.0 | 64 | 3.5 | 1.7 | 110 | 2.5 | 2.9 |
| Compound(s) | Heptachlor epoxide | | | Estimated Total PCBs | | | PCB-138 | | |
| 14–15 May 1982 | 100 | 2 | 0.98 | 600 | 2700 | 32 | 85 | 320 | 3.9 |
| 5–6 August 1982 | 43 | 14 | 0.40 | 320 | 2200 | 18 | 53 | 290 | 2.4 |
| 22 September 1982 | – | 10 | – | – | 2700 | – | – | 320 | – |
| 1–2 February 1983 | 170 | ≤4 | 4.5 | 640 | 1400 | 51 | 110 | 190 | 7.7 |
| Compound(s) | PCB-180 | | | PCB-170 | | | PCB-153 | | |
| 14–15 May 1982 | 64 | 370 | 4.2 | 63 | 360 | 4.1 | 120 | 430 | 5.3 |
| 5–6 August 1982 | 24 | 260 | 2.0 | 22 | 260 | 2.0 | 72 | 380 | 3.2 |
| 22 September 1982 | – | 340 | – | – | 340 | – | – | 440 | – |
| 1–2 February 1983 | 45 | 170 | 5.5 | 42 | 180 | 5.7 | 140 | 210 | 9.0 |

*Tabelle 3: Produktionsziffern einiger organischer Chemikalien (Pestizide und technische Produkte) (aus: ERNST 1982, S. 11)*

| Substanz | Weltproduktion (Tonnen pro Jahr) | |
|---|---|---|
| Trichloräthylen | 1.010.000 | (1973) |
| Vinylchlorid | 10.500.000 | (1973) |
| Chloroform | 245.000 | (1973) |
| DDT | 470.000 | a) |
| Pentachlorphenol | 20.000 | b) |
| PCB (polychlorierte Biphenyle) | 17.000 | c) |
| Phthalate (Weichmacher) | 1.500.000 – 2.000.000 | |

a) Antimalaria – Programm (Gesamtverbrauch 1971–1981, geschätzt)
b) nur USA
c) derzeitige Produktion in der westlichen Welt

*Tabelle 4: MATC – Werte verschiedener Schadstoffe in Fischen (aus: ERNST 1982, S. 22)*

| Substanz | MATC ($10^{-6}$ Gramm / Liter) |
|---|---|
| Aroclor 1242 | 5,4 – 15,0 |
| Lindan | 9,1 – 34,5 |
| Endrin | 0,22 – 0,30 |
| Heptachlor | 0,86 – 1,84 |
| Endosulfan | 0,20 – 0,40 |
| Malathion | < 4 – < 9 |
| Toxaphen | < 0,039 |

Mittelmeer geschüttet. Für den Menschen sind bereits 50 g HCB absolut letal.

Daneben trägt der Fluß noch eine Fracht von 12 kg PCB und 8 kg DDT und je einem Kilogramm Dieldrin, Endrin und Endosulfan pro Jahr ins Meer. DDT z. B., verwendet als Insektengift, in der BRD seit 1972 verboten, wirkt auf den Menschen ab 20 g absolut letal; es hat zudem eine Persistenz von 10 Jahren und gelangt über die Nahrungskette bis zum Menschen.

Freilich ist das Gefährdungspotential, das von den chlorierten Kohlenwasserstoffen ausgeht, so einfach nicht zu beschreiben. Das hat eine Menge Gründe:
– Die Belastungsmengen errechnen sich nicht aus langfristigen und damit zuverlässigeren Meßreihen, sondern sind aus wenigen Werten hochgerechnet oder oft gar nur geschätzt.
– Die gemessenen Werte sagen kaum etwas aus über die wahre Verteilung der Schadstoffe im Meer selbst. Der voluminöse Wasserkörper verdünnt die gelösten organischen Spurenstoffe und verteilt sie räumlich und zeitlich völlig ungleichmäßig, so daß neben schwerbelasteten Gebieten bzw. Zeiten völlig schadstofffreie Abschnitte treten können.
– Die Meßverfahren selbst werden kaum *in situ* vorgenommen, sondern über Probeentnahmen und damit verbundenen Verfälschungen (z. B. durch Störungen vom aufnehmenden Schiff; durch Wand- oder Schlaucheffekte, d. i. Abgabe bzw. Aufnahme von Spuren organischer Stoffe durch Kunststoffe etc.; durch Trennverfahren usw.).
– Schließlich besteht über die Frage, wann diese Stoffe im Meer eine tatsächliche Gefährdung darstellen, nicht immer Einigkeit unter den Wissenschaftlern. Wesentliche Aspekte zur Beurteilung dieser Frage sind die Toxizität, die Persistenz und die Akkumulierbarkeit, daneben aber auch die Beeinflussung mariner Ökosysteme durch Wassertrübung, Anreicherung in den Sedimenten, Verschiebung von Gleichgewichtsverhältnissen z. B. zwischen Salz-, Nährstoff- und Sauerstoffgehalt.

Schwierig ist allein schon die Beurteilung der Toxizität. Wegen der starken Verdünnung und Verwirbelung im Meerwasser eignet sich der gebräuchliche sog. $LC_{50}$-Wert nicht (= *letal concentration$_{50}$*; sie gibt die Konzentration eines Stoffes im Wasser an, bei dem 50 % der Organismen in einer festgesetzten Zeit sterben), sondern schon eher der MATC-Wert (= *Maximum Acceptable Toxicant Concentration*); er gibt die Schwelle an, ab der ein Stoff giftig zu wirken beginnt (siehe Tabelle 4).

Aber selbst dieser Wert ist noch fragwürdig, da die hier isoliert bewerteten Schadstoffe meist in Mischung vorkommen, wobei die Giftwirkung sich erhöhen oder erniedrigen kann. Auch die zum Schutz des Menschen in den einzelnen Staaten geltenden, recht unterschiedlichen Höchstmengenverordnungen oder auch sogenannte ADI-Listen (*Acceptable Daily Intake*, vgl. ERNST 1981, S. 234), welche die täglich duldbare Aufnahme von Stoffen angeben, sind nicht unumstritten. Alle diese Werte sind vor dem Hintergrund der Persistenz und Akkumulation zu sehen.

Die Persistenz gibt die Verweildauer eines Schadstoffes in einem Ökosystem an; durch Adsorption, d. h. durch Anlagerung in Schwebstoffe und Bodenbestandteile können sich Schadstoffdepots im Meer bilden, die über sehr lange Zeiträume hinweg existieren. Die Schadstoffe in diesen Depots werden zwar biotisch und abiotisch abgebaut; dabei kommt es aber häufig zu Änderungen in der Struktur der Schadstoffe, v. a. eben der Chlorkohlenwasserstoffe und auch der Metalle, wobei oft extrem toxische Verbindungen freigesetzt werden können. Es sind mittlerweile solche Depots bekannt, die über Jahre hinweg hochtoxische Schadstoffe an die Biomasse abgegeben haben (z. B. ein DDT-Depot vor Los Angeles mit über 100 mg DDT / kg Sediment!).

Von zentraler Bedeutung ist auch die Akkumulation, also die Tatsache, daß Schadstoffe, v. a. wieder die organischen Chemikalien, sich in marinen Organismen stark anreichern können. In langen Untersuchungsreihen hat man den sog. Biokonzentrationsfaktor (vgl. ERNST 1982, S. 18) zahlreicher Meereslebewesen ermittelt, der angibt, in welchem Vielfachen zum umgebenden Wasser ein Schadstoff im marinen Organismus angereichert wird. Über die Nahrungskette führt dann der direkte Weg zum Menschen.

Unter Berücksichtigung allein schon dieser wenigen, hier ausgewählten und vorgestellten Faktoren ist es naturgemäß schwer für die Forschung, mit exakten Grenzwerten eine deut-

*Tabelle 5: Biokonzentrationsfaktoren für Pestizide und technische Produkte, bezogen auf Frischgewicht (aus: ERNST 1982, S.18)*

| Substanz | Spezies | Biokonzentrationsfaktor |
|---|---|---|
| **Pestizide** | | |
| Lindan | Muschel (*Mytilus edulis*) | 139 |
| Pentachlorphenol (PCP) | Muschel (*Mytilus edulis*) | 390 |
| Dieldrin | Muschel (*Mytilus edulis*) | 1.570 |
| DDD | Muschel (*Mytilus edulis*) | 9.120 |
| DDT | Muschel (*Mya arenaria*) | 8.800 |
| DDT | Fisch (*Lagodon rhomboides*) | 10.600 – 38.000 |
| **Technische Produkte** | | |
| Perchloräthylen | Fisch (*Limanda limanda*) | 5 – 9 |
| Hexachlorbutadin | Fisch (*Limanda limanda*) | 700 |
| α – HCH | Muschel (*Mytilus edulis*) | 230 |
| Tetrachlorbiphenyl | Auster (*Crassostrea virginica*) | 7.400 |
| Aroclor 1254 (PCB) | Auster (*Crassostrea virginica*) | 85.000 |

liche Sprache zu sprechen. Zu komplex sind die Vernetzungen des Ökosystems. So darf es nicht enttäuschen, daß es in der aktuellen Forschungsliteratur von Meßdaten nur so wimmelt, klare Aussagen über Beginn und tatsächliches Ausmaß der Gefährdung aber kaum zu finden sind.

## 2.4.3 Metalle, vor allem Schwermetalle

Die soeben für die Chlorkohlenwasserstoffe getroffene Feststellung gilt auch für die im Mittelmeer gefundenen Metalle.

Hochgiftig ist z. B. das Quecksilber im Meerwasser; seine toxische Wirkung auf den Menschen ist spätestens seit dem verheerenden Auftreten der Minimata-Krankheit in Japan bekannt. Man weiß auch, daß sich gerade dieses Schwermetall v. a. in seiner Umwandlungsform als Methylquecksilber in marinen Organismen extrem stark anreichert und extrem giftig wirkt.

Über dieses Umweltgift liegt seit 1989 eine Untersuchung des Umweltbiologischen Instituts der Universität Siena vor, die folgende Massenbilanzrechnung aufmacht (vgl. BACCI 1989, S. 59 ff.; siehe Abbildung 7).

*Abbildung 7: Quecksilberbilanz im Mittelmeer (aus: BACCI 1989, S. 61)*

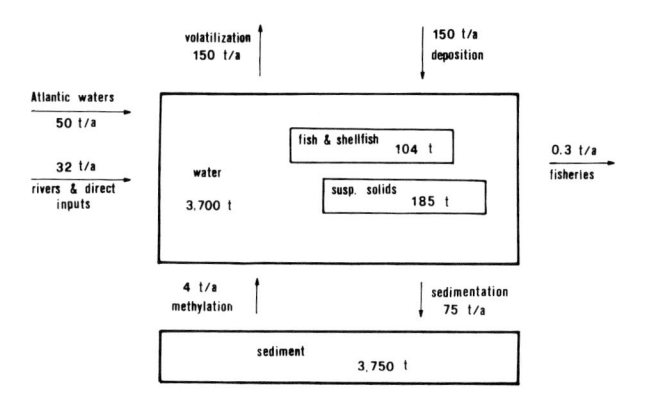

```
                    volatilization ↑         ↓ 150 t/a
                    150 t/a                    deposition
Atlantic waters →
       50 t/a                    ┌─────────────────────────┐
                                 │   fish & shellfish  104 t│
       32 t/a       water        │                         │      0.3 t/a
rivers & direct →   3.700 t      │   susp. solids    185 t │  →  fisheries
       inputs                    └─────────────────────────┘

        4 t/a ↑                           ↓ sedimentation
       methylation                          75 t/a
                    ┌─────────────────────────┐
                    │   sediment              │
                    │         3.750 t         │
                    └─────────────────────────┘
```

Die Folgerungen, die von Wissenschaftlern aus dieser Bilanzrechnung gezogen werden, zeigen deutlich das Problem, am konkreten Fall eine umweltschädliche Wirkung von Schadstoffen nachzuweisen.

Der jährlichen Quecksilberzufuhr von ca. 236 t steht nämlich ein Output von etwa 225 t / Jahr gegenüber. Verteilt auf die immense Wassermasse des Mittelmeeres – so die Meinung dieser Untersuchung – führt der geringe Überhang des Inputs wenigstens innerhalb der nächsten 100 Jahre kaum zu großen Beeinträchtigungen. Zwar gebe es lokal durchaus höhere Belastungen von Fisch und Muschel, vor allem in Norden und Nordwesten des tyrrhenischen Beckens, aber hier sei – wie auch generell im gesamten Mittelmeerbereich – ein überraschendes Ergebnis festzustellen:

Nicht die im Küsten- und Flachwasserbereich gefangenen Meerestiere weisen die erwarteten hohen Quecksilbergehalte auf, sondern die aus dem Tiefwasserbereich. Dafür werden drei Erklärungen, die man zusammenfassend den *dark-warm-sedimentation-effect* nennt, vorgebracht:

Erstens führe die schnelle Sedimentationrate und die rasche Aufnahme und ‚Lösung' in der reichen Biomasse (hier vor allem der Primär- und Sekundärproduzenten mit kurzer Nahrungskette) im seichten Wasser zur schnellen Entfernung des Quecksilbers aus dem Wasser, während im Tiefmeer die geringe Sedimentationsgeschwindigkeit und die Bioakkumulation durch Raubfische (Tertiärproduzenten) etc. den Wert erhöhe.

Der zweite Grund liegt im besonderen Charakter des Mittelmeeres. Durch das stabil-warme Tiefenwasser (bei ca. 13°C) werde aus den Tiefseesedimenten mehr Quecksilber ,ausgeschwitzt', methylisiert; die Methylisierungsrate steige in Wasser von 3 – 13°C auf das 5-fache an. Damit erklärt sich auch der insgesamt etwas höhere Quecksilbergehalt der Mittelmeerfische gegenüber denen offener Ozeane.

Drittens wandle sich durch photolythische Prozesse das Methylquecksilber im seichten, durchlichteten Wasser schneller in elementares Quecksilber um, das dann durch die Atmosphäre aufgenommen werden kann.

Die Gefährdung des Menschen durch quecksilberverseuchte Meerestiere aus dem Mittelmeer wird von der Studie als insgesamt gering eingeschätzt; bei dem durchschnittlich errechneten Fisch- / Muschelverzehr im Mittelmeerraum würden im höchsten Fall 90 g Hg aufgenommen, wobei die ADI-Tabelle 300 g erlaube. Eine Gefährdung sei außerdem durch die in den mediterranen Ländern geltende Höchstmengenverordnung von 0,5 –1 g Hg / kg Trockengewicht in den Nahrungsmitteln seit 1987 zurückgedrängt. Bei weitgehendem Verzicht auf den Verzehr von stärker belasteten Meerestieren aus dem Tiefwasserbereich werde die Gefahr noch weiter reduziert. Die Quecksilberbelastung spiele also im Mittelmeer nicht die oft vermutete gefährliche Rolle – eine überraschende und nicht unumstrittene Feststellung, die bei ihrem Blick auf den Gesamtraum den Verdacht, daß lokal bzw. regional durchaus große Gefahren auftreten können, nicht mindern kann.

Ein kurzer Hinweis auf die Abwässer aus dem kommunalen Bereich und auf die festen Abfälle, vor allem Kunststoffprodukte, soll die Liste der Gefahrenstoffe im Mittelmeer hier abschließen.

Durch die Abwässer werden in erster Linie Nährstoffe (Phosphate und Nitrate) eingetragen, das Meer wird eutrophiert. Dieser Effekt, der bei vielen Gewässern schnell zur unerwünschten Überdüngung führt, ist im oligotrophen Mittelmeer zunächst durchaus förderlich; erst wenn die Eutrophierung zu stark wird und mit der regelmäßigen Planktonblüte zusammenfällt, ergeben sich Folgen wie die berüchtigte Algenpest in der Adria. Die Folgen sind bekannt: Entzug von Sauerstoff und Licht, damit Absinken der Primär- und Sekundärproduktion, Aufschwemmen der abgestorbenen Algen in riesigen Teppichen bei Temperaturanstieg, Strandverschmutzungen und – vielen noch nicht bekannt – eine Anreicherung von Toxiden in Muscheln; neuere Forschungen haben ergeben, daß manche Algenarten Nervengifte (Domoin-, Okaidinsäure, Saxitoxin etc.) absondern, das Muscheln, ohne selbst Schaden zu erleiden, aufnehmen und langsam auf dem Verdauungsweg wieder ausscheiden. Gelangen solche Muscheln auf den Teller, sind Vergiftungserscheinungen (Erbrechen, Durchfall, Lähmungen) die Folge.

Von der gleichen Gefahr sind die Krankheitskeime, die mit den meist ungeklärten Abwässern ins Mittelmeer gelangen. Es ist zwar höchst unappetitlich, aber nicht lebensbedrohlich, wenn dem Tourist vormittags im Meer das wieder begegnet, was er und seinesgleichen nach dem Frühstück im Hotel gelassen hat. Aber die Gefahr, die von Kolibakterien und anderen pathogenen Mikroorganismen für den Menschen ausgehen, ist dabei ungleich größer. Auch hier sind die Muscheln die Hauptüberträger möglicher Infektionen.

Auch die ständig wachsende Flut von Plastikabfällen, mit langer Lebensdauer und vor allem gefährlich in Form der sog. Pellets, also kleiner und kleinster Stückchen, gibt den Meeresökologen Anlaß zur Sorge. Eine spezielle Untersuchung auf Plastikpellets an der Costa del Sol (vgl. SHIBER 1982) erbrachte, daß die vor allem in den Wintermonaten – wenn der Strand nicht gereinigt wird – gefundenen Pellets überwiegend Polyäthylene und PCBs waren. Sie werden vorwiegend durch Verluste bzw. Abgaben bei der Plastikfabrikation eingebracht und schädigen die marine Lebewelt auf zwei Wegen: einerseits durch die bereits oben angesprochene Toxizität und zweitens dadurch, daß sie, von den Lebewesen als vermeintliche, aber unverdauliche Nahrung aufgenommen, das Wachstum und damit oft die Fortpflanzungsfähigkeit usw. schädigen. Wirtschaftliche Verluste für die Fischerei sind nur eine Folge, die andere Artenverarmung und nachhaltige Störung des ökologischen Gleichgewichts.

## 2.5 Meeresschutz

Nach diesem wenig erfreulichen Überblick stellt sich die Frage nach den geplanten und bereits in Angriff genommenen Schutzmaßnahmen für das Mittelmeer.

Neben einer Reihe von nationalen Schutzmaßnahmen (z. B. Bau von Kläranlagen, Kontrolle und Forschung durch Institute, Höchstmengenverordnungen etc.), die hier alle gar nicht aufgezählt und vor allem nicht bewertet werden können, existieren seit Beginn der 70er Jahre drei bi- bzw. multilaterale Abkommen (vgl. SALIBA 1989):

1972 beschlossen Italien und Jugoslawien die Zusammenarbeit zum Schutz des Mittelmeeres, 1976 folgte das Abkommen zum Schutz der nordwestmediterranen Küstengewässer zwischen Frankreich, Monaco und Italien und schließlich 1979 das italienisch-griechische Abkommen zum Schutz des Ionischen Meeres.

Bereits zwei Jahre früher als diese Schutzmaßnahmen begann in Rom die internationale Zusammenarbeit zum Schutz des Mittelmeeres. Die FAO (*Food and Agriculture Organization*) hielt ihren Kongreß zum Thema der Mittelmeerfischerei ab, mit dem sich zwangsläufig auch Fragen der Meeresverschmutzung verbanden. 1972 erschien der erste Arbeitsbericht dieses Kongresses unter dem Titel „The state of pollution in the Mediterranean and legeslative controls. GFCM (General Fisheries Council for the Mediterranean)-Report".

Auch andere internationale Organisationen beschäftigten sich immer mehr mit dem Fragenkomplex der Mittelmeerverschmutzung, wie z. B. die schon oben zitierte IOC (*International Oceanographic Commission*), die UNESCO mit ihrem MAB (*Man and the Biosphere*)-Programm, die WHO oder die IMO (*International Maritime Organization*).

1984 fand in Athen eine Umweltkonferenz der EG statt, in der die europäischen Mittelmeerländer die Verpflichtung zum Schutz des Meeres unterzeichneten.

Auf höchster Ebene koordiniert und steuert die UNO die Maßnahmen zum Schutz des Mittelmeeres:

1975 / 76 fand unter der Leitung der UNEP (*United Nations Environment Programme*) eine erste wichtige Konferenz in Barcelona statt, auf der die sog. ‚Barcelona-Konvention' unterzeichnet wurde, die als zentrales Herzstück den ‚MAP', den *Mediterranean Action Plan* enthält (siehe Abbildung 8). Er hat drei Zielrichtungen:
1. Der internationale Gesetzesrahmen, festgeschrieben in fünf Protokollen, bindet die Staaten völkerrechtlich und verteilt zugleich auch die Aufgaben an die einzelnen Mitglieder.
2. Die Umweltforschung ist durch den in zwei Phasen geteilten MED POL-Plan organisiert, in dem die Zielrichtungen der Forschungstätigkeit festgeschrieben sind; insgesamt arbeiten über 150 Institute an über 300 Forschungsprojekten; in unregelmäßigen Abständen finden Kongresse statt und werden die Ergebnisse publiziert (z. B. *UNEP* 1983, *UNEP / FAO* 1985). Interessant und vor allem gefördert werden in der letzten Zeit v. a. die sogenannten Monitoring-Programme (z. B. die Erforschung der Möglichkeit, anhand der Miesmuscheln Umweltschädigungen schnell und sicher zu erfassen).
3. Neben der Erforschung der sozioökonomischen Rahmenbedingungen im Mittelmeerraum, die im sog. *Blue Plan* gelenkt werden, sieht der *Priority Action Plan* direkte, unmittelbare Tätigkeit und Hilfe für einzelne Maßnahmen vor. Dazu zählen neben Beratung und Planungshilfe auch Zuschüsse für Sofortmaßnahmen.

*Abbildung 8: Der Mediterranean Action Plan als Herzstück der Barcelona-Konvention*

| Barcelona – Konvention<br>M A P<br>Mediterranean Action Plan | | |
|---|---|---|
| Legaler Rahmen | Umweltforschung | Umweltmaßnahmen |
| Fünf Protokolle | MED POL I / II | Blue Plan / Priority Actions Programme |
| – Protokoll zum Schutz gegen *dumping* (Barcelona 1976)<br><br>– Protokoll zur Bekämpfung von Öl und gefährdenden Substanzen im Notfall (Barcelona 1976)<br><br>– Protokoll zum Schutz gegen die *land-based-pollution* (Athen 1980)<br><br>– Protokoll zur Ausweisung besonders geschützter Zonen (Genua 1984)<br><br>– Protokoll gegen die Verschmutzung durch Ausbeutung und Erforschung des Meeresbodens (in Vorbereitung) | – Feststellen des Verschmutzungsgrades<br><br>– Erforschen der Quellen, Verteilung, Höhe, Folge einzelner Schmutzstoffe<br><br>– Erstellen von Modellen und Trends der Auswirkung der Verschmutzung<br><br>– Entwicklung von Methoden zur Kontrolle und Vermeidung der Verschmutzung<br><br>– Ergebnisveröffentlichung und Hilfe für die Anrainer in Umwelt- und sozio-ökonomischen Fragen | – Untersuchung der sozio-ökonomischen Bedingungen im mediterranen Raum (industrielle Entwicklung, Nutzung der Ressourcen, Bevölkerungsprobleme, Einflüsse aus dem Tourismus, Energienutzung, Verkehrs- und Kommunikationssysteme, kulturelles Erbe, fremde Einflüsse, Land–Meer–System)<br><br>– Sofortmaßnahmen im Bereich Aquakultur, Umgang mit den Wasserressourcen, Regenerativenergie, Bodenschutz, Siedlungsplanung und Tourismus |

Daß diese – angesichts der ständig wachsenden Bevölkerung im Mittelmeerraum und der unaufhaltsam ansteigenden Touristenflut und aller damit verbundenen Probleme – dringend notwendig ist, daß Forschung dabei eine wichtige Rolle spielt, daß in Kürze klare Aussagen über Grenzwerte erforderlich und klare gesetzliche Vorgaben, gekoppelt mit einer strengen Überwachung und Bestrafung, unerläßlich sind, das steht mittlerweile außer Zweifel.

## 3 Vorschläge zur unterrichtlichen Umsetzung

### 3.1 Lehrplansituation

Der neue bayerische Fachlehrplan für Erdkunde schreibt unter Hinweis auf die fächerübergreifenden Bezüge zu Biologie und zur Umwelterziehung das Thema „Verschmutzung des Mittelmeeres" in der Jahrgangsstufe 7 fest; dort heißt es: „Zusammenstellen von Ursachen und Gegenmaßnahmen; Diskussion möglicher Folgen für einzelne Küstenabschnitte" (*Lehrplan 1991*, S. 1338). Auch in den zweistündigen Grund- und sechsstündigen Leistungskursen der Jahrgangsstufe 12 ist das Thema, etwas versteckter, zu finden. Im Grundkurslehrplan heißt es unter dem Thema „Raumnutzung und Raumstrukturen in europäischen Mittelmeerländern": „Voraussetzungen, Strukturen und Auswirkungen der Raumnutzung bei ... Landwirtschaft ... neuen Industriestandorten ... der touristischen Erschließung ... " und „Diskussion von Nutzungskonflikten" (*Lehrplan 1991*, S. 355).

Im Leistungskurs steckt eine mögliche Behandlung vor allem im Themenbereich 1.5 „Zusammenarbeit in Europa" und dort genauer unter „grenzüberschreitende geoökologische Probleme, Art, Umfang und Ursachen grenzübergreifender Umweltbelastungen, Lösungsstrategien" (*Lehrplan 1991*, S. 1371). Schließlich findet sich das Thema „Meeresverschmutzung" noch einmal im letzten Kurshalbjahr des Leistungskurses „Die Zukunft des Planeten Erde – Erforschung, Sicherung und Planung als Aufgabe der Geowissenschaften"; dort heißt es „Verschmutzung der Meere, der Binnengewässer und des Grundwassers ... Vertiefung anhand zweier Beispiele" (*Lehrplan 1991*, S. 1380). Das Thema „Mittelmeerverschmutzung" kann also mehrfach im Erdkundeunterricht behandelt werden, wobei seine unterrichtliche Umsetzung je nach Jahrgangsstufe auch unterschiedlich ausfallen wird.

### 3.2 Unterrichtsvorschläge

In der einstündigen Jahrgangsstufe 7 – mehr als eine einzige, höchstens aber zwei Unterrichtsstunden werden für das Thema nicht zur Verfügung stehen – wird man motivierend mit Auszügen aus (möglichst aktuellen) Presseberichten beginnen und evtl. auch eigene Urlaubserfahrungen der Schüler miteinbeziehen.

In einem zweiten Schritt lassen sich in einer einfachen Karte die Haupträume der Mittelmeerverschmutzung lokalisieren, einige wichtige Schadstoffe (Mengenangaben evtl. ergänzt durch den Lehrer) feststellen und auch bedeutende Verursacher der Meeresverschmutzung herleiten. Es empfiehlt sich, hier vor allem auf die Ölverschmutzung näher einzugehen, da diese eindrucksvoll (z. B. in Zeitungsberichten) und anschaulich (z. B. durch Bilder) dargestellt werden kann.

Mit dem Zirkulationsquerschnitt durch das Mittelmeerbecken und unter Rückgriff auf klimatische Charakteristika des Mediterranraumes erarbeiten dann die Schüler den hohen, nach

*Abbildung 9: Verschmutzung und Schutz des Mittelmeeres (Eigener Entwurf)*

| Mittelmeer |
|---|
| ca. 3 Mio. km$^2$ Fläche / ca. 4 Mio. km$^3$ Volumen |

| ‚Europas Jauchekübel' | Sensibles Ökosystem |
|---|---|
| 1. Verschmutzung v. a. an den Küsten:<br>– durch Abwässer aus Ballungsräumen und Fremdenverkehrsgebieten;<br>– durch Industrieabwässer und landwirtschaftliche Abwässer v. a. über Flüsse usw.<br>2. Verschmutzung auf hoher See:<br>– durch Erdöl (Ballast- und Bilgenwasser, Offshore-Bohrungen, Havarien, Pipelines, usw.)<br>– durch *dumping* (Verklappen von Industrieabfallprodukten) usw. | 1. Hoher Salzgehalt<br>– durch hohe Verdunstung im mediterranen Klima;<br>– durch weitgehenden Abschluß vom Weltmeer (= Nebenmeer) / Sill;<br>2. Schichtung nach Salzgehalt und Temperatur:<br>– kühler Oberstrom aus Atlantikwasser nach Osten;<br>– temperaturstabiler salzreicher Unterstrom zum Atlantik;<br>3. langsame Kreisströmungen in den einzelnen Meeresbecken mit weitgehendem Abschluß voneinander; |

| Wirkung |
|---|

| | |
|---|---|
| – lange Verweildauer der Schadstoffe im Mittelmeer<br>– schnelle Schädigung der Ober- / Unterschicht<br>– langes Anhalten regionaler und lokaler Umweltprobleme | – geringe Wassererneuerungsrate (80 – 100 Jahre)<br>– kaum Austausch zwischen den Wasserschichten<br>– kaum Austausch zwischen den Meeresbecken |

| Mittelmeer – das gefährdetste Meer der Welt ! |
|---|

Osten zunehmenden Salzgehalt, die einem raschen Wassermassenaustausch hinderliche Becken- und Schwellenstruktur und die thermohaline Schichtung als wesentliche Eigenarten des Mittelmeeres.

Unterstützt durch Lehrerinformationen über die wichtigsten ökologischen Folgen dieser Schichtung (Oligotrophie, Sauerstoffarmut, geringe Biomassenproduktion) erkennen die Schüler dann in einer abschließenden Wertung die besondere Gefährdung (langsame Wassererneuerungsrate, hohe Bioakkumulation etc.) des Ökosystems Mittelmeer.

Die wohl einzige Unterrichtsstunde zum Thema „Mittelmeerverschmutzung – Mittelmeerschutz" im Grundkurs 12 / 1 ist in ihrer Struktur ebenso angelegt. Der Motivationsphase durch Presseartikel und der anschließenden Kartenauswertung folgt dann eine intensivere Betrachtung des Ökosystems Mittelmeer: Die Zusammenhänge von Klima, Meeresbodenrelief, Salinität, Temperatur und Zirkulation werden nicht nur aus dem Profilschnitt der Zirkulation, sondern darüberhinaus aus den Karten zur Oberflächen- und Tiefenzirkulation und zur Schwelle von Gibraltar wie auch aus dem Salinitätsdiagramm (über die Dichte) abgeleitet.

Das so gewonnene Wissen über das hochsensible Ökosystem kann nun seine Vertiefung in zweierlei Richtung erfahren. Zum einen kann ein regionales Beispiel wie die Adria in seiner besonderen Situation genauer untersucht werden (mit Profil des Meeresbodens, Spezialkarten zur Verschmutzung, Eutrophierung und Algenwachstum mit seinen – auch wirtschaftlichen – Auswirkungen). Oder der Lehrer problematisiert am Beispiel eines Schadstoffes (Quecksilber, Chlorkohlenwasserstoffe etc.) den Begriff der „Meeresverschmutzung" im Mittelmeer. Schließlich kann noch ein knapper Überblick über die internationale Zusammenarbeit zum Schutz des Mittelmeeres gegeben werden.

Im Leistungskurs lassen sich – bei annähernd gleicher Unterrichtsstruktur, aber höherer Stundenzahl (etwa 3 – 4) – manche Wissenbereiche vertiefter behandeln und einige weitere Schwerpunkte setzen: Mit Spezialkarten und Fragen zu den plattentektonischen Ursachen kann das Meeresbodenrelief detaillierter erarbeitet werden. Mit den Ergebnissen der Salinitätskalibermessungen läßt sich dann der Zusammenhang zwischen Verdunstung, Temperatur, Dichte und Zirkulation genauer untersuchen. Aus dem Vergleich mit dem Zirkulationsgeschehen im Atlantik wird deutlich, daß das Mittelmeer einen ökologischen Sonderfall darstellt. Einblicke in die Biomassenproduktion und marine Nahrungsketten vertiefen das Bild der ökologischen Zusammenhänge. Vor allem aber muß im Leistungskurs die Probematisierung der wissenschaftlichen Forschung auf dem Felde der Mittelmeerverschmutzung erfolgen. Hierzu zählen vor allem die Probleme der Erfassung und Beurteilung der Schadstoffe (z. B. die Schwierigkeiten, klare Größenordnungen und Grenzwerte zu finden und damit den handelnden Politikern exakte Vorgaben zu geben). Dies kann das Verständnis der Schüler für die Notwendigkeit der weiteren, sehr kostenintensiven wissenschaftlichen Spezialforschung und der internationalen Zusammenarbeit fördern.

# Literatur

BACCI, E.: Mercury in the Mediterranean. In: Marine Pollution Bulletin, Vol. 20, 1989, S. 59 – 63.

BECKINSALE, M. R.: Southern Europe. The Mediterranean and Alpine Lands. London 1975.

BÖLSCHE, J. (Hrsg.): Das Gelbe Gift. Todesursache: Saurer Regen. Hamburg 1984.

CID MONTAÑES, J. F.: Estimated Inputs of Organochlorines from the River Ebro into the Northwest Mediterranean. In: Marine Pollution Bulletin, Vol. 21, 1990, S. 518 – 523.

COCCHIERI, R. A. et al.: Polycyclic Aromatic Hydrocarbons in Marine Organisms from Italian Central Mediterranean Coasts. In: Marine Pollution Bulletin, Vol. 21, 1990, S. 15 – 18.

COUPER, A. D. (Hrsg.): The Times Atlas of the Oceans. London 1983.

ERNST, W.: Schadstoffe in Meerestieren – aktuelle Belastungen und hygienisch-toxologische Aspekte. – In: P. NOELLE (Hrsg.): Nahrung aus dem Meer. Berlin, Heidelberg, New York 1981, S. 234 ff.

ERNST, W.: Meeresverschmutzung und Meeresschutz. Naturwissenschaftliche Forschung und rechtliche Instrumente. Frankfurt / New York 1982.

GABRIELIDES, G. P. et al.: MED POL– Survey of Organotins in the Mediterranean. In: Marine Pollution Bulletin, Vol. 21, 1990, S. 233 – 237.

*Geographie Aktuell.* Aktueller Informationsdienst für Geographielehrer. Stichwort ‚Europa'. Köln o. J., Blätter 49, 50, 84, 85, 86.

GIESSNER, K.: Der Mediterranraum als geoökologischer Problemraum. *Unveröffentlichtes Manuskript 1991.*

GÖTTING, K.-J., KILIAN, E.-F. und SCHNETTER, R.: Einführung in die Meeresbiologie. 2 Bände. Braunschweig 1988.

HUBER, M. G.: Umweltkrise. Eine Herausforderung an die Forschung. Darmstadt 1991.

KELLERSOHN, Heinrich, Die Nutzung der Meere. Köln 1983 (Pro- blemräume der Welt).

KLUG, H.: Meeres- und Küstenverschmutzung. Ursachen, Ausmaß, Konsequenzen. In: Geographische Rundschau, 38, 1986, S. 646 – 652.

KOCH, E. und VARENHOLT, F.: Seveso ist überall. Köln 1978.

KORTUM, G.: Poseidons Reich in Gefahr? In: Geographie heute, 52, 1987, S. 16 – 23.

*Lehrplan für das bayerische Gymnasium.* Fachlehrplan für Erdkunde (KMWBI I) 1991, So.-Nr. 10, S. 1338 ff.

LICHTENBERG, H.: Strukturen des internationalen und nationalen Rechts zur Verhütung der Meeresverschmutzung.– In: W. ERNST: Meereverschmutzung und Meeresschutz. Frankfurt / New York 1982, S. 35 ff.

MILLER, A., TCHERNIA P. und CHARNOK H.: Mediterranean Sea Atlas. 1970.

OTT, J.: Meereskunde. Einführung in die Geographie und Biologie der Ozeane. Stuttgart 1988.

PIEPEN, H. van der, DOERFFER R. und GIERLOFF-EMDEN H. G.,: Kartierung von Substanzen im Meer mit Flugzeug und Satelliten. Münchner Geographische Abhandlungen, Reihe A, München 1987.

POPP, H. und TICHY, H. (Hrsg.): Möglichkeiten, Grenzen und Schäden der Entwicklung in den Küstenräumen des Mittelmeergebietes. Erlanger Geographische Arbeiten, Sonderband 17, 1985.

RACHOR, E.: Zur Beurteilung der Einbringung von Klärschlamm und Industrieabfall in die Nordsee. – In: W. ERNST: Meereverschmutzung und Meeresschutz. Frankfurt / New York 1982, S. 104 ff.

RESCHENHOFER, H.: Der neue Österreich-Teil im F & B-Unterstufen-Schulatlas. In: GW-Unterricht, 35, 1989, S. 43 – 48.

SALIBA, L. J.: Regional Measures of Marine Pollution Control in the Mediterranean. In: Marine Pollution Bulletin, Vol. 20, 1989, S. 12 – 17.

SHIBER, G.: Plastic Pellets on Spain's ‚Costa del Sol' Beaches. In: Marine Pollution Bulletin, Vol. 13, 1982, S. 409 ff.

STANLEY, D. J. (Hrsg.): The Mediterranean Sea. A Natural Sedimentation Laboratory. Pennsylvania 1972.

TAIT, R. V.: Meeresökologie. Stuttgart 1971.

TARDENT, P.: Meeresbiologie. Stuttgart 1979.

TAUSCHINSKY A. und KRAUS-LEICHERT U.: Italien. Bibliographie der deutschsprachigen sozialwissenschaftlichen Monographien und Zeitschriftenartikel 1945–1984. Bibliographie zur Regionalen Geographie und Landeskunde, Bd. 6. Paris 1985.

TUREKIAN, K. K.: Die Ozeane. Stuttgart 1985.

*UNEP* (Hrsg.): Long-term Programme for Pollution Monitoring and Research in the Mediterranean Sea (MED POL Phase II). Genua 1983.

*UNEP / FAO* (Hrsg.): Bibliography of the Marine Environment in the Mediterranean 1978–84. Rom 1985.

**Max Huber, Oberstudienrat**
**Burkhart–Gymnasium, Burkhartstraße 3**
**84066 Mallersdorf-Pfaffenberg**

Hans-Georg Möller

# Aktuelle agrarpolitische und agrarwirtschaftliche Entwicklungsprobleme der mediterranen Intensivkulturen in Südfrankreich und Spanien

## 1 Problemstellung

Der vorliegende Beitrag ist ausgewählten Fragestellungen[1] gewidmet, welche Schlüsselprobleme für die aktuellen Entwicklungsmöglichkeiten der mediterranen Intensivlandwirtschaft in Südfrankreich und Spanien nach der EG-Süderweiterung von 1986 darstellen. Es geht dabei weniger um die spezifische Konkurrenzsituation der auf frühzeitigen Ernteterminen beruhenden, europaweiten Absatzmöglichkeiten der mediterranen Bewässerungslandwirtschaft beider Länder. Wichtiger erscheinen heute deren administrative, politische und organisatorischen Rahmenbedingungen für Produktion und Vermarktung landwirtschaftlicher Produkte. Diese bestimmen neben den für den Mediterranraum häufig untersuchten strukturellen Merkmalen der landwirtschaftlichen Betriebe[2] das regionsspezifische Entwicklungs- und Modernisierungspotential innerhalb der von der Rahmenbedingungen einer sektoral angelegten gemeinsamen EG-Agrarpolitik.

Es wird daher versucht, auf drei in der regionalen Agrargeographie bisher eher vernachlässigte Fragestellungen eine Antwort zu geben:
– Wie sind im regionalen Vergleich die politischen und administrativen Bedingungen für die Umsetzung der EG-Agrar(struktur)politik beschaffen?
– Welches sind die Folgen der politischen Regionalisierung bzw. Dezentralisierung in Spanien und Frankreich für die inhaltliche Definition agrarpolitischer Entwicklungsziele?
– Welches sind die Merkmale von Organisationsgrad und -struktur des Agrarsektors? Gibt es berufsständische Organisationen (z. B. Landwirtschaftskammern), Berufs- und Produzentenverbände oder einen genossenschaftlichen Sektor, denen es gelingt, gleichsam als Scharnier zwischen Politik und landwirtschaftlichen Betrieben bei der Modernisierung von Produktion und Vertrieb mitzuwirken? Zeigen landwirtschaftliche Produktion und Absatzorganisation eine an den sich rapide quantitativ und qualitativ verändernden Marktbedingungen ausgerichtete Anpassungsdynamik? Wird die Modernisierung der Produktion (Verbesserung der Bewässerungssysteme, Ausweitung von Glashauskulturen) von einer Modernisierung der Absatzsysteme begleitet? Bestehen Rückkoppelungseffekte zwischen Absatzorganisation und Produktion?

## 2 Zur Neuorientierung der EG-Agrarpolitik ab 1985

Vom Inkrafttreten der EG-Agrarverträge im Jahre 1958 bis zur dritten Erweiterung der Europäischen Gemeinschaften 1986 konzentrierte sich die europäische Agrarpolitik auf die Sicherung und Steigerung der bäuerlichen Einkommen und die Bereitstellung eines für die Bevölkerung der Gemeinschaft ausreichenden Angebots an Nahrungsmitteln. Die durch die Wirkungsmechanismen der sogenannten Marktordnungen hervorgerufene strukturelle Überproduktion sowie die mit dem Beitritt Spaniens verbundenen Mengen- und Preisprobleme hinsichtlich der mediterranen Agrarprodukte erzwangen agrarpolitische Reformmaßnahmen, die 1985 in Kraft traten.

Die wesentlichen agrarpolitischen Ziele von 1985 sind:
– die Abkehr von der Förderung der quantitativen Ausweitung der Produktion; statt dessen Steigerung der Wettbewerbsfähigkeit der Landwirtschaft, ökonomische und technische Effizienzsteigerung der landwirtschaftlichen Betriebe;
– verstärkte Hilfen zur Aus- und Weiterbildung der Landwirte;
– spezielle Hilfen zur Verbesserung der Vermarktungsbedingungen und Weiterverarbeitung landwirtschaftlicher Produkte;
– Förderung der mediterranen Landwirtschaft in den Ländern der ‚EG der Zehn' im Rahmen integrierter Mittelmeerprogramme (P.I.M. I / II). Hierbei handelt es sich um sektorübergreifende entwicklungspolitische Programme, welche den politischen Preis für die Zustimmung Italiens und Griechenlands zum EG-Beitritt Spaniens darstellten.

In den aufgeführten Aktionsfeldern sind als Schwerpunkte der Agrarstrukturpolitik enthalten: Sicherung und Vergrößerung der landwirtschaftlichen Einkommen, Erhalt der Beschäftigung in der Landwirtschaft und das Erreichen von Produktivitätszuwächsen. Der Widerspruch in den Zielvorgaben zwischen einer Erhöhung der ökonomischen Effizienz und dem sozialpolitischen Aspekt des Erhaltes von Beschäftigung in der Landwirtschaft bleibt – mit besonders krassen Auswirkungen im Mittel-

---

[1] Der vorliegende Beitrag enthält Teilergebnisse eines größeren Forschungsprojektes der Jahre 1989 bis 1991, das die regionalen Entwicklungsprobleme der mediterranen Intensivlandwirtschaft in Spanien und Frankreich nach der EG-Erweiterung von 1986 zum Thema hatte. Es wurde von der VW-Stiftung finanziert, wofür dieser ausdrücklich gedankt sei. Ein umfassender Ergebnisbericht wird im Laufe des Jahres 1993 in den Arbeiten aus dem Fach Geographie der Universität Eichstätt erscheinen. – Zu den verwendeten Abkürzungen siehe das Verzeichnis S. 67.

[2] Vgl. Möller (1985); eine regionsspezifische Zuteilung von Finanzmitteln nach den Vorgaben der Zentralregierung in Paris.

*Abbildung 1: Die agrarpolitischen Institutionen in Frankreich nach der Dezentralisierung von 1983*

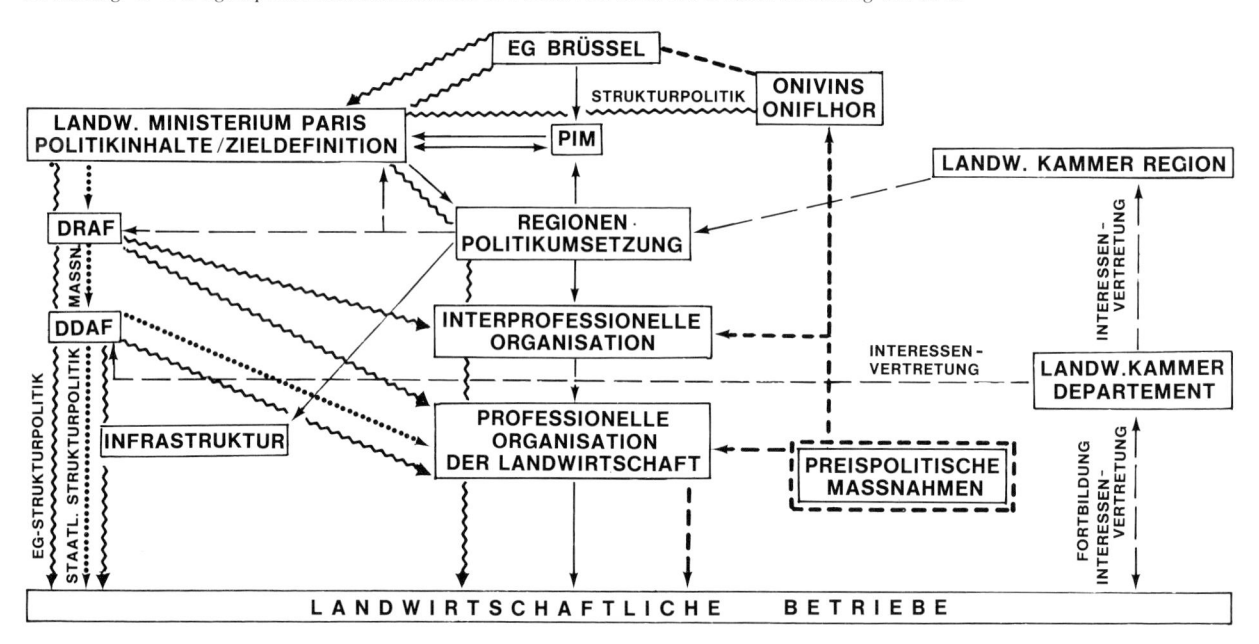

Quelle: Eigener Entwurf

*Abbildung 2: Der Haushalt der EG 1986 (35 Mrd. ECU)*

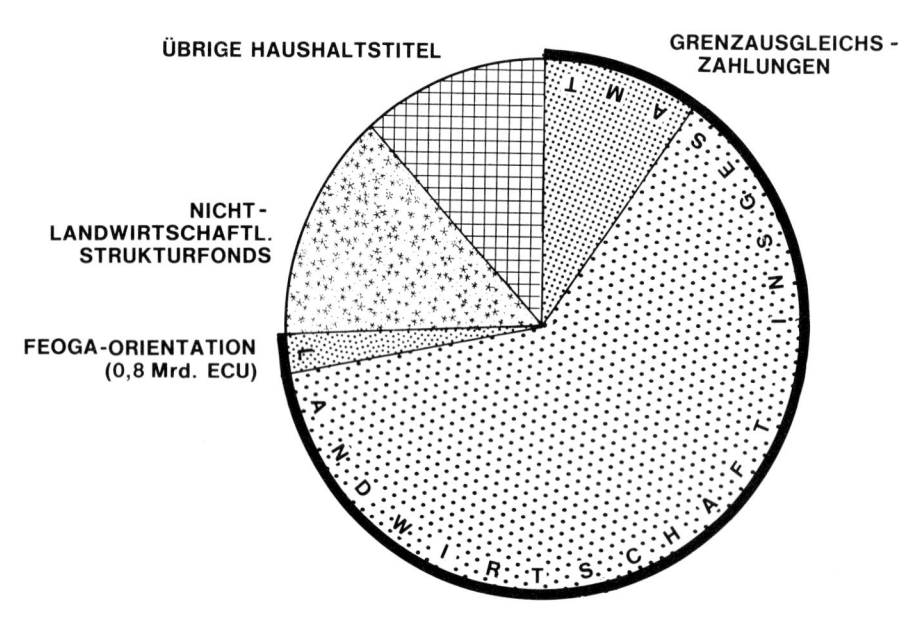

Quelle: CEVISE 1988

meerraum – bestehen; in diesem Zusammenhang ist ein leichterer Zugang zu Förderungsmitteln für Nebenerwerbslandwirte von der EG beabsichtigt.

## 3 Die französische Agrarpolitik im Rahmen der politischen Dezentralisierung seit 1981

Die Dezentralisierung von 1982 / 83 brachte eine Regionalisierung der Agrarstrukturpolitik im Rahmen der Verlagerung der generellen Zuständigkeiten für die regionale Wirtschaftspolitik von Paris auf die Regionen. Die Zielsetzungen und Schwerpunkte der Agrarstrukturpolitik werden auf regionaler Ebene definiert (Abbildung 1) und mit den nationalen bzw. EG-weiten Vorgaben durch einen Prozeß der Kontraktualisierung im Rahmen der französischen Wirtschaftspläne abgestimmt.

Die inhaltliche Ausgestaltung der Agrarstrukturpolitik durch die Regionen wird *de facto* durch den Fortbestand einer starken Stellung der zentralistischen Agrarverwaltung in Paris relativiert:

– Die Region verfügt über keinen direkten politischen Zugang zur EG; das Landwirtschaftsministerium in Paris bleibt hierfür

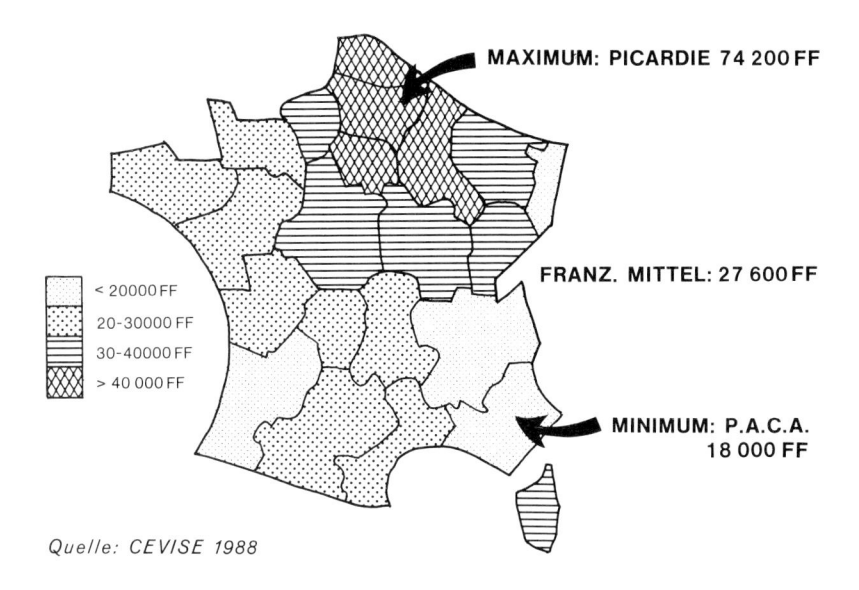

*Abbildung 3: Subventionen der landwirtschaftlichen Betriebe Frankreichs*

*Quelle: CEVISE 1988*

die Schaltstelle. Die in der Region beschlossenen Förderungsmaßnahmen bedürfen weiterhin der Bestätigung durch Paris bzw. die staatliche Agrarverwaltung.

– Die Regionen sind bei der Kofinanzierung von Investitionen benachteiligt. Während die Region ihren Anteil aus den relativ beschränkten eigenen Steuermitteln bestreiten muß, besteht der in der Regel weitaus höhere nominale Finanzierungsanteil der Zentralregierung zu einem erheblichen Teil aus Mitteln von strukturpolitischen Durchlaufkonten der EG.

– Die im EG-Agrarhaushalt weitaus dominierenden Aufwendungen für Maßnahmen der Preisstützung (F.E.O.G.A.-Garantie, siehe Abbildung 2) wurden von der Dezentralisierung ausgenommen. Die Ohnmacht des mediterranen Südens gegenüber der kontinuierlichen Zielsetzung der Agrarpreispolitik des französischen Landwirtschaftsministeriums aus den fünfziger Jahren und später seitens der EG wird in der starken Streuung der durchschnittlichen Subventionshöhe sichtbar: Die bäuerlichen Betriebe in der Picardie erzielten 1984 ein durchschnittliches Bruttoeinkommen von 110.500 FF, wovon 67 % bzw. 74.200 FF auf öffentliche Transferzahlungen entfielen. In der mediterranen Region P.A.C.A. betrug das Bruttoeinkommen im gleichen Jahr im Durchschnitt 52.400 FF pro Betrieb; darin sind 18.000 FF bzw. 34 % an Transferzahlungen enthalten.

Trotz ungleicher struktureller Voraussetzungen (durchschnittliche Betriebsgrößen, 1981): Picardie 44,6 ha, P.A.C.A. 12,3 ha; Index des durchschnittlichen landwirtschaftlichen Roheinkommens 1982 (Frankreich = 100): Picardie 230,4; P.A.C.A. 119,7; nach I.N.S.E.E. 1985, S. 88, 142, 239) unterschied sich der nicht auf Subventionen beruhende Einkommensanteil pro Betrieb in beiden Regionen um weniger als 2.000 FF. Die Ungleichheit in der Subventionsverteilung findet ihre Entsprechung in der regionalen Verteilung der Zuwendungen aus den Agrarstrukturfonds; auch hier zählen die Mediterranregionen zu den am wenigsten geförderten Gebieten in Frankreich.

## 4 Agrarpolitische und agrarwirtschaftliche Entwicklungsprobleme in der südfranzösischen Region P.A.C.A.

### 4.1 Die Umsetzung der EG-Agrarstrukturpolitik

Für die Umsetzung der EG-Vorgaben und Maßnahmen in der Agrarstrukturpolitik sind auf regionaler Ebene die **Region** (*Collectivité territoriale*, Gebietskörperschaft mit dem ***Conseil Régional*** als parlamentarischer Vertretung der Regionsbevölkerung, jedoch ohne legislative Befugnisse), die Départements, in deren Zuständigkeit die infrastrukturelle Ausstattung der Landwirtschaft – in Südfrankreich besonders wasserbauliche Maßnahmen – fällt und die Regionaldirektion der staatlichen Agraradministration (D.R.A.F.) zuständig. Die Regionalisierung der Agrarstrukturpolitik eröffnete den Mediterranregionen erstmals die Möglichkeit, ihre spezifischen entwicklungspolitischen Anliegen nicht nur im eigenfinanzierten Regionalhaushalt zu verfolgen, sondern auch in den französischen Agrarhaushaltes einzubringen. Dieser regelt die nationale Umsetzung der europäischen Agrarpolitik und deren Mittelverwendung.

Allerdings haben sich die Rahmenbedingungen für die Partizipation der mediterranen Landwirtschaft Südfrankreichs an den agrarstrukturellen Maßnahmen der EG in der zweiten Hälfte der achtziger Jahre nicht wesentlich gebessert. Der EG-Haushalt war z. B. 1987 weiterhin vom traditionellen Verteilungsmuster der Subventionen gekennzeichnet, auf den F.E.O.G.A-Garantiefonds entfielen 63 % des Gesamthaushalts, auf die drei Strukturfonds zusammen (F.E.O.G.A.-Orientation, F.E.D.E.R., F.S.E.) nur 16 %. Von den auf den Agrarsektor entfallenden Mitteln nahmen Marktstützungsmaßnahmen zum Einkommenserhalt der Landwirte sogar 96,5 % in Anspruch.

Über die Begrenztheit der finanziellen Ausstattung hinaus

*Tabelle 1: Die Realisierung des integrierten Mittelmeerprogrammes (P.I.M. I) in Südfrankreich (Stand: 31.12.1988) (Quelle: eigene Erhebung, CEE-Marseille)*

| Gebiet | Haushaltsansatz insges. (1.000 ECU) | Realisierte Investitionen (1.000 ECU) | Realisierungsgrad (%) |
|---|---|---|---|
| Aquitanien, Region | 214.340 | 145.815 | 68 |
| Midi-Pyrénées, Region | 247.224 | 211.377 | 86 |
| Languedoc-Roussilion, Region* | 251.080 | 165.487 | 66 |
| P.A.C.A., Region | 303.892 | 204.276 | 67 |
| Corse, Region | 109.150 | 60.960 | 56 |
| Drôme, Département | 51.125 | 44.141 | 86 |
| Ardèche, Département | 50.125 | 23.243 | 46 |
| Südfrankreich insgesamt | 1.226.936 | 855.299 | 70 |

*\* ohne Département Ardèche*

behindern die folgenden drei Faktoren die Umsetzung der Agrarstrukturpolitik in der Region P.A.C.A.:
– Die EG-Agrarpolitik ist **ohne inhaltliche Definition von regionalen Entwicklungszielen** geblieben. Gleiches gilt für die französischen nationalen Programme. Es fehlt eine inhaltliche Verschränkung agrar- und regionalpolitischer Zielsetzungen. Die Regionalisierung der Agrarstrukturpolitik im Rahmen der integrierten Mittelmeerprogramme (P.I.M. I / II) geht zu Lasten anderer regionsspezifischer Haushaltsansätze. Bei der Realisierung der integrierten Mittelmeerprogramme ist die der Landwirtschaft zufließende Finanzmasse – entgegen den politischen Projektbegründungen – zu einer Restgröße geschrumpft. Für die Region P.A.C.A. bedeutet dies z. B., daß von den ca. 240 Mio. ECU des P.I.M. I (1986–89), welche auf die Region entfallen, nur 24 % dem Agrarsektor zugeordnet werden. Davon entfallen wiederum 52,6 % auf Investitionen der öffentlichen Hand (*Travaux Publiques*), nur 24,8 % stehen landwirtschaftlichen Betrieben und kooperativen Einrichtungen der Landwirte zur Modernisierung zur Verfügung. Für die Umsetzung der Modernisierungsmaßnahmen in den Regionen ist es zudem von Bedeutung, daß die EG nur eine Teilfinanzierung der Investitionsbeihilfen (EG-Anteil: 29,2 %) leistet; 70,8 % der in der P.A.C.A. einzusetzenden Mittel gehen zu Lasten des französischen Staates. Die Einschränkungen, welche sich für die Umsetzung der EG- Strukturpolitik auf regionaler Ebene aus dieser Aufteilung der Finanzierung ergeben, verdeutlicht die Tabelle 1.

Im Jahre 1989, zu Beginn der Laufzeit des zweiten integrierten Mittelmeerprogrammes (P.I.M. II) waren die Programme des P.I.M. I in Südfrankreich – mit Ausnahme der Region Midi-Pyrénées – maximal zu zwei Dritteln ausgeschöpft. Die Ursache dafür kann am Beispiel der Region P.A.C.A. verdeutlicht werden. Dort war zum Zeitpunkt der Festlegung der Ziele für P.I.M. II (1989) der französische Staat noch mit Zahlungen für das Jahr 1986 im Verzug; das Instrument der Kofinanzierung blockierte somit auch den Abruf der entsprechenden Finanzierungsanteile seitens der EG.

Inhaltlich zeichnet sich im Midi mit der Regionalisierung der Agrarstrukturpolitik ein deutlicher Bruch gegenüber den agrarpolitischen Entwicklungsmaßnahmen im Frankreich der sechziger und siebziger Jahre ab. In Übereinstimmung mit der Neuorientieung der EG-Agrarpolitik treten in den Mediterranregionen wasserbauliche und infrastrukturelle Großprojekte, wie sie für die ersten beiden Jahrzehnte der V. Republik typisch waren, hinter Maßnahmen zur Modernisierung des Anbaus, der Ausstattung der Betriebe und zur Förderung des Absatzes sowie der industriellen Verarbeitung von Agrarprodukten zurück. Pflanzenbauliche Forschung und Verbesserung der Produktqualität und -aufbereitung sowie der Vermarktungseinrichtungen im Gemüse- und Obstbau stellen weitere Schwerpunkte der Agarstrukturpolitik in der P.A.C.A. dar. Auf die genannten Maßnahmen entfallen für den Planungszeitraum 1989–1993 60 % der öffentlichen Gesamtinvestitionen[3] in der Landwirtschaft der Region, auf den Wasserbau – die Ausweitung bzw. Modernisierung von Bewässerungsflächen – nur noch 22 %. Wasserbauliche Maßnahmen hatten demgegenüber im *Contrat de Plan Etat-Région* P.A.C.A. 1984–1988 31 % der staatlichen und 57 % der regionalen Investitionen ausgemacht.

## 4.2 Grundzüge der Organisation des landwirtschaftlichen Sektors der P.A.C.A.

Eine wesentliche Voraussetzung für die Umsetzung der agrarpolitischen Vorgaben in wirtschaftliche Entscheidungsprozesse seitens der Landwirte bildet die differenzierte, auf Konkurrenz unter den Modernisierungsträgern nicht verzichtende Organisation der regionalen Landwirtschaft. Ihre wichtigsten Elemente sind:

1) Die **staatliche Agrarverwaltung** – ihre Vertretung auf der regionalen Ebene bildet das D.R.A.F. (in Marseille), in den einzelnen Départements ist jeweils das D.D.A.F. Es ist zuständig für die Abwicklung aller Antragsformalitäten zur Erlangung wirt-

---

3) Enthalten sind Investitionen im Rahmen der Kofinanzierung Staat (EG)-Region, nicht jedoch staatliche oder regionale Sonderförderungen.

schaftlicher und sozialpolitischer Subventionen für die landwirtschaftlichen Betriebe, aber auch z. B. für die materielle Erstellung von Bauleitplänen für ländliche Gemeinden.

2) Die halbstaatlichen nationalen Institutionen zur Umsetzung der EG-Marktordnungen und -regelungen; im Zusammenhang mit den mediterranen Intensivkulturen sind hier O.N.I.VINS und O.N.F.L.H.O.R. zu nennen. Es handelt sich bei diesen ‚Markt'-regelungsbüros um öffentliche Einrichtungen (*Etablissements Publiques*), in denen – interprofessionell[4] – neben dem Staat Produzenten und Vermarkter von Agrarprodukten vertreten sind; sie dienen der Marktbeobachtung und ggf. der Überwachung von Interventionsmaßnahmen der EG.

3) Die **berufsständischen Einrichtungen** der Landwirtschaftskammern. Diese vertreten auf regionaler Ebene die agrarpolitischen Interessen der in Berufs- und Produzentenverbänden organisierten Landwirte. Die Landwirtschaftskammern in den einzelnen Départements sind demgegenüber die Ansprechpartner für die einzelnen Landwirte, sie beraten diese hinsichtlich der agrarstruktur- und agrarsozialpolitischen Subventionsmöglichkeiten einschließlich der Hilfe bei der Antragstellung und Vertretung der Interessen der Landwirte in den Entscheidungsgremien. Eine sehr wichtige Funktion der Landwirtschaftskammern ist die Förderung moderner Anbautechniken. Dafür stehen in den Départements Beratungsdienste der Landwirtschaftskammern mit Spezialisten für einzelne Produkte zur Verfügung.

4) Die ‚professionellen bzw. interprofessionellen Einrichtungen' zählen zur Agrarwirtschaft im engeren Sinne. Es handelt sich dabei um Versuche, entweder durch Maßnahmen der horizontalen oder vertikalen Integration die Marktmacht der landwirtschaftlichen Betriebe zu stärken oder durch freiwillige Zusammenschlüsse modernisierungswilliger und -fähiger Agrarbetriebe die interregionale und internationale Konkurrenzfähigkeit mediterraner Sonderkulturbetriebe zu verbessern.

a) Als wichtigste Einrichtungen der horizontalen Integration sind vor allem die **Genossenschaften** zu nennen. Sie versuchen, als Absatzgenossenschaften durch Zusammenfassung der Produktion, Qualitätskontrolle und z. T. durch die Übernahme von Sortier- und Verpackungsaufgaben die Stellung des Produzenten am Markt zu verbessern. Dabei werden in der Region P.A.C.A. je nach Produktgruppen sehr unterschiedliche Organisationsgrade erreicht: Beim Weinbau sind nach REPARAZ (1985) 72 % der regionalen Weinproduktion organisiert; dabei handelt es sich vorwiegend um Tafelweine. Qualitätsweine machen nur 24 % der Produktion der Kooperativen aus. Betrachten wir die Obst- und Gemüsekulturen, so werden in den 55 mit deren Produkten befaßten Genossenschaften nur 15 % der regionalen Obst- und 10 – 12 % der Gemüseproduktion erfaßt. Hinsichtlich der mediterranen Sonderkulturen Obst und Gemüse ist die Bedeutung der Genossenschaften angesichts ihrer eher nachrangigen Marktstellung eher in den Aufgaben der Betriebsberatung zu sehen.

b) Eine erhebliche Bedeutung kommt den privatwirtschaftlich organisierten S.I.C.A., den produktspezifischen Syndikaten und den *Groupements des Producteurs* zu. Letztere können sowohl Verkaufsorganisationen von genossenschaftlich als auch privatwirtschaftlich organisierten Produzentenvereinigungen sein; in ihnen wird der Schritt zur vertikalen Organisation des Angebotes vollzogen. Gleiches gilt für Dach-Verkaufsgenossenschaften (*Coopératives 2ième degré*), in denen das Angebot mehrerer Produktionsgenossenschaften, z. B. im Weinbau zusammengefaßt wird. Eine Konzentration des Angebots und Koordination der Vermarktung von Obst und Gemüse ist Aufgabe des C.E.A.F.L. der P.A.C.A. in Avignon. Dies ist eine Einrichtung, in welcher 30 *Groupements des Producteurs* und Genossenschaften zusammengefaßt sind. Hier wird produktabhängig ein sehr unterschiedlicher Organisationsgrad erreicht.

*Tabelle 2: Die Bedeutung des Comité Economique Agricole Fruits et Légumes (C.E.A.F.L.) der P.A.C.A. bei der Vermarktung von Obst und Gemüse (1988) (Quelle: C.E.A.F.L.; eigene Erhebungen)*

| Produkte | Anteile des C.E.A.F.L. an … | | Mengen (1.000 t) |
|---|---|---|---|
| | der regionalen Produktion (%) | dem Export regionaler Produkte (%) | |
| Äpfel | 55 | 51 | 240.034 |
| Birnen | 30 | 37 | 33.500 |
| Pfirsiche | 35 | 55 | 23.111 |
| Tafeltrauben | 31 | 36 | 20.000 |
| Melonen | 10 | 16 | 10.556 |
| Kirschen | 15 | 16 | 1.271 |
| Erdbeeren | 10 | – | 432 |
| Tomaten | 25 | 10 | 40.370 |

Es wird deutlich, daß die Koordination des Vermarktungsprozesses hinsichtlich des Obstes relativ weit fortgeschritten ist. Von einer Organisation der Vermarktung im Gemüsebau kann demgegenüber nicht die Rede sein. Eine Ausnahme bilden nur die Produzenten von Tomaten, wobei in den Daten der Tabelle 2 die Spezialbetriebe mit eigener Absatz- und Exportorganisation nicht enthalten sind.

Die Unterschiede im betriebsübergreifenden, Genossenschaften und S.I.C.A. bzw. *Groupements des Producteurs* einschließenden Organisationsgrad des Absatzes im Obst- und Gemüsebau der Provence verdeutlichen den engen **Zusammenhang zwischen Organisationsgrad und Modernisierungspotential** im Bereich der mediterranen Intensivkulturen. Während die Gemüseanbauer weitgehend Vertriebswege bevorzugen, die von ihnen selbst ökonomisch nicht beeinflußt werden können (74 % der im Comtat befragten Betriebe verkaufen direkt am Großmarkt, 64 % haben Geschäftsbeziehungen zu Zwischenhändlern, wobei drei Viertel der letztgenannten Betriebe zwischen 91 und 100 % ihrer Gemüseproduktion über den Zwi-

---

4) Als professionelle Organisationen werden wirtschaftliche Organisationen, z. B. zur gemeinsamen Vermarktung oder Verbesserung der Anbautechnik, bezeichnet, die von den Landwirten in eigener Verantwortung gegründet werden. Interprofessionelle Organisationen enthalten verbindende Strukturen und Funktionen der Landwirtschaft und anderer Wirtschaftsbereiche (z. B. Handel, Speditionen, verarbeitende Industrien).

schenhandel absetzen), liegen die Anteile des Direktverkaufes (5,5 %) und Zwischenhandels (33,3 %) im Obstbau deutlich niedriger. Dessen stärkere Orientierung auf die horizontale und vertikale Integration der Vertriebswege bedingt zugleich eine Einbindung in das Interventionsinstrumentarium der EG; Maßnahmen zur Preisstützung (Mengenregulierungen, Auszahlung von Interventionspreisen) kommen dem einzelnen Landwirt nur über Kooperativen, *Groupements des Producteurs* und das C.E.A.F.L.) zugute.

c) Von einer großen Bedeutung für die Modernisierung von Produktion, die Einkommenssicherung der Betriebe und die sektoralen Marktentwicklungen sind die **interprofessionellen Organisationen**, auf die bereits an den Beispielen O.N.I.VINS und O.N.F.L.H.O.R. hingewiesen wurde. Im interprofessionellen Comité für Obst und Gemüse (C.R.I.F.E.L.) sind unter staatlicher Aufsicht Produzenten, Handel und Lebensmittelindustrie (I.A.A.) zusammengefaßt; sie veranlassen nicht nur ggf. das Einsetzen des EG-Interventionsmechanismus, sondern sind auch für den Abschluß regionaler und internationaler produktspezifischer Abkommen zuständig. Funktionell stellen die interprofessionellen Organisationen den organisatorischen Rahmen für die vertikale Integration der Vertriebswege in den sogenannten *filières*, einem Produktions- und Absatzsystem mit Rückkoppelungseffekten, dar.

5) In der Organisation des landwirtschaftlichen Sektors bildet der **landwirtschaftliche Betrieb** die Basis, den grundlegenden Baustein. Dabei ist festzustellen, daß sich die zahlenmäßige Entwicklung der Agrarbetriebe in einem deutlichen Gegensatz zur fortgesetzten Differenzierung und quantitativen Ausweitung der übrigen Organisationseinheiten des Agrarsektors befindet. In der P.A.C.A. verringerte sich die Zahl der Agrarbetriebe zwischen 1979 und 1988 um 22.581 bzw. 22 %; im Comtat war im gleichen Zeitraum eine Reduzierung der Zahl der Betriebe um 7.084 bzw. 25 % festzustellen.

Ein wesentlicher Schwachpunkt bei der Modernisierung der Landwirtschaft in der Region P.A.C.A. besteht zur Zeit in der Ausrichtung aller strukturpolitischen Förderungsprogramme an der Erwerbsfunktion der Agrarbetriebe. Obwohl z. B. im Département Vaucluse der Anteil der Nebenerwerbsbetriebe von 1979 bis 1988 von 25 % auf 29 % anstieg und 1988 im benachbarten Département Bouches-du-Rhône 1988 42 % ausmachte, sind diese Betriebe nach den Politikzielen von Regionalregierung und regionaler Landwirtschaftskammer von jeder strukturpolitischen Förderung ausgeschlossen. Das Festhalten am Kriterium des landwirtschaftlichen Vollerwerbs für die Zuerkennung von Förderungsmitteln stellt eine Nichtbeachtung der Neuorientierung der EG-Agrarpolitik dar, die aus sozialpolitischen Gründen auch die Förderung von Nebenerwerbsbetrieben intendiert. Angesichts der hohen Integrationsgrades landwirtschaftlicher Betriebe in einen zunehmend komplexeren landwirtschaftlichen Sektor ist die Anbindung der Förderungswürdigkeit an die Erwerbsfunktion und nicht an ökonomische Kennziffern wie Aufwand und Ertrag als Anachronismus zu sehen, der letztlich auf die Ideologie und soziologische Zusammensetzung der bäuerlichen Verbandsfunktionäre – unter ihnen überwiegen die Haupterwerbslandwirte – zurückgeht. Dabei erscheint es pikant, daß auch hinsichtlich der Haupterwerbsbetriebe das Kriterium des ‚bäuerlichen' Betriebes zunehmend umstritten ist[5].

Die agrarpolitischen Vorgaben erweisen sich als eindeutige normative Steuerungsfaktoren für den agrarwirtschaftlichen Modernisierungsprozeß in Südfrankreich. So haben z. B. von den 1990 im Rahmen eines Forschungsprojektes befragten Intensivkulturbetrieben des Comtat zwischen 1979 und 1989 95 % der Vollerwerbsbetriebe, aber nur 5 % der Nebenerwerbsbetriebe Maßnahmen zur Modernisierung von Betriebsführung und Qualitätsverbesserung der Produktion durchgeführt. Die gleiche Relation gilt für bereits vollzogene betriebliche und produktspezifische Änderungen, welche die eigene Wettbewerbsfähigkeit auf dem 1986 erweiterten EG-Markt für mediterrane Produkte erhöhen sollen.

Auf der Organisationsstufe des landwirtschaftlichen Betriebes bestehen in Frankreich **rechtliche Vorschriften**, welche – von tradierten und überholten Vorstellungen des bäuerlichen Wirtschaftens ausgehend – die Modernisierung von Produktions- und Vermarktungsstrukturen der Agrarbetriebe wesentlich behindern. Für die Zuerkennung der sozial- und steuerpolitischen Vorteile, welche Agrarbetriebe im Vergleich zu nichtlandwirtschaftlichen Unternehmen genießen[6], ist nach dieser Rechtsauffassung die Beschränkung auf den Verkauf von Produkten eigener Erzeugung für den landwirtschaftlichen Betrieb kennzeichnend. Auch Kooperativen sind juristisch gesehen nur befugt, die Produktion ihrer Mitgliedsbetriebe umzusetzen. Selbst die Transformation dieser Produkte gilt im strengen Sinne nicht als landwirtschaftliche Tätigkeit.

Sehen wir einmal von der besonderen rechtlichen (und betriebswirtschaftlichen) Problematik der juristischen Bewertung der vertikal integrierten landwirtschaftlichen Produktion (z. B. Vertragslandwirtschaft) ab, so ist allgemein für die mediterranen Intensivkulturen festzustellen, daß ein **zunehmender Widerspruch zwischen der rechtlichen Definition agraren Wirtschaftens und den ökonomischen Erfordernissen der Kooperation und des Verbundes von Produktion, Transformation und Vermarktung** agrarer Produkte besteht. Auf der organisatorischen Ebene der landwirtschaftlichen Betriebe resultiert aus den oben angeführten Beschränkungen die Herausbildung von Betrieben, die als privat- oder handelsrechtliche Gesellschaft organisiert sind. Diese sind ökonomisch flexibler, da sie z. B. bei der Vermarktung ihre Produktionsmengen durch Zukauf frei ausweiten und somit eine stetige Belieferung ihrer Abnehmer auch in produktionsfreien Zeiträumen garantieren können.

Hinsichtlich der vertikalen Integration des Produktabsatzes führen die juristischen Restriktionen des Agrarsektors zu sehr komplexen und damit kostenintensiven Verbundsystemen. Einzelne Genossenschaften müssen sich zu einer Dach-Absatzgenossenschaft (*Coopérative 2ième degré*) zusammenschließen, um z. B. die Produkte einer Wein- oder Gemüsebauregion in einer für den Absatzmarkt interessanten Größe zusammenzufassen. Ähnliches gilt für die *Groupements des Producteurs* (Produzentenvereinigungen), die zudem nur gebietsbezogen und nicht produktübergreifend tätig sein dürfen. Sie sind in den *Comités Economiques ...* vertreten. Der große Erfolg der S.I.C.A. (*Société d'Intérêt Collectif Agricole*) beruht darauf, daß diese Dienstleistungen für die Produzenten (z. B. Sortierung,

---

5) Für das Département Bouches-du-Rhône gibt die zuständige Landwirtschaftskammer die inoffizielle Einschätzung, daß von den knapp 6.000 Vollerwerbsbetrieben des Départements maximal 3.000 so professionell und wirtschaftlich arbeiten, daß sie eine Chance zum Bestehen des Konkurrenzkampfes haben. Zur Schwierigkeit der Unterscheidung zwischen landwirtschaftlichem Betrieb und gewerblichen Unternehmen vgl. HUDAULT (1987, S. 15 ff.).

6) Das Problem besteht hier vor allem in der Abgrenzung zu Handels- und Dienstleistungsunternehmen.

*Abbildung 4: Die Lage des Comtat in der Provence*

Verpackung, Vermarktung) ohne die für Kooperativen geltenden Restriktionen übernommen werden können. Den S.I.C.A. kommt nicht nur die Funktion eines Verbindungsgliedes zwischen den in ihr organisierten Produzenten und dem Absatzsystem ihrer Produkte zu, sie dienen auch als wichtige Informationsträger zur Übermittlung von Markterfordernissen an die landwirtschaftlichen Betriebe.

## 4.3 Spezielle Probleme der wirtschaftlichen Modernisierung im Obst- und Gemüsebau des Comtat

### 4.3.1 Veränderung der nationalen und internationalen Konkurrenzsituation des Produktionsstandortes

Im Comtat, einer Agrarregion[7] innerhalb der P.A.C.A. (vergleiche Abbildung 4), die verwaltungsmäßig zu den Départements Bouches-du-Rhône und Vaucluse gehört, befindet sich das klassische, klimatisch bevorzugte Obst- und Gemüseanbaugebiet

---

7) Bei der Agrarregion handelt es sich um eine von der Agrarstatistik definierte räumliche Einheit, die in etwa naturräumlichen Gliederungsmerkmalen entspricht.

Frankreichs. Es gewann diese bevorzugte Stellung in der zweiten Hälfte des 19. Jahrhunderts, nachdem eine Eisenbahnverbindung (Paris–Lyon–Marseille) (Abbildung 4) einen schnellen Transport der Primeurs de Provence zum Hauptabsatzgebiet Paris sicherstellte. In den vergangenen drei Jahrzehnten hat sich jedoch die im nationalen Maßstab konkurrenzlose Wettbewerbssituation des Comtat durch interne und externe Faktoren tendenziell zunehmend verschlechtert, so daß der EG-Beitritt Spaniens 1986 wegen dessen nach Produkten und Erntekalender konkurrierenden Angebots auf dem Markt für Obst und Gemüse von den Landwirten der Provence als existenzielle Bedrohung empfunden wurde.

Zu den externen, die Konkurrenzfähigkeit des Obst- und Gemüsebaus der Provence negativ beeinflussenden Faktoren zählen vor allem die technischen und organisatorischen Verbesserungen bei der Produktion und im Transport von Obst und Gemüse. Hierzu gehören u. a. der auf genaue Erntetermine ausgerichtete Anbau, die Einführung transportresistenter Sorten, die Verbesserung der Verkehrswege und Transportmittel sowie die Öffnung des Systems des zwischenstaatlichen Handels mit Agrarprodukten unter Einbeziehung Spaniens und Portugals über den regionalen Rahmen der EG hinaus (Beispiel: Tomatenimporte aus Marokko). Der Wandel dieser externen Faktoren hat zur Folge, daß der im Eisenbahnzeitalter auf den Markt von Paris bezogene zeitliche Vorsprung der *Primeurs de Provence* geschwunden ist. Der Aufbau eines eigenen Exportmarktes für

Produkte der provenzalischen Landwirtschaft bietet hier keinen Ausgleich, obwohl er sich nach Exportmengen (44 % der Obsternte, 20 % der Gemüseernte, 28 % des Weines und 14 % der Blumen und Baumschulpflanzen aus der Provence), nach Produktionswert und Bestimmungsländern (knapp zwei Drittel der Exporte gehen in andere EG-Länder) zwischen 1978 und 1990 als relativ stabil erwiesen hat.

Die internen Faktoren, welche das Entwicklungspotential der Intensivlandwirtschaft des Comtat negativ beeinflussen, sind vor allem in der Strukturschwäche des dortigen landwirtschaftlichen Sektors begründet. Dies gilt für die Organisationsstufe der Betriebe (kleinbetriebliche Strukturen, Überalterung der Landwirte und ihre mangelhafte Ausbildung) ebenso wie für das Fehlen einer horizontalen oder vertikalen Integration auf der Stufe der professionellen bzw. interprofessionellen Organisation des Absatzsystems.

### 4.3.2 Leitlinien der Modernisierung des Obst- und Gemüsebaus im Comtat

Die wirtschaftlichen Zielsetzungen der Agrarstrukturpolitik in der P.A.C.A. können seitens der Region wie auch der staatlichen bzw. EG-Politikziele damit umschrieben werden, daß es notwendig und vordringlich ist, mit dem geringsten Kostenaufwand möglichst marktgerecht zu produzieren. Auf diese Weise soll die **interregionale wie internationale Konkurrenzfähigkeit** der mediterranen Intensivkulturen erhalten werden. Notwendige Maßnahmen sind in diesem Zusammenhang die Modernisierung der Produktionsmittel (bei den Obst- und Gemüsekulturen besonders die Verbesserung der Bewässerungseinrichtungen, die Ausweitung der Gewächshausflächen der betrieblichen Einrichtungen für Lagerung und Konditionierung[8] der Produkte). Hinzu kommen – bezogen auf die Region – ein höherer Diversifikationsgrad der Produktion sowie eine Neustrukturierung der Absatzorganisation.

### 4.3.3 Strukturelle Veränderungen im Vermarktungssystem als Grundlagen einer wirtschaftlichen Reorganisation des Obst-und Gemüseanbaus des Comtat

Die aktuelle Situation des Absatzsystems für die Produkte der mediterranen Intensivkulturen in der Region P.A.C.A. wie auch im Comtat ist dadurch gekennzeichnet, daß – sehen wir einmal von der Produktion und dem Absatz der Qualitätsweine ab – ein deutlicher Widerspruch zwischen einer fortgeschrittenen Modernisierung von Produktionstechniken einerseits und dem Festhalten an weitgehend obsoleten Vermarktungspraktiken festzustellen ist. Die Konzentration der bisherigen agrarwirtschaftlichen Modernisierungsanstrengungen auf den betrieblichen Sektor der Produktion auch im landwirtschaftlichen Beratungswesen wird z. B. dadurch verdeutlicht, daß in der Landwirtschaftskammer des Département Vaucluse für die produktspezifische technische Anbauberatung 27 Personen tätig sind, für die kommerzielle Beratung jedoch nur vier.

Das traditionelle Absatzsystem ist durch die herausragende Rolle der Zwischenhändler (*Expéditeur* / Versender und Grossisten, vergleiche Abbildung 5) geprägt, auf die 1987 zusammen 83 % der Verkäufe an Obst und Gemüse in der Provence entfielen (Tab. 3); Genossenschaften und S.I.C.A. waren nur mit 10 % an der in der Provence umgesetzten Warenmenge beteiligt. Diese stammte zu 79 % aus der Region selbst, zu 13 % aus dem Südwesten Frankreichs – besonders vom Großmarkt St. Charles in Perpignan – und zu 8 % aus Importen (D.R.A.F. – P.A.C.A. 1988, S. 17).

Ein wesentliches Kennzeichen des traditionellen Absatzsystems, das für die überwiegende Mehrzahl der Landwirte der Region noch maßgeblich ist, besteht darin, daß diese ihre Erzeugnisse als **Rohprodukte** an die Zwischenhändler verkaufen. Diese (Selbst)beschränkung auf die erste Vermarktungsstufe schließt die Landwirte einerseits von einer Teilhabe an der Wertsteigerung, die mit der vom Zwischenhandel übernommenen Sortierung, Verpackung und Auszeichnung zum verkaufsfertigen Produkt verbunden ist, aus. Andererseits nimmt sie ihnen zugleich die Möglichkeit einer Einflußnahme auf den Großhandelspreis bzw. auf eine an den regionalen Interessen der Provence ausgerichteten Beeinflussung des Preisniveaus für Obst und Gemüse. Die **fehlende Transparenz des Vermarktungsprozesses** und die Akzeptanz relativ niedriger Erzeugerpreise werden für diese, dem traditionellen Vermarktungsprozeß verhafteten Landwirte durch die Sicherung der Absatzmöglichkeiten für ihre Produkte aufgewogen; die etablierten Marktbeziehungen der Zwischenhändler sichern ihnen den Verkauf ihrer Waren.

Die Ursache für die aktuelle Neustrukturierung der Nachfrage nach Obst und Gemüse und seiner Absatzwege bildet die zunehmende Konzentration im Lebensmitteleinzelhandel, der z. B. in den Hauptabsatzgebieten für provenzalische Agrarprodukte (Frankreich, Deutschland, United Kingdom) durch wenige Handelsketten[9] dominiert wird. Auf die Bedürfnisse dieser im nationalen und internationalen Rahmen operierenden Handelsunternehmen (*Grande Distribution*) ist deren Versorgung durch einen vertikal integrierten Vertriebsweg getreten, dessen Funktionieren von **zentralen Einkaufsbüros**, den *Centrales d'Achat*, gesteuert wird. Kennzeichen dieses **vertikal integrierten Absatzsystems** (Abbildung 5) ist seine **interprofessionelle Ausgestaltung** – Produzenten und Handel wirken z. B. bei der Sicherstellung von Produktqualität, Ernteterminen und bei der Aufbereitung des agraren Rohproduktes zur verkaufsfertigen Ware zusammen. Dies bedeutet auch, daß eine enge Rückkoppelung zwischen Produzenten und Handel notwendig ist, um die Produktion an den jeweiligen Markterfordernissen auszurichten.

Die steigende Bedeutung der *Centrales d'Achat* als dominierende Abnehmer agrarischer Produkte stellt die Landwirtschaft im Comtat bzw. in den Anbaugebieten mediterraner Intensivkulturen allgemein vor die Überlebensfrage im Sinne des Erhalts agrarwirtschaftlicher Entscheidungskompetenz in der Anbauregion. Als wichtigste Probleme sind in diesem Zusammenhang zu benennen:
– Die Geschäftsbeziehungen mit den Einkaufszentralen setzen eine über das Jahr hinaus gleichbleibende Belieferung mit standardisierten Produkten in konstanter Qualität voraus; dies beinhaltet eine Organisation der Produzenten, welche die Akzeptanz saisonaler, mengenmäßiger und qualitativer Produktionsziele einschließt.

---

8) Die Konditionierung umfaßt als einzelne Schritte Qualitätseinstufung, Sortierung und Verpackung der Produkte in verkaufsfertige Einheiten.

9) In einem internationalen Vergleich (MONTIGAUD 1989) führt die Handelskette ALDI an erster Stelle, weitere wichtige deutsche Abnehmer sind REWE-Leibbrand und COOP an 6. und 7. Stelle.

*Abbildung 5: Die Stufen und Träger der Vermarktung von Obst und Gemüse in der Provence (eigener Entwurf nach* MONTIGAUD *1989)*

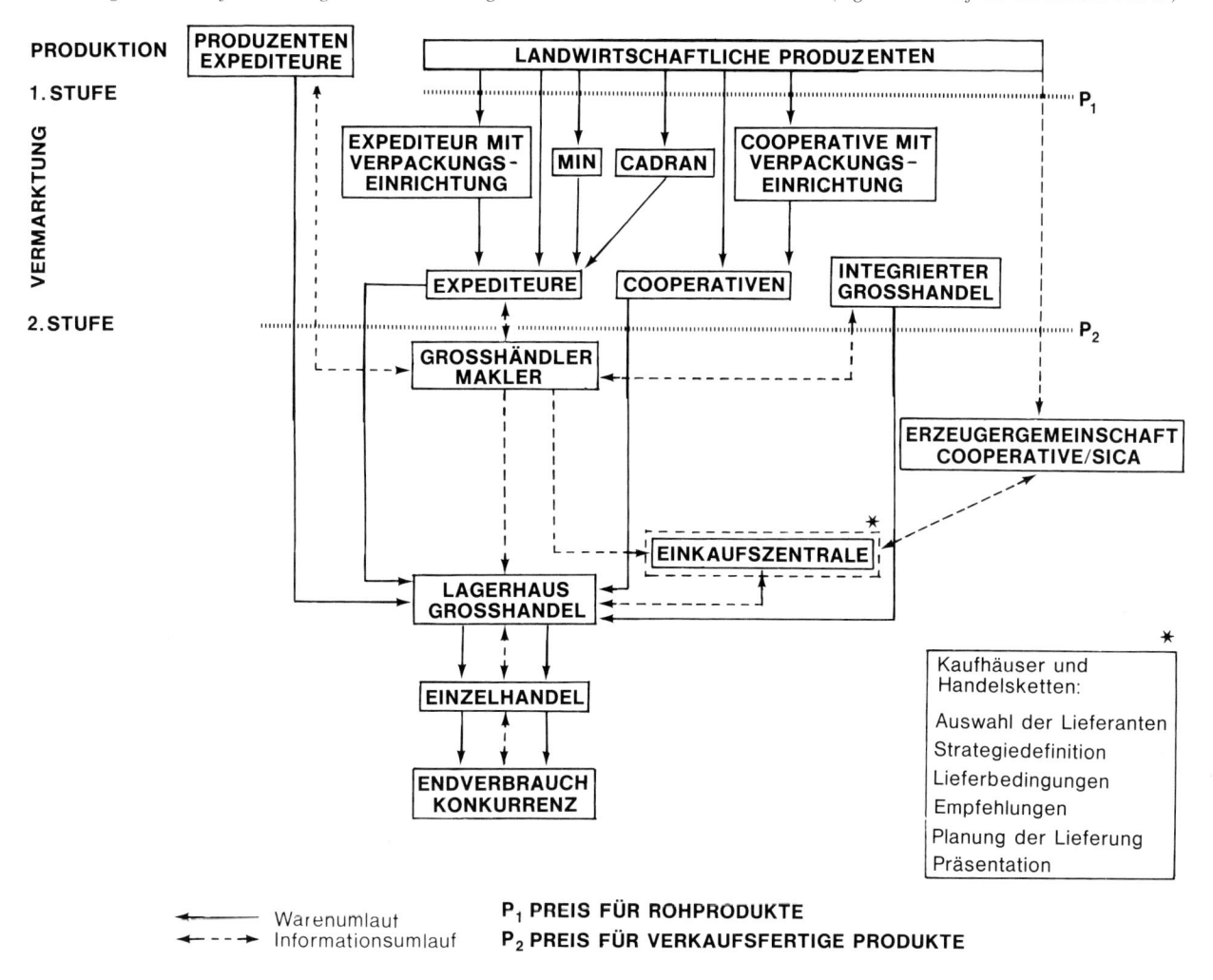

*Tabelle 3: Der Verkauf von Obst und Gemüse in den Départements Bouches-du-Rhône und Vaucluse nach Vermarktungsträgern (1987) (Quellen: D.R.A.F. – P.A.C.A. 1988, S. 16 ; Großhandelsbefragung 1988)*

| Verkäufer | Dép. Anz. | Bouches-du-Rhône Warenmenge Tonnen | % | Dép. Anz. | Vaucluse Warenmenge Tonnen | % | insgesamt Warenmenge Tonnen | % |
|---|---|---|---|---|---|---|---|---|
| Versendende Produzenten* | 10 | 7.200 | 1 | 6 | 2.700 | 0 | 9.900 | 1 |
| Kooperative S.I.C.A. | 22 | 109.000 | 12 | 12 | 56.100 | 8 | 165.100 | 10 |
| Versender** | 124 | 580.000 | 61 | 117 | 415.400 | 60 | 996.300 | 61 |
| Grossisten*** | 127 | 227.100 | 24 | 42 | 134.400 | 20 | 361.500 | 22 |
| andere**** | 17 | 18.100 | 2 | 15 | 79.200 | 12 | 97.300 | 5 |
| Warenmenge gesamt | | 942.300 | 100 | | 687.800 | 100 | 1.630.100 | 100 |

*Anmerkungen: \* Producteurs – Expéditeurs, vergleiche Abbildung 5; \*\* Expéditeurs; \*\*\* Grossiste – Expéditeur, Großhändler, die bei Landwirten einkaufen \*\*\*\* Einkaufsbüros von Handelsketten, Makler, Kaufleute.*

*Abbildung 6: Die agrarpolitische Zuständigkeit in Spanien nach der Regionalisierung (Regionen Katalanien und Murcia) (eigener Entwurf)*

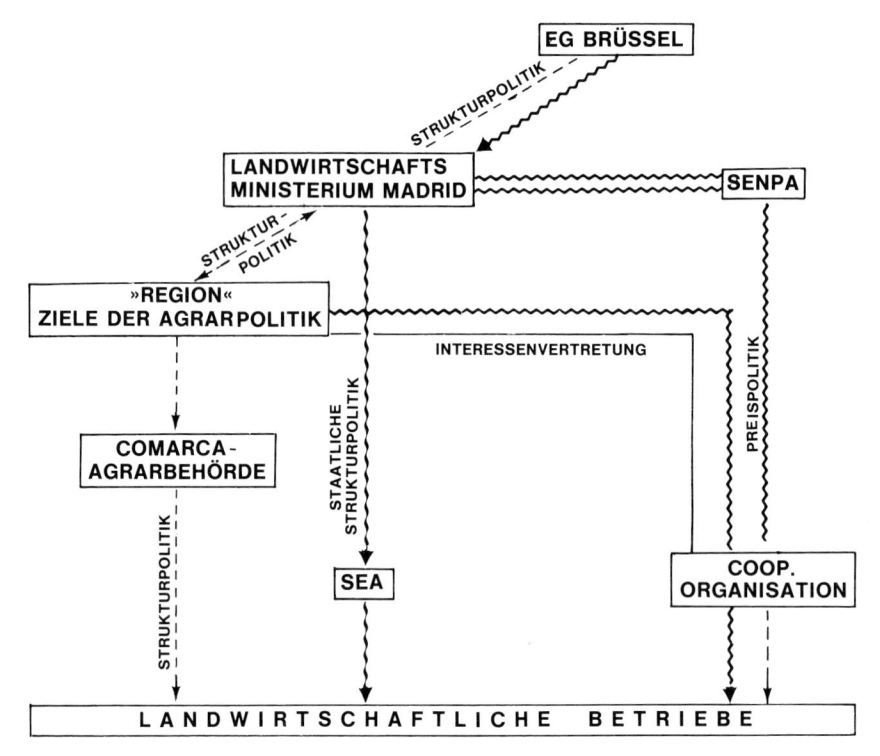

– Die Preisbildungsmechanismen verändern sich grundlegend. Zum einen einen werden die Großhandelspreise durch die Einkaufszentralen extraregional nach weltweit definierten Marktsituationen festgelegt und für eine mittlere Zeitpanne (eine bis mehrere Wochen) garantiert. Zum anderen wird der vom Landwirt auf der ersten Vermarktungsstufe erzielte Preis für Rohprodukte zunehmend vom Großhandels- und Einzelhandelspreis abgekoppelt, sein Anteil an der Wertschöpfung reduziert. In der Filière umfaßt der Großhandelspreis das Produkt und die Dienstleistungen, die für seine Produktion und Lieferung nach genauen und auf ihre Einhaltung kontrollierten Normen des Abnehmers – bis hin zur Aufbereitung als Fertigprodukt – erbracht werden. Dieser Preis, der für die Wettbewerbsfähigkeit der Region entscheidend ist, wird auf der zweiten Vermarktungsstufe (Abbildung 5) definiert und für Produkte gezahlt, welche die Region verkaufsfertig verlassen.

Damit stellt sich für die Landwirte im Obst- und Gemüsebau des Comtat ein für die bäuerliche Produktions- und Wirtschaftsweise schwerwiegendes Problem – die Eingliederung einer traditionell geprägten Landwirtschaft in einen quasi-industriell organisierten Produktions- und Absatzverbund. Innerhalb der produktspezifischen Filières geht die Macht am Markt z. Zt. auf die *Centrales d'Achat* über; diese entscheiden über den Ankauf der verkaufsfertigen Ware (kalibriert, sortiert und für den Endverbraucher verpackt), welche der typische Kleinbauer des Comtat in der Regel nicht liefern kann. Verbunden mit der Neuausrichtung des Absatzsystems ist der Niedergang der großen Erzeugermärkte der Provence (Cavaillon, Chateaurenard, Carpentras), auf denen die Landwirte traditionellerweise ihre Rohprodukte zum Verkauf stellen.

Ein Einstieg in den vertikal gegliederten Verbund aller zur Produktion, Aufbereitung und Veredelung sowie zum Absatz der Produkte notwendigen Aktivitäten erscheint somit als unabweisbare Voraussetzung für den Erhalt einer regionalen agrarwirtschaftlichen Entscheidungskompetenz. Eine Voraussetzung dafür ist die Ausweitung der überbetrieblichen Organisation von Produktion und Vermarktung, der Übergang von der horizontalen zur vertikalen Integration auf der Basis der Zusammenschlüsse der Produzenten. Als strategisches Ziel erscheint dabei die Kontrolle über die zweite Vermarktungsstufe, d. h. die Schaffung eines von Landwirten bzw. ihren Organisationen kontrollierten Angebots an verkaufsfertigen Produkten auf der Großhandelsstufe für Obst und Gemüse, vorrangig. Sie bietet die einzige Möglichkeit, die Marktmacht der Einkaufszentralen zu relativieren. Die zwei entscheidenden Gesichtspunkte in diesem Zusammenhang sind:

– Die Rückgewinnung eines regionalen Einflusses auf die Preisgestaltung. Angesichts des Bedeutungsverlustes der Erzeugergroßmärkte verbleiben der Landwirtschaft im Comtat als Einflußmöglichkeiten nur eine Kontrolle des Angebots seitens der Erzeugerorganisationen sowie eine Abstimmung der Verkaufspreise unter diesen. Ein Pilotprojekt, das diese Zielsetzung verfolgt, ist das C.R.I.F.E.L. in Avignon. Es koordiniert durch Herbeiführung und Durchsetzungskontrolle von Preisabsprachen auf der Ebene der organisierten Produzenten (zweite Vermarktungsebene) als interprofessionelle Einrichtung die Preisentwicklung vor allem im Obstbau, um auf diesem Wege indirekt die Erzeugerpreise zu stützen.

– Das Erreichen einer ‚kritischen Masse‘, um im Rahmen der zukünftigen europäischen Marktbeziehungen in dem Produktbereich Obst und Gemüse in eigener ökonomischer Verantwortung Produkte anbieten zu können. Dies setzt neben einem höheren Organisationsgrad der Produzenten und der Einbindung des Produktionspotentials der Nebenerwerbslandwirte (besonders im Obstbau) eine überregionale bzw. internationale Zusammenarbeit mit anderen Erzeugergebieten voraus, die z. B. in Spanien oder Marokko liegen können.

## 5 Die Veränderungen der agrarpolitischen Rahmenbedingungen in Spanien seit der politischen Regionalisierung (nach 1978)

Nach den Vorgaben der Verfassung von 1978 sind die Kompetenzen für die Agrarpolitik in Spanien auf die Regionalregierungen übertragen worden (Abbildung 6); diese sind somit wie die Region Murcia seit 1981 für die inhaltliche Ausgestaltung der EG-Agrarstrukturpolitik auf ihrem Territorium verantwortlich. Das zentrale Agrarministerium konserviert einen Teil seines Einflusses dadurch, daß es – nach dem Beispiel Frankreichs – den politischen Kontakt und die Finanzströme zwischen der EG und den spanischen Regionen kontrolliert und zudem bei den meisten agrarstrukturpolitischen Entwicklungsmaßnahmen eine Kofinanzierung zu den regionalen Aufwendungen leistet. Eine wesentliche agrarpolitische Einflußmöglichkeit ergibt sich für Madrid auch aus der zentralistischen Verteilung der Marktstützungssubventionen aus dem F.E.O.G.A.-Garantiefonds über den S.E.N.P.A., einer im Unterschied zu den französischen interprofessionellen Produktbüros rein staatlichen Einrichtung.

Für die Zugangsmöglichkeiten der Landwirte zu EG-gestützten Förderungsmaßnahmen, d. h. für die Umsetzung der EG-Agrarstrukturpolitik, sind zwei in der politischen Vergangenheit Spaniens wurzelnde Eigenheiten der agrarpolitischen Organisationsstruktur wichtig:
– Die Regionen haben die zentralistisch-hierarchisch angelegten Einrichtungen der staatlichen Agrarverwaltung (Sinnbilder der bis in die Dörfer reichenden Kontrolle des franquistischen Staates) abgeschafft; sie wurden durch horizontal gegliederte Institutionen (z. B. Comarca-Büros[10], siehe Abbildung 6) der Agraradministration ersetzt, wobei zumeist ein Transfer des in der Beratung und Entwicklung tätigen Personals erfolgte.
– Die Einbindung der bäuerlichen Organisationen in den Ständestaat Francos hat dazu geführt, daß diese diskreditiert sind und gegenwärtig – zumindest im Bereich des Anbaus von Obst und Gemüse (Ausnahme Orangen) – ein effizienter kooperativer Sektor fehlt. Bestehende Kooperativen und ihre Verbände sind politisch ausgerichtet und untereinander zerstritten; eine interprofessionelle Organisationsebene der Produzenten von Obst und Gemüse existiert nicht; Dach-Vertriebsgenossenschaften bilden die Ausnahme.

Die negativen Folgen dieser organisatorischen Defizite sind angesichts der sich verschärfenden Konkurrenz auf dem EG-Agrarmarkt für Obst und Gemüse resultierenden Notwendigkeit, die Anbau- und Absatzsysteme zu restrukturieren und zu verbinden (vertikale Integration), besonders schwerwiegend:
– Die bäuerliche Interessenvertretung gegenüber der EG, dem Staat und den Regionen ist diffus und wenig effektiv; über Agrarpolitik entscheiden die politischen Gremien unter einer relativ geringen Beeinflussung durch die Interessenvertreter der regionalen Intensivlandwirtschaft.
– Die Regionen müssen in den Bereichen Fortbildung und Information zahlreiche Aufgaben wahrnehmen und administrativ abwickeln, die z. B. in Frankreich effektiver durch berufsständische Organisationen (Landwirtschaftskammern) und Selbsthilfeeinrichtungen der Landwirte wahrgenommen werden.
– Das Fehlen einer interprofessionellen Organisationsstufe der Landwirtschaft erschwert nicht nur die Integration der Betriebe in vertikale, agrarwirtschaftliche Verflechtungsprozesse. Es hat auch zur Folge, daß spezielle Förderprogramme der EG zur Optimierung des Vermarktungssystems (zur Verbeserung der Kooperation zwischen Produzenten und Vermarktern, zur Qualitätssteigerung und Absatzregulierung hinsichtlich der Produkte) nicht ausgeschöpft werden können.

## 6 Agrarpolitische und agrarwirtschaftliche Entwicklungsprobleme der Region Murcia

### 6.1 Die Umsetzung der EG-Agrarpolitik – Schwerpunkte der regionalen Agrarstrukturpolitik

Der Stellenwert der Landwirtschaft in der Region Murcia ist durch eine erhebliche quantitative Ausweitung der Produktion während der letzten 15 Jahre gekennzeichnet. In der Pflanzenproduktion führte deren mengen- und wertmäßige Steigerung zu einem höheren Stellenwert von Obst- und Gemüseerzeugnissen sowohl innerhalb der regionalen Produktionsbilanz als auch – bei gleichzeitiger Produktionsausweitung in anderen spanischen Anbaugebieten – innerhalb der gesamtspanischen Produktion (siehe Tabelle 4).

Die Ausweitung der Erzeugung von Produkten mediterraner Intensivkulturen geht in der Region Murcia auf die Zunahme des Bewässerungslandes (1970 bis 1988 um knapp 62 % auf 184.200 ha, vgl. *Consejeria de Agricultura* 1991, S. 49) auf die Intensivierung des Anbaus sowie auf die Spezialisierung der Kulturen und der damit verbundenen z. T. erheblichen Ertragssteigerungen zurück. Ermöglicht wurde sie durch die ab Mitte der siebziger Jahre einsetzende Ausweitung der spanischen Gemüse- (besonders Tomaten-) und Obstexporte, die im Falle Murcias heute 90 % der regionalen Agrarproduktion aufnehmen, 75 % davon in die anderen EG-Staaten. Die regionale Agrarstrukturpolitik in der Region Murcia steht somit vor der Aufgabe, die Voraussetzungen für eine Kontinuität dieser regionalwirtschaftlich sehr bedeutsamen landwirtschaftlichen Exportprodukution zu sichern. Dies beinhaltet eine Behauptung gegenüber den konkurrierenden spanischen Anbaugebieten (im Norden gegenüber den Provinzen Valencia und Alicante, im Süden gegenüber den Provinzen Almeria und Huelva), vor allem aber die Ausrichtung der Produktions- und Vermarktungsstrukturen auf die sich durch Konzentrationsprozesse auf der Abnehmerseite wandelnden strukturellen Gegebenheiten des internationalen Marktes für Obst und Gemüse. Die starke Ausweitung der Produktion und des Exportes von Obst und Gemüse dürfen nicht darüber hinwegtäuschen, daß die Organisationsstruktur der Landwirtschaft Murcias den zukünftigen Erfordernissen einer vertikalen Integration von Produktion und Vermarktung noch lange nicht entspricht. Im Unterschied zu den konkurrierenden Provinzen Valencia (Agrumen) und Almeria (Gemüse) sind in der Region Murcia auch jene Betriebe in die Exportproduktion integriert, die in den historischen Bewässerungsgebieten der Huerten ohne Hilfe von Genossenschaften oder Erzeugergemeinschaften wirtschaften und ihre Erzeugnisse über den traditionel-

---

10) Die Comarca, eine administrative Einheit etwa in der Größe deutscher Kreise (vor der Gebietsreform) erfuhr im Rahmen der politischen Regionalisierung in Spanien eine große Aufwertung. Sie ersetzt als territoriale Untergliederung der Regionen die Provinz, die als territoriales Einteilungsprinzip des Zentralstaates gesehen wird. – Es handelt sich hierbei vor allem um die Erschließung von neuen Perimetern durch die Verlegung von Zweigleitungen.

*Tabelle 4: Die Erntemengen der wichtigsten Obst- und Gemüsearten in der Region Murcia (Quellen: COLINO SUEIRAS (1989, S. 88) und Consejeria de Agricultura 1991)*

|  | Ernte 1975 Murcia (t) | in % Spaniens | Ernte 1981 Murcia (t) | in % Spaniens | Ernte 1988 Murcia (t) | 1988 / 1981 (%) |
|---|---|---|---|---|---|---|
| GEMÜSE | | | | | | |
| Salat | 54.458 | 12,2 | 60.282 | 11,1 | 331.755 | 450 |
| Melonen | 104.110 | 11,8 | 131.355 | 17,3 | 224.769* | – 13 |
| Tomaten | 160.961 | 6,5 | 260.702 | 12,1 | 392.980 | 51 |
| Paprika | 21.100 | 4,6 | 51.450 | 9,4 | 109.282 | 112 |
| Artischocken | 12.865 | 5,7 | 27.256 | 11,0 | 155.070 | 469 |
| Grüne Bohnen | 30.126 | 20,3 | 33.068 | 29,0 | 62.839 | 90 |
| OBST | | | | | | |
| Zitronen** | 107.625 | 42,4 | 187.213 | 42,2 | 248.150 | 33 |
| Aprikosen | 70.920 | 53,6 | 111.719 | 64,3 | 90.930 | – 19 |
| Pfirsiche | 49.822 | 17,5 | 86.661 | 19,4 | 132.800 | 53 |
| Kirschen | 6.513 | 9,0 | 21.220 | 20,2 | 31.175 | 47 |
| Mandeln | 21.343 | 8,4 | 19.920 | 6,5 | 12.600 | – 37 |
| Tafeltrauben** | 57.552 | 12,5 | 54.927 | 11,1 | 71.675 | 31 |

\* Ernte 1987: 154.980 t   \*\* Ernte 1988 / 1989.

*Abbildung 7: Verwaltungsgliederung der Region Murcia*

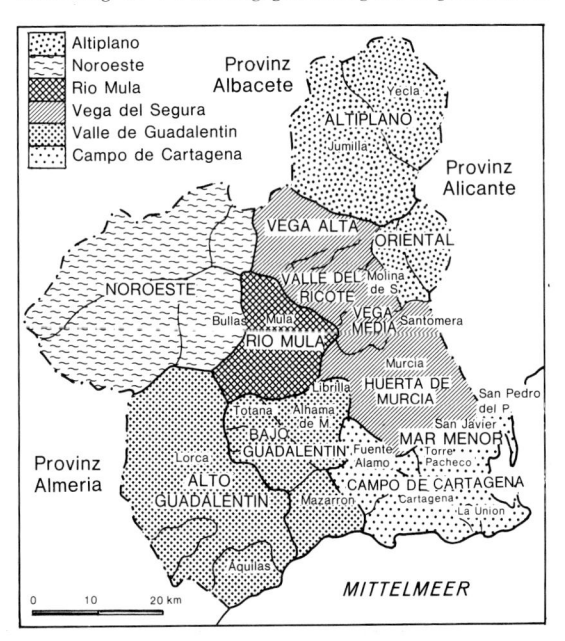

len Zwischenhandel absetzen. Die Sicherung der Exportquote bedingt hier also auch die Umgestaltung des traditionellen Segmentes der Agrarproduktion; erschwerend kommt hinzu, daß in den unterschiedlich strukturierten Teilräumen (Abbildung 7) eine deutliche intraregionale Differenzierung der bäuerlichen Handlungsorientierung angesichts der sich im EG-weiten Wettbewerb verschärfenden Strukturprobleme herausgebildet hat.

Die **Huerta von Murcia** bildet mit 24.000 ha eines der ältesten Bewässerungsgebiete der Iberischen Halbinsel und das Kerngebiet der wichtigsten Obst- und Gemüsebaulandschaft der Region, der Vega des Segura; sie ist praktisch identisch mit dem unteren Teil dieser Vega zwischen Molina und der Grenze zur Provinz Alicante. Der Anbau ist in der Vega durch das Vorherrschen von Baumkulturen (1988: 20.500 ha Zitronen, 23.120 ha andere Obstsorten) gekennzeichnet, die Gemüseflächen nehmen mit 17.400 ha ebenfalls eine wichtige Position ein; sie sind räumlich auf die älteren Teile der Huerta konzentriert, während die Erweiterungsflächen in den unteren Hangbereichen vorwiegend durch spekulative Baum-, besonders Zitruskulturen – oft in Großbetrieben – genutzt werden. Die Anwendung der agrarpolitischen Modernisierungsinstrumentarien von EG und Regionalregierung stößt im Falle der traditionell organisierten Landwirtschaft der Huerta auf besondere Probleme; die wichtigsten sind Betriebsgrößenstruktur und Erwerbsfunktion der dortigen landwirtschaftlichen Betriebe.

Sind die Betriebsgrößen in der Region Murcia bereits sehr niedrig (1982: bis 2 ha 58 % der Betriebe, bis 5 ha 75 %), so zeichnet sich die traditionelle Huerta durch eine noch größere

*Tabelle 5: Die Entwicklung der Bewässerungskulturen im Campo de Cartagena (Region Murcia) 1984 – 1988 (Quelle: Region de Murcia (1990, S. 329 ff.) ; eigene Berechnung*

| Gemeinde | Bewässe-rungsfläche 1988 ha % | Gewächs-hausfläche 1985 1988 ha | ausgewählte Kulturen* 1984 1988 | | | | | | |
|---|---|---|---|---|---|---|---|---|---|
| | | | Gemüsebau | | | Industriekulturen | | Obstbau | |
| | | | Salat (ha/%) | Melonen (ha/%) | Arti-schocken (ha/%) | Baum-wolle (ha/%) | Paprika (ha/%) | Zitronen (ha/%) | Orangen (ha/%) |
| Carta-gena | 13.658 43 | 84 99 | 80 460/3 | 750 750/5 | 28 45/0 | 800 1.500/11 | 600 720/5 | 1.800 2.320/17 | 141 240/2 |
| Fuente-Alamo | 1.422 4 | 11 21 | – – | 65 32/2 | – 50/4 | 20 20/1 | 260 100/7 | 160 215/15 | 12 80/6 |
| San Javier | 4.307 14 | 296 383 | – 910/21 | 206 305/7 | 760 370/9 | 120 37/1 | 150 325/8 | 214 466/11 | 72 95/2 |
| S. Pedro d. Pinatar | 1.426 4 | 125 122 | 4 360/25 | 37 10/1 | 290 10/1 | 60 26/2 | 9 3/0 | 254 261/18 | 29 31/2 |
| Torre-Pacheco | 10.652 34 | 502 653 | 180 1.300/12 | 1.100 1.100/10 | 700 1.180/11 | 500 506/5 | 380 440/4 | 250 330/3 | 170 550/5 |
| La Union | 318 1 | – – | 12 12/4 | 20 20/6 | – – | 20 36/11 | 25 40/13 | 30 40/13 | – – |
| Comarca Campo de Cartagena | 31.783 100 | 1.018 1.278 | 276 3.030/10 | 2.178 2.217/7 | 1.778 1.655/5 | 1.520 2.125/7 | 1.424 1.628/5 | 2.708 3.632/11 | 424 996/3 |

* Angaben in ha und in % der Bewässerungsflächen der Gemeinden bzw. Comarca 1988

Vorherrschaft des Minifundiums aus; dort verfügen 67,5 % der Betriebe über weniger als 1 ha landwirtschaftliche Nutzfläche (CALVO 1986, S. 166). Das Fortbestehen dieser Betriebe wurde bisher durch eine extreme Intensivierung des Anbaus und einen hohen Anteil der Subsistenzproduktion ermöglicht; hinzu kommt das Vorherrschen von Nebenerwerbsbetrieben (77 %) aller Betriebe in der Region; in der Betriebsgrößenklasse 0,1 – 2,0 ha: 86 %; Daten nach dem Agrarzensus 1982, zitiert bei COLINO SUEIRAS 1989).

In der **Comarca Valle de Guadalentin** befindet sich der Ausdehnung nach das zweitgrößte Bewässerungsgebiet der Region Murcia, der Anteil der Flächen mit fixierter Bewässerungsinfrastruktur ist jedoch nur halb so groß wie in der Huerta von Murcia; es handelt sich dabei vorwiegend um die durch Kanalsysteme erschlossenen Bewässerungsflächen der Huerta von Lorca. Letztere, welche den traditionellen Teil des Bewässerungsgebietes im Bereich des Rio Guadalentin darstellt, weist eine von Verstädterungsprozessen weitgehend ungestörte Agrarstruktur auf. Nach einer Phase der Erweiterung der Bewässerungsflächen, die in den siebziger Jahren auf der Erschließung von zusätzlichem Bewässerungswasser durch Brunnen beruhte (Verdoppelung der traditionellen Huertafläche), stabilisierte sich die Verteilung zwischen Bewässerungsland (22.187 ha) und Trockenland (55.107 ha) Mitte der achtziger Jahre. Entscheidende Veränderungen traten jedoch bei der Nutzung des Bewässerungslandes ein. Im Zeitraum 1984 – 1988 führte eine Spezialisierung der Betriebe zur Ausweitung des Paprika-Anbaus von 700 ha auf 1.400 ha, des Salates von 11 ha auf 3.600 ha und der Artischocken von 850 ha auf 5.425 ha. Grundlage dieser auf die Erfordernisse besonders des Exportmarktes ausgerichteten Änderung der Anbauverhältnisse ist ein im Vergleich zur Huerta von Murcia höheres Modernisierungspotential der landwirtschaftlichen Betriebe. Die agrarwirtschaftlich geprägte Handlungsorientierung ihrer Leiter wird darin sichtbar, daß 83 % von ihnen ihren Haupterwerb in der Landwirtschaft finden (Huerta von Murcia: 28 %, vgl. *Region de Murcia* 1990, S. 327). Hinzu kommt, daß es sich um Mischbetriebe handelt, welche die Produktionsrichtung Viehwirtschaft (vor allem Schweinehaltung mit Gemüsebau (Huerta von Lorca) bzw. Dauerkulturen (im Tal des Guadalentin) kombinieren. Bei den letzteren handelt es sich vorwiegend um Zitronenhaine, deren Fläche hier und in der Region trotz konstanter Überproduktion zunimmt und die – gefördert durch EG-Strukturhilfen – als Spekulationskulturen angelegt werden.

Die agrarstrukturpolitischen Aufgaben im Raum Lorca konzentrieren sich auf die Verbesserung der Versorgung mit Bewässerungswasser und der Vermarktungsverhältnisse. In Fortführung eines zu Beginn der achtziger Jahre begonnenen Projektes, in dem nach Herbeiführung von Tajo-Wasser per Kanal (aus der Überleitung (Trasvase) vom Tajo in das Einzugsgebiet des Segura; vgl. CALVO GARCIA-TORNEL 1984, BREUER 1987, S. 155 – 158) 13.800 ha Bewässerungsland vorgesehen wurden, sind 1990 erneut die Arbeiten zur Vergrößerung der Bewässerungsflächen um Lorca angelaufen[11]. Ein wesentlicher Grund für die aktuellen Arbeiten ergibt sich aus der ökonomischen Notwendigkeit, angesichts des steigenden Anteils der Exportproduktion die Unsicherheiten, welche sich für diese aus der extremen Variabilität und Irregularität der Niederschläge ergeben, auszugleichen.

Als jüngstes Anbaugebiet mediterraner Intensivkulturen in der Region Murcia ist das **Campo de Cartagena** zu nennen; aufgrund des o. g. Trasvase-Projektes ist hier die Inkulturnahme von 32.600 ha Bewässerungsland vorgesehen. In der Comarca Campo de Cartagena sind bisher (1988) 31.783 ha Bewässerungsflächen vorhanden. Vor der Zuleitung des Tajo-Wassers beliefen sich die auf der Nutzung von Grundwasser beruhenden Bewässerungsflächen im Campo de Cartagena auf 20.700 ha. Hinzu kamen 1.200 ha, für die ein Wasservorrat in Zisternen gesammelt wurde (ANDRES SARASA 1987, S. 42 f.), der besonders die Versorgung der Gewächshäuser sicherstellt. Bei den letztgenannten Zahlen ist zu berücksichtigen, daß sie die Gemeinden Aguilas und Mazarron (1988: insgesamt 7.239 ha Bewässerungsland) einschließen, die nicht zur Comarca gehören und auch nicht an das Verteilungsnetz für das Trasvase-Wasser angeschlossen sind. Dessen Zuführung wurde 1978 aufgenommen, allerdings erreichten die Lieferungen bisher nicht die geplanten Mengen, sie haben sich seit 1983 in etwa bei einem Fünftel der Soll-Werte eingepegelt.

Dennoch stellt die Landwirtschaft des Campo de Cartagena den am weitesten in die Modernisierungsprozesse von Anbau und Vermarktung integrierten, durch den höchsten Grad an Modernisierungsbereitschaft gekennzeichneten Teil der Landwirtschaft in der Region Murcia dar. Obwohl nur 37 % der Landwirte ihren Haupterwerb im Agrarsektor haben (die Regionalhauptstadt Murcia und die Hafenstadt Cartagena sind wichtige Ziele für die Berufspendler aus dem Campo) und der Anteil des landwirtschaftlichen Haupterwerbs in der wichtigsten Agrargemeinde, Torre-Pacheco, nur 56 % beträgt, wird die Offenheit der Betriebsleiter für kooperative Organisationsformen in anderen Obst- und Gemüsebaugebieten der Region nicht erreicht – abgesehen von den auf den Export spezialisierten Tomatenkulturen in Mazarron und Aguilas. Ein Hintergrund für die ausgeprägt ökonomische Handlungsorientierung der Nebenerwerbslandwirte im Campo de Cartagena ist in einem Überfluß an für die Betriebe nutzbarer familiärer Arbeitskraft zu sehen.

Der regionale Spezialisierungsgrad der Produktion im Campo de Cartagena ist hoch, der Schwerpunkt liegt bei der Ausweitung der Gemüsebauflächen und der Konzentration auf wenige Sorten (Tabelle 5). Weiterhin bildet das Campo de Cartagena neben der Huerta von Lorca einen zweiten Schwerpunkt für den Anbau von Industriekulturen, die Baumwolle hat im Raum Cartagena den Kartoffelanbau weitgehend verdrängt. Eine deutliche Ausweitung erfuhr bei den Dauerkulturen der Anbau von Zitronen; er erreicht am Bewässerungsland jedoch gerade den Anteil der Salatkulturen; insgesamt dominiert eindeutig der Anbau von Gemüse, Getreide, Knollenfrüchten und Industriekulturen (auf insgesamt 73 % der bewässerten Flächen). Die Intensität der Exportausrichtung des Gemüsebaus im Campo de Cartagena verdeutlicht die Entwicklung des Salatanbaus in den Jahren 1987 und 1988. Parallel zur Zunahme der Erntemenge in der Region Murcia um 355 % auf 331.775 t und der Flächenausweitung um 180 % auf 9.500 ha wuchsen im Campo die Anbauflächen auf 3.042 ha bzw. 83 % an; der Anteil der Salatkulturen am Bewässerungsland verdoppelte sich im gleichen Zeitraum. Es ist kennzeichnend, daß sich diese schnelle unternehmerische Reaktion der Landwirte auf zusätzliche Absatzmöglichkeiten räumlich selektiv auf den östlichen Teil des Campo bzw. die Gemeinden San Javier, San Pedro del Pinatar und Torre-Pacheco konzentrierte, d. h. durch die dort vorhandene Organisation der Produzenten in Kooperativen und anderen Erzeugergemeinschaften erst ermöglicht wurde.

Angesichts des heterogenen Entwicklungsstandes von Agrarstruktur, Produktion und Vermarktung in den einzelnen Teilräumen ergeben sich für die Agrarstrukturpolitik der Region Murcia eindeutige Schwerpunkte:

– Das wichtigste ökologische Problem, die Reduzierung des jährlichen Defizits im Wasserhaushalt von 215 Mio. $m^3$, das durch die Übernutzung der Grundwasservorräte entsteht (vgl. RODRIGUEZ ESTRELA 1987, S. 32)[12], erfordert differenzierte, den unterschiedlichen regionalen Strukturen angepaßte Entwicklungspolitiken. Im Campo de Cartagena kann durch die Vollendung des Trasvase-Projektes (Verbesserung der Infrastruktur, Förderung moderner, stationärer und effizienter Bewässerungstechniken) die Nutzung der auch nach der Zuleitung von Tajo-Wasser noch gestiegenen Anzahl der Bewässerungsbrunnen reduziert werden. In den traditionellen Huerten kommt demgegenüber der Restrukturierung der ‚traditionellen' Bewässerungslandwirtschaft, die sich *de facto* hinsichtlich der Produktionstechnik unter Einschluß der Nutzung von Individualbrunnen den neuen Regadios angepaßt hat und nicht mehr im Einklang mit den natürlichen Ressourcen steht, eine wesentliche Bedeutung zu. Die Mittel, welche der Agrarhaushalt der Region für Restrukturierungsmaßnahmen ausweist, übertreffen jene, die für die Ausweitung der Bewässerungsflächen vorgesehen sind (vergleiche Abbildung 8, Haushaltsplan der Region Murcia).

– Ein zweiter Schwerpunkt der Agrarstrukturpolitik besteht in der Förderung von Ausbildungsmaßnahmen für die Landwirte, der Agrarforschung und des Transfers der Forschungsresultate in die Anwendung. Es ist vor allem die mangelhafte Ausbildung der Landwirte (78 % von ihnen verfügen über keine landwirtschaftliche Ausbildung), welche durch ein Theorie und Praxis kombinierendes Ausbildungssystem nach israelischem Vorbild verbessert werden soll. Es entspricht den Zielen der Regionalregierung und den Gegebenheiten der agrarsozialen Struktur, daß Beratung wie auch Förderung von Investitionen der Agrarbetriebe den Haupt- und Nebenerwerbslandwirten in gleichem Maße zugute kommen. In voller Übereinstimmung zur Neuformulierung der EG-Agrarpolitik von 1986 bestehen in der Region Murcia keine Zugangsbeschränkungen bzw. Selektionsmechanismen zu Lasten des landwirtschaftlichen Nebenerwerbs.

---

11) Es ist allerdings bisher ungeklärt, ob die Region Murcia den Bezug einer entsprechenden Menge zusätzlichen Tajo-Wassers politisch durchsetzen kann. Zur Zeit führt die Konkurrenz um dieses Wasser zu einer Kürzung der Zuteilung von Bewässerungswasser aus dem Tajo, was in einer verstärkten Nutzung von Tiefbrunnen führt.

---

12) CALVO GARCIA-TORNEL (1984, S. 491) rechnet mit einem regionalen Wasserdefizit von 564 $hm^3$, das durch die ständige Übernutzung des Grundwassers ausgeglichen wird.

*Abbildung 8: Die Entwicklung und Struktur des Agrarhaushaltes der Region Murcia 1982 – 1990*

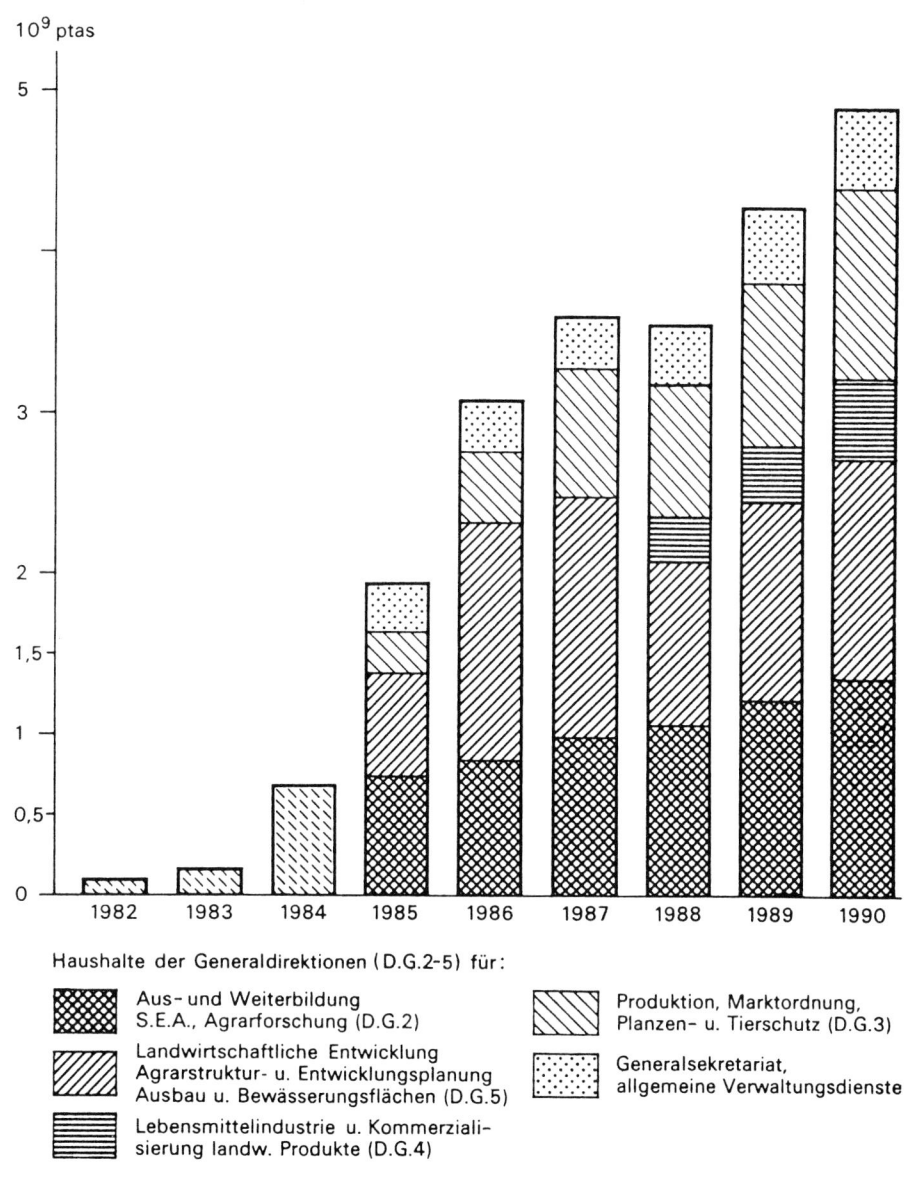

Haushalte der Generaldirektionen (D.G.2-5) für:

- Aus- und Weiterbildung S.E.A., Agrarforschung (D.G.2)
- Landwirtschaftliche Entwicklung Agrarstruktur- u. Entwicklungsplanung Ausbau u. Bewässerungsflächen (D.G.5)
- Lebensmittelindustrie u. Kommerzialisierung landw. Produkte (D.G.4)
- Produktion, Marktordnung, Planzen- u. Tierschutz (D.G.3)
- Generalsekretariat, allgemeine Verwaltungsdienste

Anmerkung: Ab 1988 ohne Servicio de Montes, Caza y Pesca Fluvial
Quelle: Consejería de Agricultura, Ganadería y Pesca, Región de Murcia

– Als Resultat des mit der Exportorientierung verbundenen Zwanges zur internationalen Konkurrenzfähigkeit stellen die Verbesserung der Produktqualität sowie die Reorganisation des Vermarktungssystemes weitere wichtige Inhalte der Agrarstrukturpolitik dar, die seit 1987 als eigener Teilbereich der Agrarverwaltung neben den ‚klassischen' Inhalten der Agrarpolitik (Agrarentwicklung und Produktion) auch im Haushalt ausgewiesen werden (Abbildung 8).

Hinsichtlich der Einbindung der Agrarstrukturpolitik in die regionale Entwicklungspolitik bestehen in der Region Murcia bemerkenswerte innovatorische Ansätze. Im Unterschied zu den französischen Mediterranregionen verfolgt die ‚Autonome Region Murcia' das Konzept einer **integrierten Regionalentwicklung**, dessen jüngster Entwicklungsstand im Regionalentwicklungsprogramm für die Jahre 1989 – 1992 festgeschrieben ist. Für den gesamten Planungszeitraum kommt hierin der Agrarpolitik ein relativ hoher Stellenwert zu, auf agrarstrukturpolitische Maßnahmen entfallen 9 % der Haushaltsansätze für die Jahre 1989 – 1992.

Unter dem Aspekt der inhaltlichen Ausgestaltung fällt es auf, daß die Agrarstrukturpolitik in Murcia entwicklungspolitisch im Kontext mit der Entwicklung der nichtagrarischen Wirtschaftssektoren angelegt ist; in diesem Zusammenhang werden die Nebenerwerbsbetriebe explizit in die agrarstrukturpolitischen Förderungsmaßnahmen eingeschlossen. Somit wird einerseits der vorherrschenden Erwerbsfunktion der landwirtschaftlichen Betriebe der Region und andererseits den strukturpolitischen Prioritäten der Regionalwirtschaft Rechnung getragen. Indem man die Neuorientierung der Agrar- und Regionalpolitik der EG vom 1. Juli 1987 (Einheitliche Europäische Akte) als Bezugspunkt nahm, die Entstehung eines Gießkannen-Prinzips bei der Verteilung der Fördermittel vermied und eine Abwägung der verfügbaren Finanzmittel und potentiellen Zuschüsse durchführte, gelangte man zu einem integrierten Entwicklungsprogramm,

*Tabelle 6: Finanzierungsplan der agrarstrukturellen Entwicklungsprogramme in der Region Murcia nach Finanzierungsträgern 1989 – 93 (Angaben in Mio. ptas und in v. H. (aufgegliedert nach Aktionsprogrammen) (Quelle: ESTUDIS 1989, S. 201 f. verändert)*

| Aktionen | Finanz-volumen Mio. ptas (= 100 %) | davon durch den Staat | | Region Murcia | Finanz-anteile der EG F.E.D.E.R. | F.E.O.G.A. | private Investi-tionen |
|---|---|---|---|---|---|---|---|
| | | Zentral-regierung (Haushalt) | autonome und öffentliche Einrichtungen/ Unternehmen | | | | |
| Restrukturierung der Bewässerungsflächen | 17.956 100 | 290 2 | 4.053 23 | 3.560 20 | – – | 8.836 49 | 1.217 7 |
| Modernisierung der landwirtschatlichen Betriebe | 6.841 100 | 1.447 21 | – – | 1.059 16 | – – | 2.408 35 | 1.927 28 |
| Infrastruktur des ländlichen Raumes* | 8.750 100 | – – | 2.485 28 | 1.562 18 | 857 10 | 3.300 38 | 546 6 |
| Summen | 33.547 100 | 1.737 5 | 6.538 20 | 6.181 18 | 857 3 | 14.544 43 | 3.690 11 |

\* *Verkehrswege, Elektrifizierung, Ausbau des Telefonnetzes*

das – von wachstumstheoretischen Grundsätzen ausgehend – die Wettbewerbsfähigkeit einer in den einzelnen Sektoren offenen Regionalwirtschaft fördern soll. Entscheidend für die Zuerkennung der Förderungswürdigkeit sind bei der Auswahl der regionalpolitischen Maßnahmen Komplementarität und mögliche Synergie-Effekte; für die Agrarstrukturpolitik bedeutet dies z. B. die Verfolgung der Ziele ‚Reduzierung der Abwanderung aus dem ländlichen Raum', Verknüpfung zwischen Agrarproduktion und Verarbeitung landwirtschaftlicher Produkte und Verbesserung der Produktqualität, Vermarktung und Erhöhung des Anteils der Landwirtschaft an der Wertschöpfung. Weiterhin besteht eine enge Verzahnung zwischen agrarer Entwicklungspolitik im engeren Sinne und der Infrastrukturpolitik im ländlichen Raum; eine stärkere Ausrichtung der Agrarbetriebe auf die marktorientierte Produktion ist undenkbar ohne Fortschritte in der Verbesserung des Wegenetzes, eine Vervollständigung der Elektrifizierung und den Ausbau des Telefonnetzes auch in den Landgemeinden.

## 6.2 Strukturen und Veränderungen im Vermarktungssystem – selektive Adaption einer exportorientierten Landwirtschaft an die Gegebenheiten im gemeinsamen europäischen Markt

In der Region Murcia spiegelt sich die räumliche Differenzierung der Agrargebiete nach den Merkmalen Genese, Agrarsozialstruktur und Ausrichtung auf den Export auch in der Veränderung bzw. der Anpassung des Vermarktungssystems wider.

Die geringsten Veränderungen zeigen die Verhältnisse in den **Huerten von Murcia und Lorca**. Hier findet man nach wie vor eine dominie rende Rolle des Zwischenhandels, der – abgesehen von der für den Eigenverbrauch bestimmten Produktion – sowohl die Versorgung des spanischen Binnenmarktes dominiert als auch den Export beherrscht. Gerade bei der Vermarktung der Agrarprodukte für den Export zeigt es sich jedoch, daß der traditionelle Großhandel die an ihn gestellten Anforderungen (Einhaltung von EG-Qualitätsnormen) nicht erfüllt; Absatzprobleme in den Jahren 1989 und 1990 traten besonders bei der Belieferung der ausländischen großen Handelsketten auf. Die mit der Herausbildung produktspezifischer Filières verbundenen qualitativen Anforderungen übersteigen die Leistungsfähigkeit der in den Anbaugebieten tätigen Exportgroßhändler. Die Vielzahl der Exporteure (in der Region über 500) sowie ihre Praxis, zur gleichen Zeit unter mehreren – oft drei – Handelsmarken zu verkaufen, führt zu einer extremen Zersplitterung des Exportangebots der Region. Am Beispiel der Vermarktung der Zitronen aus der Region Murcia (Abb. 9), die immerhin in den Importländern knapp zur Hälfte in Handelsketten und Warenhausunternehmen verkauft werden, zeigt sich der obsolete Status des traditionellen Vermarktungssystems besonders deutlich. Der Exporthandel vermarktet 90 % der Produktion, die Landwirte sind von der Einflußnahme auf die Großhandelspreise (zweite Vermarktungsstufe) vollständig ausgeschlossen; auf Kooperativen, die direkt für den Export produzieren, entfallen nur 3 % der Produktion. Zur Marktmacht der Exporteure trägt der Zukauf von Zitronen in benachbarten Provinzen, besonders in Alicante, bei; er macht ein Fünftel der von ihnen vermarkteten Menge aus.

Erste Anstöße einer Restrukturierung des Vermarktungssystems für Produkte der Intensivlandwirtschaft entstammen der Ansiedlung von exportorientierten Firmen, die außerhalb der traditionellen Huerten agrare Großbetriebe etablierten und nach unternehmerischen, kapitalistischen Gesichtspunkten führen. Neben einer hochentwickelten Anbautechnik zählt die Integration von Produktion und eigenem Vertrieb zu den wesentlichen Kennzeichen dieser exportierenden Großproduzenten. Zur Erhöhung des Exportvolumens dieser Firmen werden häufig auch

*Abbildung 9: Die Stufen und Struktur der Vermarktung von Zitronen aus der Region Murcia*

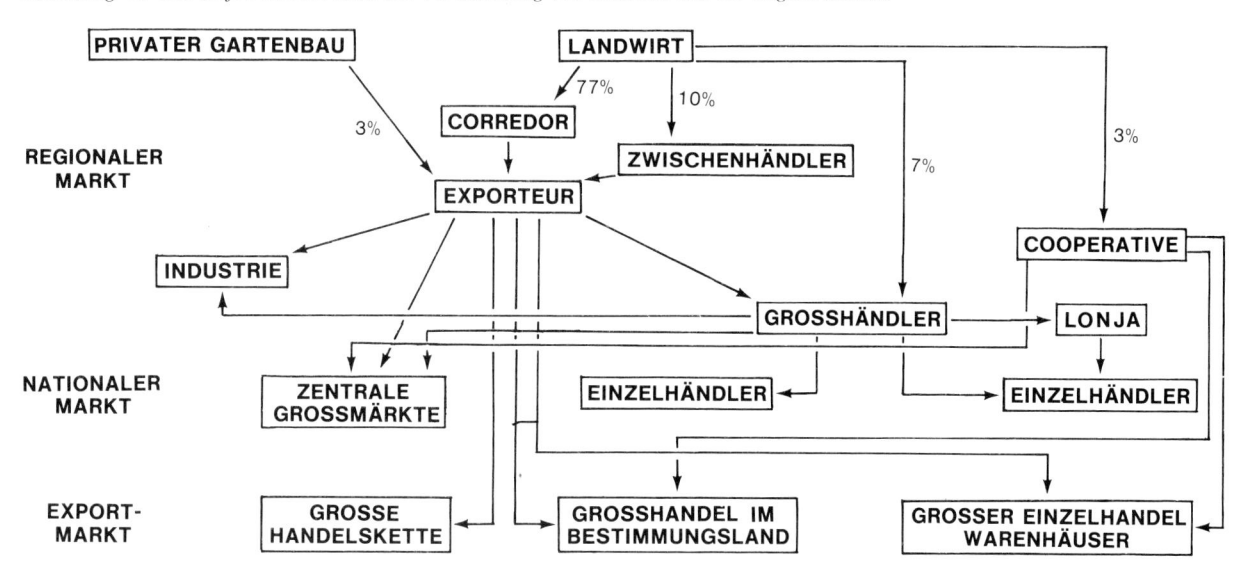

```
                PRIVATER GARTENBAU              LANDWIRT
                                                   77%    10%
                             3%    CORREDOR
REGIONALER                                      ZWISCHENHÄNDLER          7%                3%
MARKT
                                   EXPORTEUR                                        COOPERATIVE

             INDUSTRIE
                                                        GROSSHÄNDLER ──── LONJA
NATIONALER
MARKT           ZENTRALE          EINZELHÄNDLER                          EINZELHÄNDLER
             GROSSMÄRKTE

EXPORT-         GROSSE             GROSSHANDEL IM        GROSSER EINZELHANDEL
MARKT        HANDELSKETTE          BESTIMMUNGSLAND           WARENHÄUSER
```

Quelle: Azarbe 1982, verändert

bäuerliche Betriebe unter Vertrag genommen. Die vertikale Integration innerhalb der Firmen z. B. durch den Einschluß der industriellen Verarbeitung der Produkte sind, wie die extraregionale oder internationale Kapitalbeschaffung und Plazierung von Tochter- bzw. Vertriebsunternehmen, weitere wichtige Merkmale der dem Agrobusiness zuzurechnenden Unternehmen.

Für die mit den beschriebenen Großunternehmen konkurrierenden bäuerlichen Landwirte gewinnt der Zusammenschluß zu Erzeugergemeinschaften (als S.A.T. oder Kooperative) seit dem Beitritt Spaniens zur EG eine entscheidende Bedeutung. Dabei geht es zum einen darum, durch horizontale Integration die Stellung als Anbieter auf dem Markt zu verbessern. Zum anderen versuchen die S.A.T. und Kooperativen, durch Übernahme der Sortierung, Veredelung und Verpackung ein verkaufsfähiges Produkt der zweiten Vermarktungsstufe anzubieten und damit – besonders im Exportgeschäft – Einfluß auf die Großhandelspreisbildung zu gewinnen. In diesem Zusammenhang ist die A.C.A.M., die erste 1988 in der Region Murcia gegründete Genossenschaft der zweiten Stufe, zu nennen. Sie umfaßte 1990 16 Genossenschaften der ersten Stufe und 4 S.A.T.; ihre Aufgabe ist es, die Zersplitterung auch des kooperativen Angebots und damit die Schwäche der Markposition der Kooperativen zu reduzieren. Während die einzelnen Kooperativen ihre Funktion als Exporteure behalten, versucht die A.C.A.M., durch Koordination der auf den Markt gelangenden Mengen und der Preisbildung, den Einfluß der in ihr organisierten Landwirte auf die zweite Vermarktungstufe zu erweitern. Dabei werden ergänzend wichtige Dienstleistungen wie Abwicklung der Exportprozeduren, technische Beratung mit Vermittlung der aus der Marktbeobachtung stammenden Erfordernisse an die Produzenten, Zahlungsabwicklung und Zusammenfassung des Angebots unter einer einheitlichen Handelsmarke mit spezifizierten Qualitätsanforderungen übernommen. Konzeptionell entspricht die Aufgabenstellung der A.C.A.M. jener des C.R.I.F.E.L. in Avignon. Gemeinsam sind beiden die Förderung aus den Programmen der EG zur Verbesserung der Absatzorganisation wie die Probleme hinsichtlich der Akzeptanz seitens der in den kooperativen zusammengeschlossenen Landwirte.

Abgesehen von der letztlich auf agrarstrukturpolitische Entscheidungen zurückgehenden Gründung der A.C.A.M. konnten sich in bei den vergangenen Jahrzehnten auch aus der Initiative der Landwirte heraus Produzentenvereinigungen (A.P.A. = *Agrupaciones de Productores Agrarios*) bilden, die in Teilregionen eine Modernisierung des Absatzsystems in Gang gesetzt haben. Dabei geht es fast ausschließlich um die Organisation des Exportes; regional konzentrieren sich die neu gegründeten Erzeugergemeinschaften auf die neu erschlossenen Bewässerungsgebiete um Lorca, die Tomatengewächshauskulturen von Aguilas und Mazarron, sowie auf den intensiv genutzten Teil des Campo de Cartagena mit den Schwerpunkten Torre-Pacheco und San Javier. An den letztgenannten Standorten bilden die S.A.T. und eine Kooperative die notwendige Voraussetzung für die Absatzorganisation der marktorientiert produzierenden Nebenerwerbslandwirtschaft. Die Beziehungen zwischen Produktion und kooperativer Absatzorganisation im Campo de Cartagena sind durch intensive Rückkoppelungseffekte gekennzeichnet. Am Beispiel der Ausweitung der Salatproduktion konnte die kurzfristig einsetzende Reaktion der Produzenten auf neue Chancen am Markt verdeutlicht werden.

Insgesamt ist davon auszugehen, daß der durch Erzeugergemeinschaften vermarktete Teil der Produkte des Obst- und Gemüsebaus der Region Murcia steigen wird. Er beträgt derzeit etwa 22 % bei der Zitrusproduktion und 9 % im Gemüsebau.

Angesichts des geringen Anteils der Erzeugergemeinschaften an der regionalen Produktion von Obst und Gemüse erscheint es notwendig, ihre innovatorische Bedeutung kritisch zu würdigen. Dies gilt zum einen hinsichtlich ihrer regionalen und produktspezifischen Konzentration (Abbildung 10) auf wichtige Anbaugebiete und Exportprodukte, zum anderen in bezug auf die gemeinsame Agrarpolitik der EG, welche den Erzeugergemeinschaften neue Entwicklungsmöglichkeiten und zusätzliche Aufgaben zuweist. Die vorhandenen A.P.A. (S.A.T. und Kooperativen) können, sofern sie in den EG-Reglements definierte Vorbedingungen erfüllen, als Erzeugergemeinschaften mit Marktordnungsfunktionen (O.P.F.H.) anerkannt werden; neben den üblichen Dienstleistungen der Erzeugergemeinschaften für ihre Mitglie-

*Abbildung 10: Anteile des durch Erzeugergemeinschaften organisierten Absatzes ausgewählter Produkte der Intensivkulturen in der Region Murcia 1987*

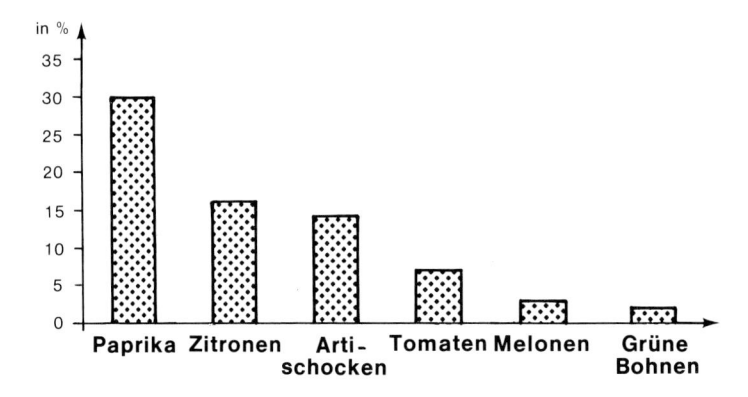

*Quelle: J. COLINO et al. 1989*

der obliegt ihnen dann die Konzentration des Angebotes zur Beeinflussung des Großhandelspreises, die Durchsetzung der EG-Qualitätsnormen und die Auslösung sowie Durchführung von Interventionen zur Marktstützung (Festsetzung des Interventionspreises, Entschädigung für aus dem Markt genommene Warenmengen). Insbesondere die Einbeziehung der durch chronische Überproduktion gekennzeichneten Zitronenkulturen in das Regelment der Marktordnung hat zu einem raschen Anstieg der Zahl der O.P.F.H. (1986 – 89: Verdoppelung auf 22), ihrer bäuerlichen Mitglieder (1986: 1.430; 1989: 3.870) und der Produktmengen (1986: 74.500 t, 1989: 218.800 t, davon 44 % Zitrusfrüchte) geführt (vgl. GARCIA MENGUAL / QUESADA GIL 1990, S. 218). Die aus dem Markt genommenen Produktionsmengen an Zitronen beliefen sich 1987 / 88 auf 28.029 t und 1988 / 89 auf 19.878 t bzw. auf 32 % und 22 % der auf Spanien insgesamt entfallenden zurückgehaltenen Produktionsmenge. Die hohe Attraktivität der Teilhabe an den Vorteilen der Absatzgarantie zu Interventionspreisen hat dazu geführt, daß sich die innere Struktur der O.P.F.H. zu ändern beginnt. Waren 1986 noch im Durchschnitt 105 Landwirte Mitglieder einer O.P.F.H. (COLINO SUEIRAS 1989, S. 183), so hat sich deren durchschnittliche Mitgliederzahl bis 1989 auf 176 erhöht. Dem ursprünglich innovationsorientierten Selektionsprinzip des Beitritts steht nunmehr die Teilhabe an den Subventionsmechanismen der Preisstützung als Beitrittsmotiv gegenüber. Hinzu tritt ein steigendes Maß an Heterogenität der wirtschaftlichen Leistungskraft der Erzeugergemeinschaften. Die Neugründungen haben überwiegend Umsätze in den unteren Größenklassen zu verzeichnen. Es ist daher nicht auszuschließen, daß mittelfristig eine ökonomische Restrukturierung und Konzentration für die Erzeugergemeinschaften der Region Murcia ansteht.

# Literatur

ANDRES SARASA, J. L.: Los Nuevos Regadios en los Campos Litorales. In: El Campo, 105, 1987, S. 41 – 45. *(1987 a)*

ANDRES SARASA, J. L: La Agricultura de Grupo en la Region de Murcia. In: El Campo, 105, S. 91 – 94. *(1987 b)*

AZARBE: Canales y Fluyos de Comercializacion, Bd. II u. III. Murcia 1982.

BOX AMOROS, M.: El trasvase Tajo-Segura. – In: A. GIL OLCINA und A. MORALES GIL (Hrsg.): Demanda y Economia del Agua en Espana, Alicante 1988, S. 277 – 286.

BREUER, T.: Spanien. Stuttgart $^2$1987.

BRUN, R. und CODRON, J.M.: L'Explosion des Production Légumières en Espagne – Une Concurrence Certaine pour les Serristes Français. Montpellier 1984.

CALVO GARCIA-TORNEL, F.: Le Bassin du Segura: Une Expansion Problématique de l'Irrigation dans le Sud-Est de l'Espagne. In: Revue Géographique des Pyrénées et du Sud-Ouest, Tome 55, 1984, S. 477 – 494.

CALVO GARCIA-TORNEL, F.: Las Actividades Economicas y las Ciudades. – In: F. LOPEZ BERMUDES et al. (Hrsg.): Geografía de la Region de Murcia. Barcelona 1986, S. 146 – 203.

CALVO GARCIA-TORNEL, F..: Geografía Humana de Murcia. Barcelona 1989 (Chorographica Iberica, Bd. 7).

C.E.V.I.S.E. (Hrsg.): L'Etonnante Repartition des Aides à l'Agriculture entre les Régions. Pelisanne 1988.

COLINO SUEIRAS, J. et al.: La Agricultura Murciana 1973 – 1987. Murcia 1989.

CONESA GARCIA, C: Evolucion Reciente del Regadio de Lorca. – In: A. GIL OLCINA und A. MORALES GIL (Hrsg.): Demanda y Economia del Agua en Espana, Alicante 1988, S. 365 – 378.

*Consejeria de Agricultura, Ganaderia y Pesca, Region de Murcia* (Hrsg.): Memoria 1987 / 1988. Murcia 1989.

*Consejeria de Agricultura, Ganaderia y Pesca, Region de Murcia (Hrsg.):* Estadistica Agraria Regional 1988. Murcia 1991.

DAUMAS, M.: L'Horticulture Espagnole à l'Heure de la Communauté Economique Européenne. Montpellier 1990.

D.R.A.F. - P.A.C.A. (Hrsg.): Le Négoce Provençal. o. O. (Avignon) 1988.

DURBIANO, C. : Les Marchés de Production de Fruits et Légumes dans le Sud-Est. In: Etudes Rurales, 78 – 80, 1980, S. 69 – 90.

ESTUDIS: Estudio de Viabilidad para la Realizacion de una Operacion Integrada de Desarrollo en la Region de Murcia. Barcelona 1989.

GARCIA MENGUAL, R.A. und QUESADA GIL, R.: Cuatro Anos de Integracion en la C.E.E. de la Agricultura Murciana. Murcia1990.

GOMEZ FAYREN, J.: El Cultivo del Tomate, Pimiento, Melon y Alcachofa. In: El Campo, 105, 1987, S. 54 – 56.

GOMEZ FAYREN, J.: El Asociacionismo Agrario en la Region de Murcia: Impactos Geograficos del Sector Hortalizas. *Manuskript (MS, V. Collque Nacional del Geografía Agraria 1990).*

GUEDES, M.:La Modernisation de L'Agriculture en Espagne: Quelques Questions. In: Revue Géographique des Pyrénées et du Sud-Ouest, Tome 58, 1987, S. 161 – 183.

HUDAULT, J.: Droit Rural – Droit de l'Exploitation Agricole. Paris 1987.

HUETZ DE LEMPS, A.: L'Economie de l'Espagne. Paris, Milan, Barcelone, Mexico1989.

I.N.S.E.E. (Hrsg.): Statistiques et Indicateurs de Region Française. Paris 1985 (Le Collection de l'I.N.S.E.E. R. 59 / 60)

JAHN, H.-H.: Agrarsektor in Spanien. Analyse und Prognose des Angebotspotentials bei pflanzlichen Produkten. Hannover, Weihenstephan 1987.

MÖLLER, H.-G.: Agrarwirtschaftliche Probleme der Modernisierung der südfranzösischen mediterranen Landwirtschaft. In: Zeitschrift für Agrargeographie, 3, 1985, S. 207 – 241.

MONTIGAUD, J.: Las Estrategias de la Distribucion Agroalimentaria en la Europa de 1992 – El Caso de las Frutas y Hortalizas. Montpellier 1989 (Economie et Sociologie Rurales 88).

MONTIGAUD, J. et al.: Le Marché des Fruits et Légumes: Les Nouvelles Conditions de la Concurrence. Montpellier1989.

PLETSCH, A.: 25 Jahre moderne Bewässerung in Südfrankreich. Versuch einer kritischen Bilanz. In: Erlanger Geographische Arbeiten, Sonderband 17, 1986, S. 29 – 52.

PLETSCH, A.: Frankreich. Stuttgart1987.

*Region de Murcia*: Programa de Desarollo Regional de Murcia. Murcia1989.

*Region de Murcia: Anuario Estadistico de la Region de Murcia. Murcia1990.*

*Region Provence-Alpes-Côte d'Azur*: Contrat de Plan Etat / Région 1989 / 1993, o. O. (Marseille) 1989.

REPARAZ, A. de et al: Nouvel Atlas Rural de la Région Provence-Alpes-Côte d'Azur. 2 Bände. Aix-en-Provence. 1985.

RODRIGUEZ ESTRELLA, T.: Principales Caracterísicas Hydrogeologicas en la Region de Murcia. In: El Campo, 105, 1987, S. 26 – 32.

SANTOYO CORTES, V. H.: La Production et la Mise en Marché des Légumes de Provence Face aux Echéances Européennes. Diss. Geographie, Université d'Aix-Marseille II. Aix-en-Provence 1989.

WINDHORST, H.-W.: Die Industrialisierung der Landwirtschaft. Frankfurt a. M. 1989.

WOLKOWITSCH, M.: Provence-Alpes-Côte d'Azur. Paris 1984.

## Abkürzungen

A.C.A.M.: *Agrupacion de Cooperativas Agrarias del Mediterraneo*
A.P.A.: *Agrupacion de Productores Agrarios*
C.E.A.F.L.: *Comité Economique Agricole Fruits et Légumes*
C.E.V.I.S.E.: *Comité Economique des Vins du Sud-Est*
C.R.I.F.E.L.: *Comité Régional Interprofessionel Fruits et Légumes*
D.D.A.F.: *Direction Départementale de l'Agriculture et de la Forêt*
D.R.A.F.: *Direction Régionale de l'Agriculture et de la Forêt*
E.A.G.F.L.: *Europäischer Ausrichtungs- und Garantiefonds Landwirtschaft*
F.E.D.E.R.: *Fonds Européen de Développement Régional*
F.E.O.G.A.: *Fonds Européen d'Orientation et de Garantie Agricole*
F.S.E.: *Fonds Social Européen*
I.A.A.: *Industries Agricoles et Alimentaires*
I.N.S.E.E.: *Institut National de la Statistique et des Etudes Economiques*
I.R.Y.D.A.: *Instituto Nacional de Reforma y Desarrollo Agrario*
O.N.F.L.H.O.R.: *Office National Interprofessionel des Fruits, des Légumes et de l'Horticulture*
O.N.I.VINS: *Office National Interprofessionel des Vins*
O.P.F.H.: *Organizacion de Productores de Fruta y Hortalizas*
P.A.C.A.: *Provence - Alpes - Côte d'Azur*
P.I.M.: *Programme Intégré Méditerranéen*
P.L.M.: *Paris-Lyon-Marseille*
R.G.A.: *Recensement Général Agricole*
S.A.T.: *Sociedad Agraria de Transformacion*
S.E.N.P.A.: *Servicion Nacional de Productos Agrarios*
S.I.C.A.: *Société d'Intérèt Collectif Agricole*

**Priv. Doz. Dr. Hans-Georg Möller**
Universität Hannover, Abt. Kulturgeographie
Schneiderberg 50, 30167 Hannover

Ernst Struck

# Die Bewässerungslandwirtschaft der Türkei

## Die Entwicklung der Landwirtschaft

Das landwirtschaftlich genutzte Areal hatte im Jahre 1950 einen Anteil von nur etwa 20 % an der Gesamtfläche des türkischen Staatsgebietes. In den folgenden zehn Jahren konnte es durch die überaus rasche Mechanisierung auf knapp 31 % erweitert werden, wobei die gesamte agrarische Nutzfläche um 58 % und das Ackerland um 56 % zunahm[1]. Fast 5,5 Millionen ha Ackerland wurden hinzugewonnen, indem man vor allem die trockenen inneranatolischen Becken für den Getreideanbau erschloß. Bereits zu Beginn der 60er Jahre war damit praktisch die Grenze der Ausdehnungsmöglichkeiten erreicht. So erhöhte sich der Anteil des Agrarlandes an der Gesamtfläche in den folgenden 20 Jahren nur noch um knapp 4 % (auf insgesamt 35 %), so daß 1979 mit 28,6 Mio. ha die größte Nutzfläche zur Verfügung stand. Seitdem ist sie geschrumpft und hat heute denselben Umfang wie Mitte der 70er Jahre; das ist sicherlich vor allem eine Folge der zunehmenden Erosionsschäden, der Landflucht (Flurwüstungen und Abwanderungsbrache, vgl. STRUCK 1984) und dem Verzicht auf wenig produktive Böden (für 1988 siehe Tabelle 1; agrarische Nutzfläche 1990: 27,86 Mio. ha).

Die Steigerung der Agrarproduktion durch die flächenhafte Expansion wurde seit den 60er Jahren von der Intensivierung des Anbaus abgelöst. Die Verwendung von Kunstdünger stieg beständig an (1970: 2,2 Mio. t; 1980: 5,97 Mio. t); hinzu traten die Verwendung von trockenresistenten Hochertrags-Weizensorten, die Verbesserung der Fruchtfolgesysteme und die Ausweitung des Bewässerungslandes. Die Produktivität erhöhte sich dadurch bei nahezu allen Nutzpflanzen. Noch in den letzten zehn Jahren (1980 – 90) stieg z. B. der durchschnittliche Flächenertrag des Weizens von 1.829 auf 2.116 kg / ha, also um 16 %, des Mais' um 92 %, sowie der Kartoffeln und der Baumwolle um 37 % an. Hinzuweisen ist auf die regional sehr unterschiedliche Entwicklung. So haben die Weizenerträge, trotz der gesamttürkischen Ertragssteigerung, in einigen ostanatolischen Provinzen zwischen 1975 und 1984 *abgenommen* (vgl. STRUCK 1987, Abbildung 8).

Die Türkei muß zur Versorgung ihrer Bevölkerung, die immer noch jährlich um 2,17 % wächst (1985 – 90), die Agrarproduktion weiter steigern, will sie in Zukunft nicht mehr und mehr von Lebensmittelimporten abhängig werden. Eine Ausdehnung der landwirtschaftlichen Flächen ist ganz offensichtlich

*Tabelle 1: Die Flächennutzung, die bewässerbaren Böden und die aktuellen staatlichen und privaten Bewässerungsflächen der Türkei (DSI 1988)*

| Türkei 77.954 in Tausend Hektar | | | | | |
|---|---|---|---|---|---|
| Weideland | Wald, Busch | LNF | Siedlungsflächen | Ödland | Sumpf |
| 21.746 | 23.468 | | 509 | 3.360 | 1.103 |
| landwirtschaftliche Nutzfläche 27.699 | | | | | |
| bewässerbare Böden 23.305 | | | | | |
| Ovaböden Neigung unter 6° 16.512 | | | Geneigte Böden Neigung 6° – 12° 8.794 | | |
| ökonomisch sinnvolle Bewässerungsfläche 8.500 | | | | | |
| mit Oberflächenwasser 7.900 | | | mit Grundwasser 600 | | |
| in Nutzung 3.259 | | | in Nutzung 409 | | |
| staatliche Bewässerung 2.259 | | private Bewässerung 1.000 | staatliche Bewässerung 329 | | private Bewässerung 80 |

---

1) Die Mechanisierung wurde mit dem Import amerikanischer Traktoren vorangetrieben: von 1948 bis 1952 stieg ihre Zahl von 2.000 auf 31.400 an (4.7.1948 Vertrag über die wirtschaftliche Zusammenarbeit, *Marshal Aid Program*).
Agrarische Nutzfläche 1950: 16 Mio. ha, 1960: 25,3 Mio. ha. Die türkische Staatsfläche wird mit 81,458 Mio. ha angegeben (*real surface area*).

*Abbildung 1: Die mittlere Verteilung der Niederschläge (aus HÜTTEROTH 1982)*

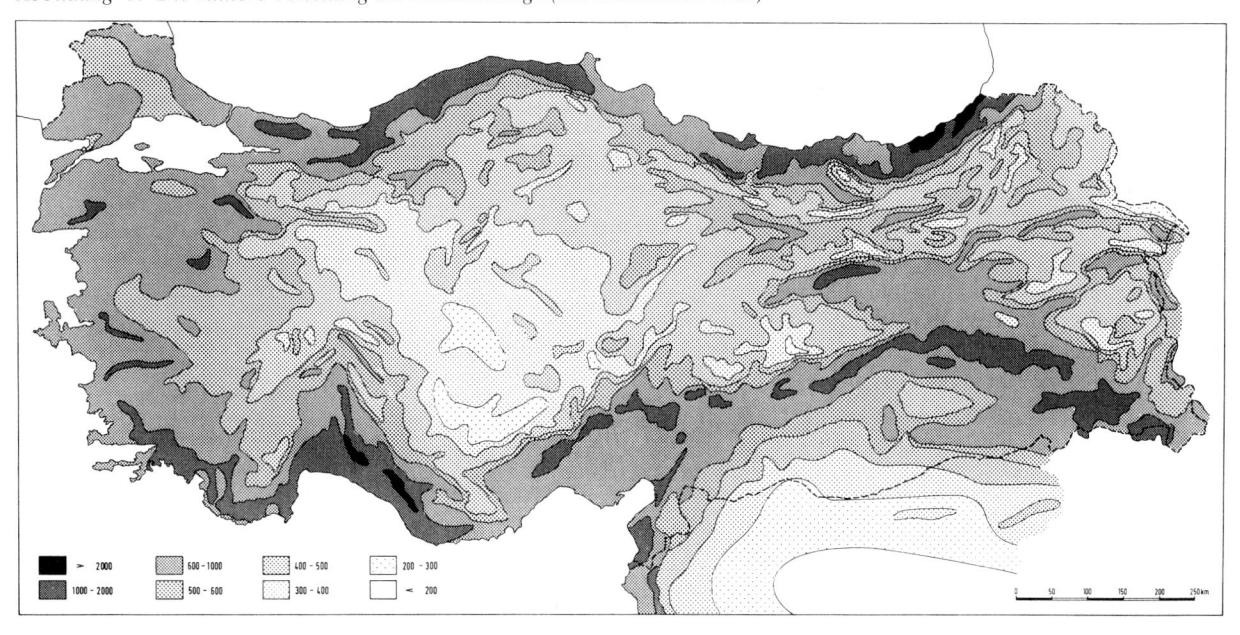

kaum mehr möglich, und auch die Anwendung der künstlichen Düngung stößt an ihre Grenzen. Ein wesentlicher Anstieg der Agrarproduktion kann – sieht man von der Gentechnologie ab – nur noch durch eine Vergrößerung des Bewässerungslandes herbeigeführt werden. Dies wird zum einen durch unzählige private Brunnen erreicht, die – wie z. B. an der Südküste – den Anbau von Gemüse in Treibhäusern gestatten (vgl. STRUCK 1990; HAVERSATH, STRUCK 1987), zum anderen durch staatliche Bewässerungsmaßnahmen, welche Wasser für große Flächen zur Verfügung stellen. Das spektakulärste Großprojekt, das ‚Güney Anadolu Projesi' (GAP), durch das bis zum Jahre 2005 zusätzlich 1,6 Millionen ha Bewässerungsland erschlossen werden sollen, ist in Südostanatolien im Bau (Atatürk-Staudamm und 20 weitere Staudämme).

## Die Entwicklung der Bewässerung

In der Türkei waren die Bauern nirgends vollständig auf die Bewässerung ihrer agrarischen Nutzflächen angewiesen, obwohl in einem großen Teil Inneranatoliens und in einzelnen Becken des Ostens der mittlere Jahresniederschlag nicht einmal 400 mm erreicht (Abbildung 1). Entscheidend für die Verteilung der Niederschläge und des fließenden Wassers ist die besondere orographische Gliederung der Türkei. Sie ist extrem kleingekammert: Gebirge, Plateaulandschaften und die ebenen Beckenlandschaften, die *Ovas*, wechseln auf engem Raum miteinander ab. Die Kernräume der Landwirtschaft Anatoliens sind die Ovas, die in ihrem Zentrum in der Regel eine Schwemmlandebene besitzen und von deren Umrahmungen die Gewässer zum Teil steile Schwemmfächer ins Innere aufgeschüttet haben. An ihren Rändern haben sich die ländlichen Siedlungen und auch die Städte entwickelt, nur hier hat ausreichend Wasser aus den höheren, besser beregneten Gebirgen zur Verfügung gestanden. So wurden die Siedlungen ganz überwiegend in Schutzlage am unmittelbaren Austritt eines Baches aus dem Gebirge angelegt, während das Bewässerungswasser für Baumkulturen, Getreide und Gemüse durch einfache Kanäle bzw. Gräben über die Schwemmkegel auf kleinste Parzellen verteilt wurde.

Mit dem Bevölkerungsdruck, der *flächenhaften* Besiedlung und ackerbaulichen Nutzung in diesen Beckenebenen in der zweiten Hälfte des letzten Jahrhunderts wurde die Trockenheit – bzw. die hohe Variabilität der Niederschläge – zum Problem. Die Niederschläge reichten in den innerantolischen Ovas, die abgesehen vom beschriebenen Gartenland, bis dahin als extensive Weide genutzt worden waren, in vielen Jahren für den Getreidebau nicht mehr aus. Die Hungersnot von 1873 / 74 forderte noch etwa 250.000 Opfer, während die Mißernten von 1928, 1932, 1935, 1945 und 1948 weniger krasse Folgen hatten, weil die Bevölkerung, wegen der modernen verkehrsmäßigen Erschließung, nun von außen mit Nahrungsmitteln versorgt werden konnte (vgl. HÜTTEROTH 1982, S. 124 – 127, und dort die Karte zu den Dürregebieten von Erol Tümertekin).

Das Bewässerungsland der Ovas beschränkte sich ursprünglich auf die Schwemmfächer. Außerhalb von ihnen, in den Tallandschaften, wurde und wird Bewässerungsland durch das hangparallele Ableiten von Fluß- und Bachwasser gewonnen. Von den Mutterkanälen können in den Talsohlen die Parzellen mit Wasser versorgt werden. Pappeln zur Brenn- und Bauholzversorgung reihen sich entlang der Kanäle auf. Sie markieren ihren Verlauf und umgrenzen gleichzeitig recht auffällig das Bewässerungsgebiet (Bild 1). Trotz des insgesamt geringen Umfangs der Bewässerungsflächen ist gerade in Zentral- und ganz besonders in Ostanatolien der Wert dieser Ackerparzellen nicht zu unterschätzen. Nur hier bietet sich die Möglichkeit, Sommerfrüchte, vor allem Gemüse, zu ziehen und zur besseren Versorgung des Viehs Futterpflanzen anzubauen (als Beispiel siehe Abbildung 2).

Neben den Formen der Rieselbewässerung, die das natürliche Gefälle nutzen, gibt es, vor allem entlang der großen Flüsse auch Bewässerungsflächen, auf die das Flußwasser mit technischen Geräten gehoben werden muß. Dies geschah noch bis in die 60er Jahre mit hölzernen Wasserrädern, die durch die Strömung angetrieben wurden; sie sind inzwischen überall durch

*Bild 1: Traditionelles Bewässerungsland mit Pappelpflanzungen entlang der Bewässerungskanäle (Erdgräben) in Inneranatolien (Aufnahme E. Struck)*

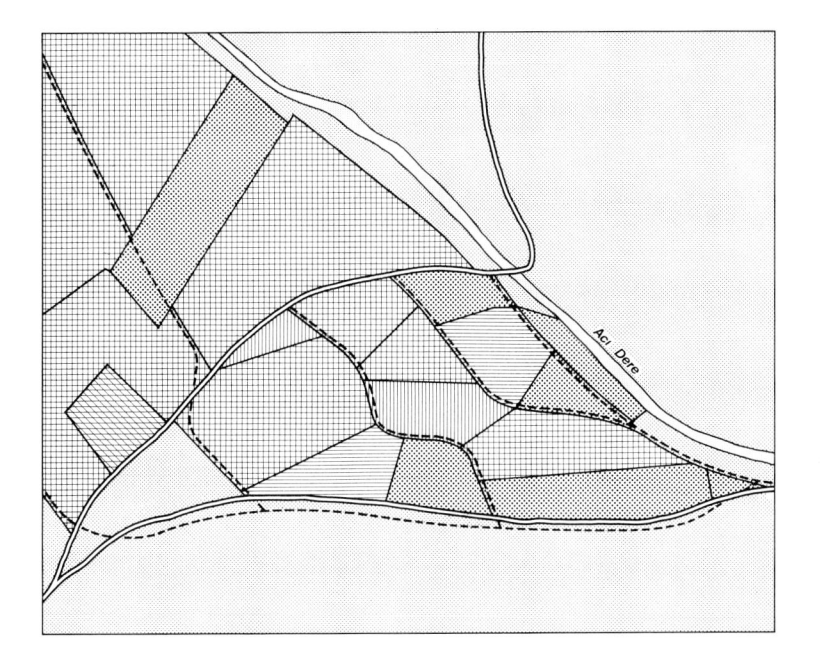

*Abbildung 2: Bewässerungsparzellen eines Dorfes im ostanatolischen Gebirgsland (Provinz Sivas; nach STRUCK 1984)*

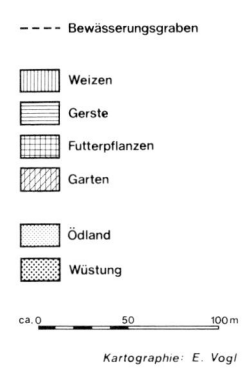

- - - - Bewässerungsgraben

Weizen

Gerste

Futterpflanzen

Garten

Ödland

Wüstung

ca. 0    50    100 m

Kartographie: E. Vogl

moderne, kostenintensive Motorpumpen abgelöst worden.

Eine großflächige Bewässerung entwickelte sich im gesamten Nahen Osten erst nach 1908, als die Osmanische Regierung mit der Anatolischen Eisenbahngesellschaft einen Vertrag über die Durchführung eines Bewässerungsprojektes von 53.360 ha in der Konya-Ebene abschloß, das unmittelbar an der Bagdadbahn liegen sollte. Die deutschen Unternehmen – Hauptkonzessionär war die Deutsche Bank – besaßen die Ausnutzungs- und Verarbeitungsrechte aller Rohstoffe in einem Streifen von 20 km beidseits der Bahntrasse; mit der Intensivierung der Landwirtschaft, insbesondere der Steigerung der Getreideproduktion und der Einführung der Baumwolle, wollte man die Transportgewinne nachhaltig erhöhen. Das Bewässerungswasser sollte aus dem Taurus herangeführt werden, wozu der abflußlose Beysehirsee angezapft und der karstische Abfluß des Suglasees unterbrochen wurde. Über Talsperren konnte dann die Çumra-Ebene beständig mit ausreichend Wasser versorgt werden (Abbildung 3, im Süden). „Diese Arbeit leistete mit glänzendem Erfolg die deutsche Firma Philipp Holzmann, A.-G., Frankfurt a. M., und bereits 1912 waren über 40.000 ha bisher sterilen Steppenlandes der Bebauung erschlossen ... eine Großtat deutscher Kulturarbeit und Ingenieurtechnik" (FREY 1925, S. 264). Ulrich Frey berichtet weiter, daß im selben Jahr reiche Ernten an Gemüse und Getreide (namentlich Gerste) einen bedeutenden Export über die Bahnstation von Çumra ermöglichte. Für die deutschen Investoren ergab sich bis zur Verstaatlichung der Bahnen 1923 damit ein wirtschaftlicher Erfolg.

Da man keine Erfahrung mit der Bewässerung in Trocken-

*Abbildung 3: Das Çumra-Bewässerungsgebiet in der Konya-Ebene (nach SPÄTH 1974 und HÜTTEROTH 1982)*

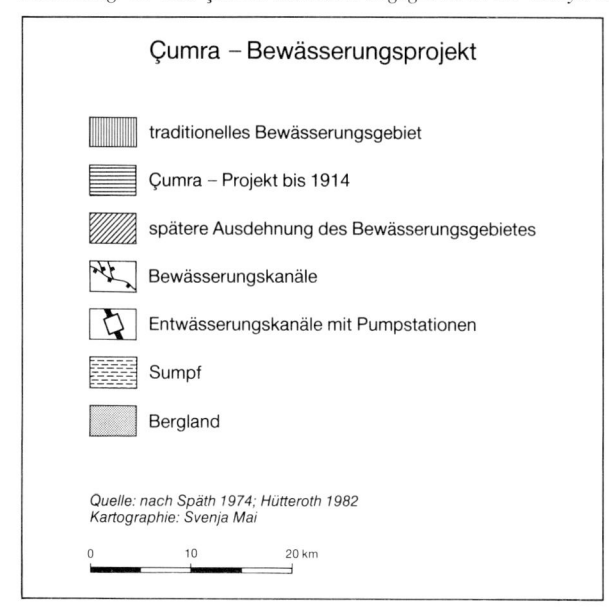

**Çumra – Bewässerungsprojekt**

- traditionelles Bewässerungsgebiet
- Çumra – Projekt bis 1914
- spätere Ausdehnung des Bewässerungsgebietes
- Bewässerungskanäle
- Entwässerungskanäle mit Pumpstationen
- Sumpf
- Bergland

Quelle: nach Späth 1974; Hütteroth 1982
Kartographie: Svenja Mai

0   10   20 km

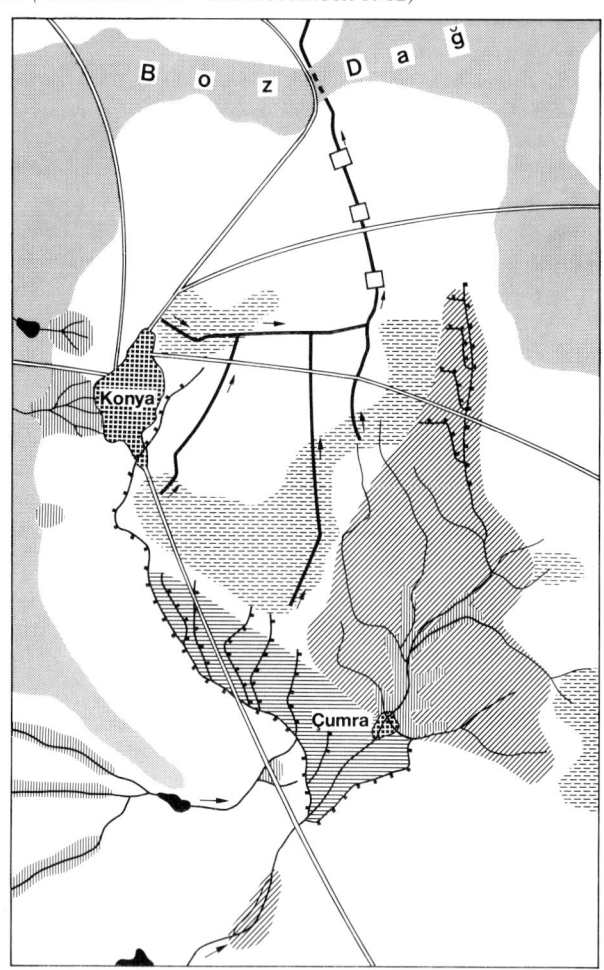

räumen hatte, fielen nach und nach Flächen wegen Versalzung aus. Das Bewässerungsprojekt war in einer abflußlosen Ova angelegt worden, wo sich durch die Berieselung selbst und durch den Wasserverlust in den Erdgräben der Grundwasserstand erhöhte und der kapillare Wasseraufstieg zunahm. Man lernte aus diesen Erfahrungen, betonierte die Kanäle aus und legte ein Drainagenetz an (Abbildung 3, vgl. auch Abbildung 6). Das überschüssige Wasser wird mit Pumpen gehoben und durch einen Tunnel (Boz Dag) nach Norden in den großen Salzsee (Tuz Gölü) geleitet (vgl. SPÄTH 1974, HÜTTEROTH 1982). Im Çumra-Gebiet wurden 1987 insgesamt 65.300 ha Bewässerungsland bewirtschaftet, wobei die Flächen heute vor allem im Südosten und Norden erweitert werden (Bild 2, September 1992).

## Das Potential: Die Möglichkeiten der Bewässerung in der Türkei

Nicht das Wasser, sondern das Kapital ist für die türkischen Planer der Minimumfaktor. Geht es doch allein darum, genügend Wasser in den gut beregneten Gebirgen zu sammeln, zu speichern, und es, wegen der besonderen orographischen Struktur, zumeist nur über geringe Entfernungen zu transportieren (vgl. Abbildung 1). So sind bis 1988 insgesamt 175 Staudämme errichtet worden, von denen allein 1,6 Mio. ha landwirtschaftlicher Nutzfläche versorgt werden können. Weitere 26 Staudämme sind im Bau. Rechnet man das etwa gleichgroße Bewässerungsareal des GAP-Projektes im Südosten hinzu, so ergeben sich in 10 – 15 Jahren insgesamt etwa 4,2 Mio. ha staatlicher Bewässerungsfläche. Dies wären 15 % der aktuellen landwirtschaftlichen Nutzfläche aber erst knapp die Hälfte des unter den heutigen ökonomischen Bedingungen möglichen Bewässerungsareals, mit dem das staatliche Wasserwirtschaftsamt rechnet (Tabelle 1).

Ohne vorerst ökologische Probleme in Erwägung zu ziehen, zeigen die Untersuchungen, daß die zur Verfügung stehende Wassermenge einen noch weit größeren Bewässerungsanteil in der Landwirtschaft ermöglichen würde. Die Bodengüteerhebungen lassen den Schluß zu, daß insgesamt sogar 23,3 Mio. ha zu bewässern wären. Hiervon entfallen 71 % auf sogenannte Ova-Böden mit einem Gefälle von weniger als 6°. Legt man allein diese günstigen Böden von 16,5 Mio. ha zugrunde, so sieht die aktuelle Planung hiernach erst 51 % dieser Flächen für die Bewässerungslandwirtschaft vor (Tabellen 1 und 2).

Die höchsten Anteile der nur flachgeneigten Gunstböden (Ovaböden unter 6° Gefälle) ist in Inner- und Ostanatolien zu finden sind (Abbildung 4), wo sie entlang des Kızılırmak und des Euphrat (Firat) sowie im abflußlosen Konya-Becken, zusammen 39 % der Gesamtfläche einnehmen. Trotz des gewaltigen Potentials liegt hier aber die geplante Nutzung der möglichen Bewässerungsareale sehr niedrig: im Konyabecken (in Abbildung 4: Nr. 16) bei nur 12 % und im Einzugsgebiet des Kizilirmak (Nr. 15) bei 21 %. Am Euphrat sollen dagegen im Rahmen des GAP-Projektes 77 % dieser Böden bewirtschaftet werden (Nr. 21), und im äußersten Südosten, am Tigris (Nr. 26) sowie im Süden am Seyhan (Nr. 18), der die westliche Çukurova mit Wasser versorgt, werden die zukünftige Bewässerungsflächen sogar über die ausgewiesenen Gunstböden hinausgehen.

## Der aktuelle Stand der Bewässerungslandwirtschaft

Das von staatlicher Seite eingerichtete Bewässerungsland hat heute eine Bruttofläche von 1,61 Mio. ha mit einer zu bewässernden Fläche von 1,51 Mio. ha. Hiervon wurde 1987 genau 75 %, das sind 1,18 Mio. ha, tatsächlich bewässert. Damit hat sich das

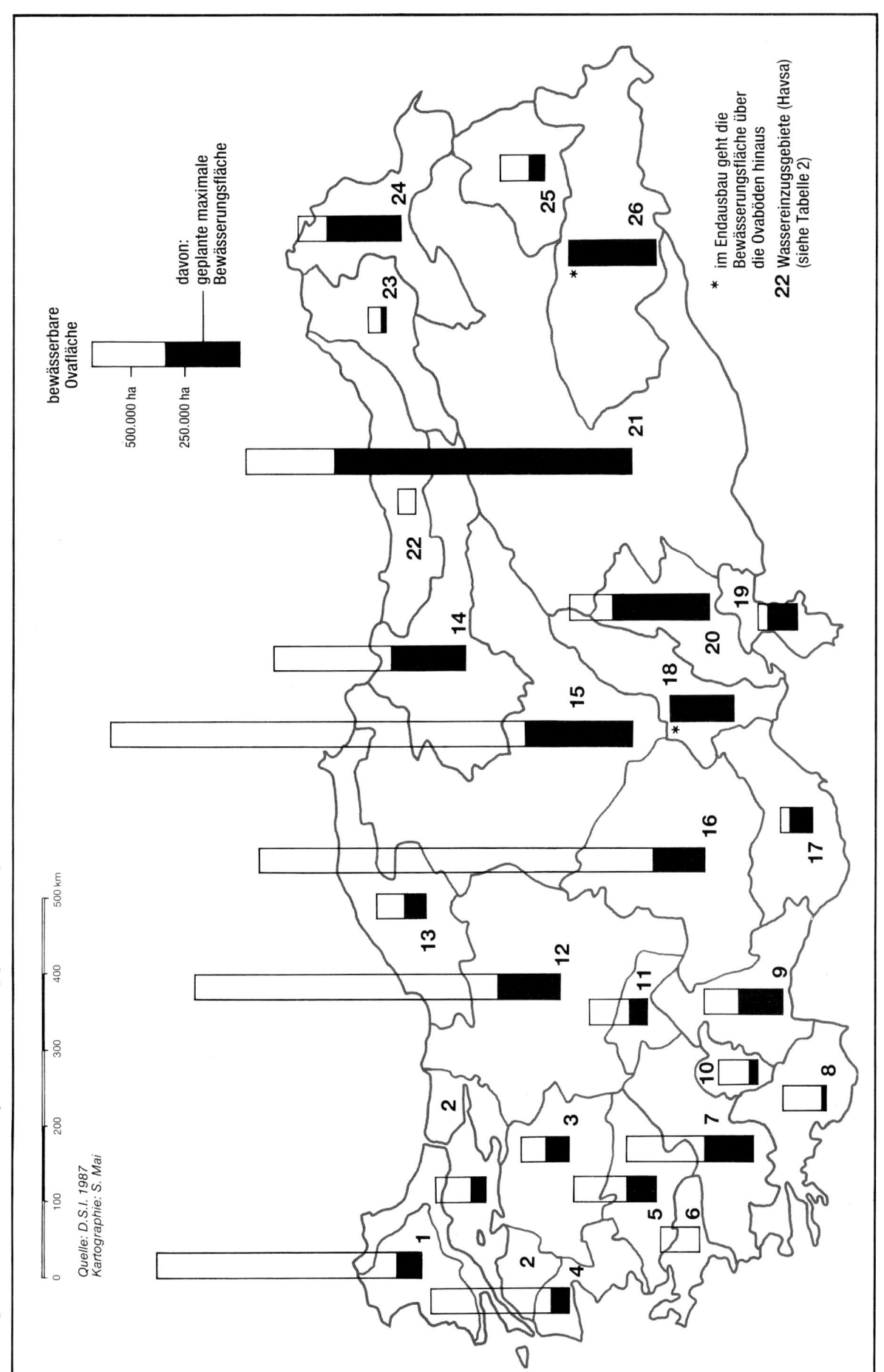

Abbildung 4: Die bewässerbaren Ovaflächen und ihre geplante Nutzung

Quelle: D.S.I. 1987
Kartographie: S. Mai

*Bild 2: Traditioneller Ziehbrunnen und Modernisierung und Erweiterung der Bewässerungseinrichtungen im Çumra-Gebiet (im Hintergrund: Ausbau des Hauptbewässerungskanals mit Fertigbetonteilen – vgl. Abbildung 3 : im nördlichen Bereich, östlich von Konya; Aufnahme E. Struck, September 1992)*

*Tabelle 2: Der regionale Anteil an der landwirtschaftlichen Nutzfläche, der bewässerbaren Böden und der geplanten Bewässerungsflächen (DSI 1988)*

| | Wassereinzugsgebiete *Havsa* zur Lage siehe Abbildung 4 | Anteil an der Gesamtfläche der Türkei % | Anteil an der landwirtschaftlichen Nutzfläche der Türkei % | Anteil an den bewässerbaren Ovaböden der Türkei % | Anteil an der geplanten Bewässerungsfläche der Türkei % |
|---|---|---|---|---|---|
| 1 | Meriç Ergene | 1,9 | 5,2 | 7,5 | 1,8 |
| 2 | Marmara | 3,1 | 1,2 | 1,5 | 1,2 |
| 3 | Susurluk | 2,9 | 2,0 | 2,4 | 2,9 |
| 4 | Nord-Ägäis | 1,3 | 3,4 | 3,9 | 1,4 |
| 5 | Gediz | 2,3 | 2,0 | 2,4 | 2,1 |
| 6 | Kleiner Menderes (Mäander) | 0,9 | 0,8 | 1,1 | .. |
| 7 | Großer Menderes (Mäander) | 3,2 | 3,0 | 3,6 | 3,7 |
| 8 | Westliches Mittelmeer | 2,7 | 1,2 | 1,3 | 1,4 |
| 9 | Antalya | 2,5 | 1,7 | 2,2 | 3,3 |
| 10 | Burdur-Seen | 0,8 | 0,8 | 1,1 | 0,7 |
| 11 | Akarçay | 1,0 | 1,2 | 1,7 | 1,2 |
| 12 | Sakarya | 7,5 | 7,8 | 10,3 | 4,6 |
| 13 | Westliches Schwarzes Meer | 3,8 | 1,5 | 1,4 | 1,6 |
| 14 | Yeşilırmak | 4,6 | 5,0 | 5,5 | 5,6 |
| 15 | Kızılırmak | 10,0 | 13,2 | 14,8 | 8,0 |
| 16 | Konya (abflußlos) | 6,9 | 10,1 | 12,8 | 4,0 |
| 17 | Östliches Mittelmeer | 2,8 | 0,8 | 0,9 | 1,7 |
| 18 | Seyhan | 2,6 | 1,8 | 1,9 | 6,8 |
| 19 | Asi | 1,0 | 1,7 | 1,1 | 2,0 |
| 20 | Ceyhan | 2,8 | 2,8 | 4,1 | 7,4 |
| 21 | Firat (Euphrat) | 16,3 | 18,5 | 11,0 | 22,2 |
| 22 | Östliches Schwarzes Meer | 3,1 | 2,8 | 0,5 | .. |
| 23 | Çoruh | 2,6 | 0,6 | 0,5 | 0,4 |
| 24 | Aras | 3,5 | 3,0 | 3,0 | 5,7 |
| 25 | Van (abflußlos) | 2,5 | 0,9 | 1,2 | 1,1 |
| 26 | Dicle (Tigris) | 7,4 | 7,3 | 2,5 | 9,3 |

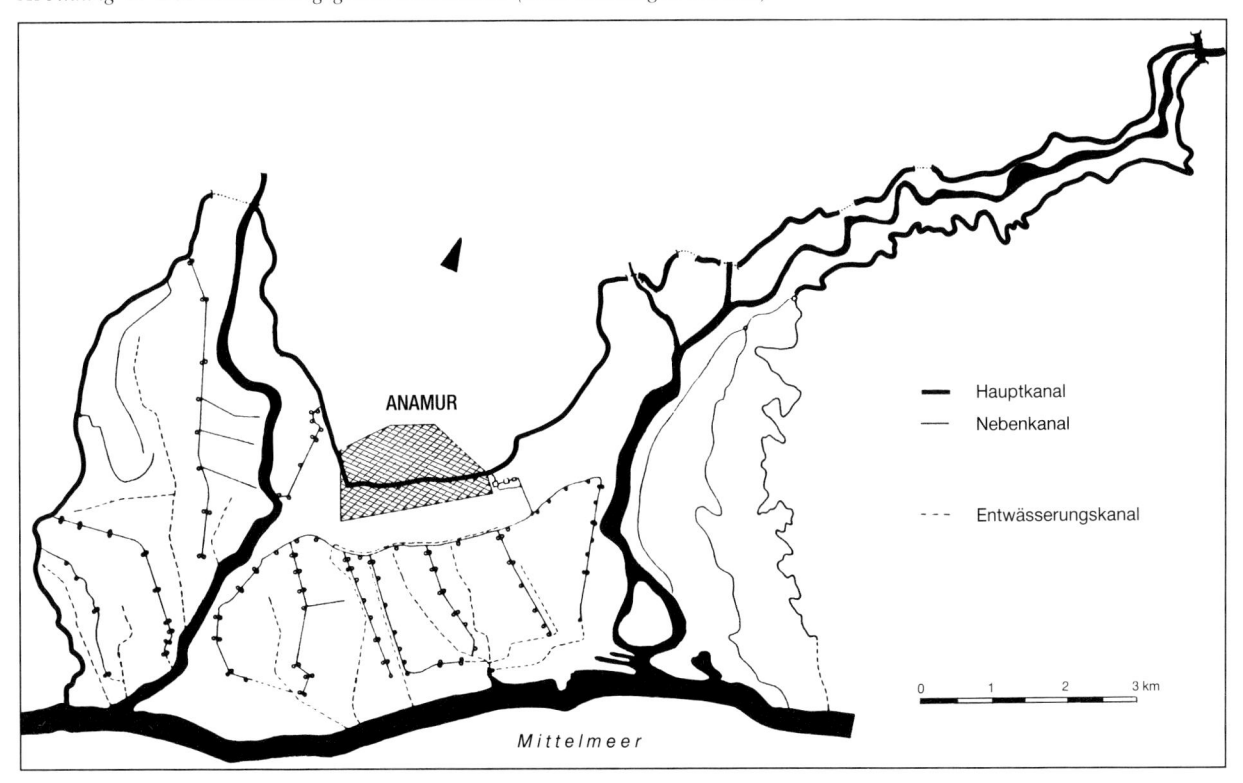

*Abbildung 5: Das Bewässerungsgebiet von Anamur (nach Unterlagen des DSI)*

— Hauptkanal
— Nebenkanal
- - - Entwässerungskanal

wirklich genutzte Areal in den letzten zehn Jahren fast verdoppelt (609.143 ha / 1977).

Die Bewässerungswirtschaft hat ihren aktuellen Schwerpunkt an der Südküste, in den Provinzen Adana, Içel und Hatay (Abbildung 6, Region 6; siehe hierzu das Beispiel von Anamur Abbildung 5) und im *abflußlosen* inneranatolischen Beckengebiet der Provinzen Konya und Niğde (Region 4). Letzteres ist ein Raum, dessen Ovaböden – wie die Planung vorsah (vgl. Abbildung 4) – in der Zukunft nur zu etwa 12 – 15 % genutzt werden sollen[2]. Hier ist zwischen 1985 und 1987 nach Thrakien (Region 11 mit + 17.000 ha) die zweithöchste Zunahme des Bewässerungsareals zu verzeichnen (+ 19.000 ha). Während der Südosten im Augenblick noch über eine geringe Bewässerungsfläche verfügt, wird sie durch das GAP-Projekt in den nächsten Jahren stark zunehmen (vgl. TOEPFER 1989, STRUCK 1993).

Bezogen sich bisher alle Angaben auf das staatliche Bewässerungsland, das zu 75 % gebührenpflichtig bewässert wird (1988), so liegen keine verläßlichen Angaben über das *private* Bewässerungsareal und die *private* Entnahme von Grund- oder Flußwasser vor; ihr Umfang ist aber beträchtlich und wird von Experten des Wasserwirtschaftsamtes auf insgesamt 1,8 Mio. ha geschätzt[3].

Die zunehmende Bedeutung der privaten Bewässerung kann nur indirekt über die Verwendung von Bewässerungsgerätschaften belegt werden. In der Türkei hat die Zahl der motorgetriebenen Pumpen zwischen 1977 und 1987 um insgesamt 97 %, die der Sprinkleranlagen um 715 % zugenommen (1987: 79.856).

---

2) Zu beachten ist, daß den Karten (Abbildung 4 und 5) unterschiedliche Raumeinheiten zugrunde liegen.

3) Die Flächenangaben über die private Bewässerungslandwirtschaft sind sehr vage und sicherlich zu niedrig angesetzt, um die staatlichen Leistungen nicht zu schmälern.

Die Wachstumsraten und ihre regionale Verteilung zeigen große Unterschiede. So hat z. B. die Diffusion des Gemüseanbaus in Treibhäusern an der Südküste, die zum größten Teil aus privaten Brunnen versorgt werden, die Bewässerungsfläche rasch vergrößert. Die Anlage von aufwendigen Treibhäusern *außerhalb* des traditionellen Ackerlandes, auf Steilhängen und extensiven Weideflächen, macht die Förderung des Wassers über zum Teil lange Rohrleitungen und das Heben per Motorpumpen erforderlich, so daß es nicht verwundert, wenn in den Provinzen Antalya und Içel zusammengenommen die Zahl der Pumpen um etwa 530 % gestiegen ist (1977 – 87; 1987: 65.531).

Für das Jahr 1968 hat W.-D. Hütteroth die regionale Verteilung der Pumpen in einer Karte dargestellt. Er meinte, daß sich dieses Muster erheblich ändern müsse, da das staatliche Wasserbauamt den privaten Pumpeneinsatz – um die Bewässerungsprojekte rentabel zu machen – einschränken werde (HÜTTEROTH 1982, S. 334 ff., Fig. 88). Wie der Vergleich zeigt (Abbildung 7), ist ihre Zahl in den vergangenen 20 Jahren jedoch überall deutlich angestiegen, während sich die Verteilung – geprägt von einem starken West-Ost-Gefälle – grundsätzlich nicht verändert hat. Stellt man dabei Gebiete mit etwa *gleichgroßer staatlicher* Bewässerungsfläche gegenüber, so entfällt im Westen immer eine sehr viel geringere Fläche auf eine Pumpe als im Osten: in extremer Weise in der Marmara-Region (Bursa) mit 1,6 ha pro Pumpe und um Van mit 21 ha / Pumpe (beide mit etwa 40.000 ha staatlichen Bewässerungslandes) oder an der Ägäis (Izmir, Aydın) mit 2,2 ha / Pumpe und im innernatolische Konya-Niğde-Gebiet mit 6,2 ha / Pumpe (je etwa 220.000 ha). Ganz sicher liegen diese Unterschiede weniger an der verschiedenartigen, staatlichen Einflußnahme als vielmehr an der weitaus größeren zusätzlichen privaten Bewässerungsfläche, der kapitalintensiveren, vor allem auf Gemüse und Zitrusfrüchte ausgerichteten Produktion und der überwiegenden Kleinbesitzstruktur im mediterranen Küstensaum.

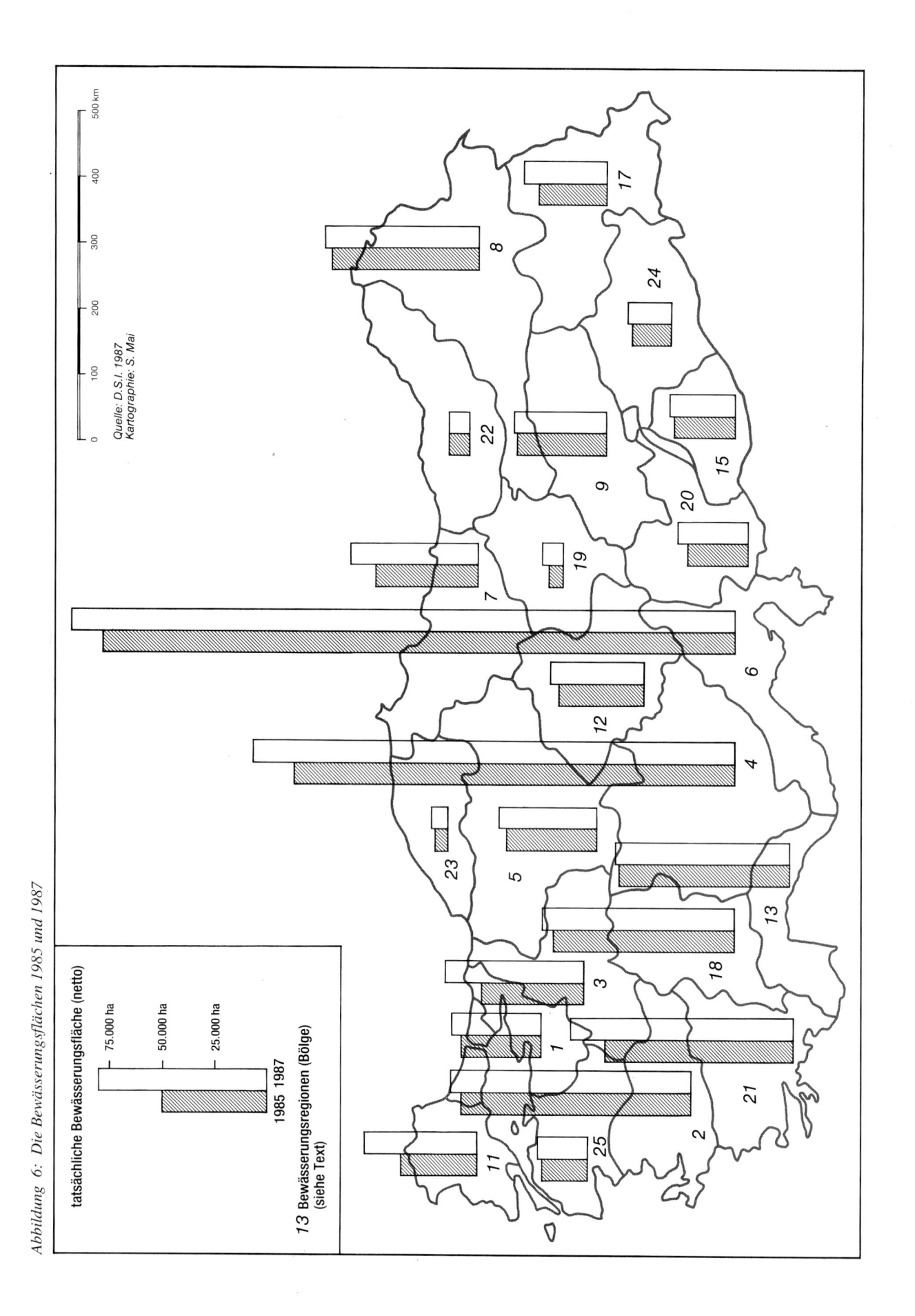

*Abbildung 6: Die Bewässerungsflächen 1985 und 1987*

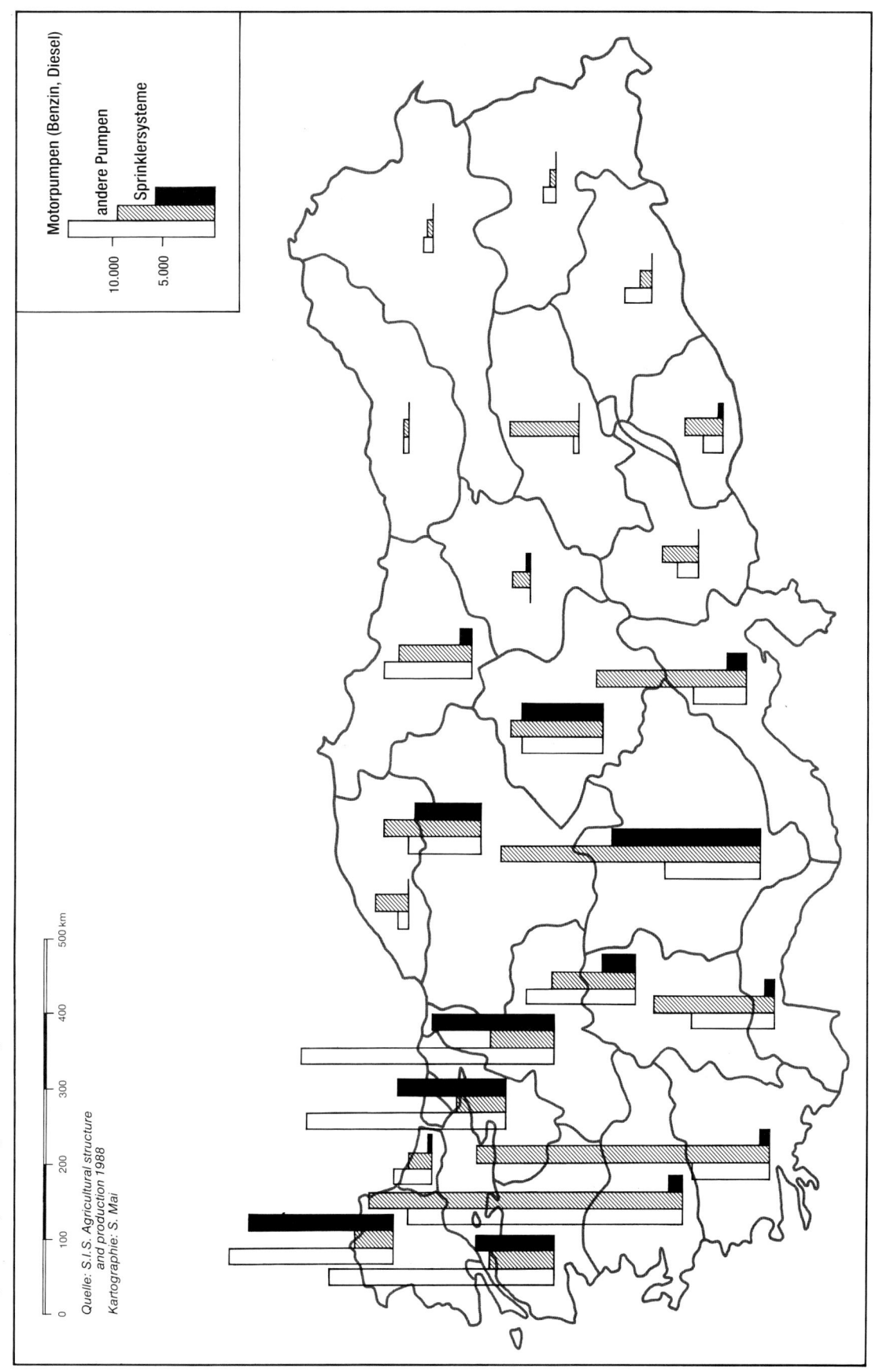

*Abbildung 7: Pumpen und Sprinkleranlagem 1988*

Quelle: S.I.S. Agricultural structure
and production 1988
Kartographie: S. Mai

Motorpumpen (Benzin, Diesel)
andere Pumpen
Sprinklersysteme

## Der Entwicklungseffekt der staatlichen Bewässerungsprojekte

Die Ertragssteigerungen durch den Bewässerungsanbau sind überall beachtlich. Für 1986 gibt das Wasserwirtschaftsamt einen durchschnittlichen Geldertrag von 8.559 TL pro Hektar staatlicher Bewässerungsfläche an, während im Trockenland (einschließlich der Baumkulturen) nur 2.188 TL erwirtschaftet werden. Die Bewässerungslandwirtschaft erzielt danach im Mittel den etwa vierfachen Bruttoertrag; dabei sind die höheren Betriebskosten, vor allem die Wassergebühren, noch nicht eingerechnet. Der Geldertrag hängt vom Marktwert der Anbaufrüchte ab. So wird auch der geringste durchschnittliche Flächenertrag in Nordanatolien, westlich von Tokat (Ortaköy), mit dem bewässerten Anbau von Getreide und Zuckerrüben (82 zu 15 %; 3.685 TL / ha), der höchste an der Südküste in Alanya mit Zitrusfrüchten und Bananen (43 zu 27 %; 58.631 TL / ha) erreicht. In der mediterranen Anbauzone werden natürlich wegen des breiten Anbauspektrums und der hohen Spezialisierung die höchsten Einkünfte erzielt, dagegen fallen der klimatisch benachteiligte Binnenraum und der Osten weit zurück.

Für eine sozioökonomische und entwicklungspolitische Bewertung der staatlichen Bewässerungsprojekte sind die absoluten Gelderträge, die durch die Bewässerung zustandekommen können, wenig aussagekräftig. Die Bedeutung des Bewässerungsfeldbaus für die einzelnen Regionen, d. h. für die ökonomische Situation der ansässigen Bauern, läßt sich erst abschätzen, wenn die erzielten Gelderträge im Bewässerungsanbau zu den jeweils *dort* erreichten Erträgen des traditionellen Anbaus in Beziehung gesetzt werden. Bei diesem Vergleich ergibt sich, daß im mediterranen Vorzugsgebiet durch die Bewässerung weitaus geringere Vorteile erwirtschaftet werden als in den benachteiligten Binnen- und Ostprovinzen. So kann der Landwirt z. B. durch die staatliche Bewässerung bei Menemen (nördlich von Izmir), mit 68 % Flächenanteil Baumwolle und 20 % Wein, seine Einkünfte um das 2,2-fache verbessern, während im weitaus ungünstigeren Bolu-Becken in Nordanatolien die Spezialisierung auf den bewässerten Kartoffelanbau (93 % der Fläche) eine Steigerung um das 14-fache erbringt. Eine ganz hervorragende Stellung haben die staatlichen Bewässerungsmaßnahmen auch im äußersten Osten, wo z. B. am Van-See, mit Futterpflanzen- und Getreideanbau (35 zu 27 %; bei Van) bzw. mit Getreide und Futterpflanzen (49 zu 34 %; bei Muradiye) die Einkünfte jeweils um das 6,3-fache zugenommen haben (Angaben für 1986, *DSI* 1988).

Das Ziel der Agrarpolitik und -planung war und ist es, mit der Ausweitung des Bewässerungslandes die Versorgung der stark wachsenden gesamttürkischen Bevölkerung für die Zukunft zu gewährleisten. Darüber hinaus wird gleichzeitig mit der Bewässerung in den schlechter entwickelten Regionen des Ostens die sozio-ökonomische Situation der Bauern erheblich verbessert. KORTUM (1982) hat in seiner Arbeit über den Zuckerrübenanbau in der Türkei ausführlich aufgezeigt, welche große Bedeutung die Einführung dieser Bewässerungskultur für die landwirtschaftliche Entwicklung hat: Die durch sie bewirkten Einkommensverbesserungen und Ausbildungs- bzw. Lerneffekte sind die Voraussetzung für weitere Neuerungen in der Landwirtschaft (*culture motrice / leading sector*). Diese Ergebnisse gelten grundsätzlich auch für andere Bewässerungskulturen, wie z. B. für Treibhaus- und Feldgemüse, Reis und Industriepflanzen (Baumwolle und Sonnenblumen). Die Anlage von staatlichen Bewässerungsflächen erfüllt damit in der Türkei eine sehr wichtige entwicklungspolitische Aufgabe.

## Literatur

AKTAŞ, Y.: Landwirtschaftliche Beratung in einem Bewässerungsprojekt der Südtürkei. Saarbrücken 1976 (Sozialökonomische Schriften zur Agrarentwicklung 18).

*DSI* (= Devlet Su Işleri, Wasserwirtschaftsamt): 1987 Haritalı Istatistik Bülteni. Ankara 1987.

FREY, U.: Das Hochland von Anatolien. In: Mitteilungen der Geographischen Gesellschaft München, 1925, S. 203 – 279.

HAVERSATH, J.-B. und STRUCK, E.: Türkisches Gemüse. Plastiktreibhäuser verändern das Gesicht eines mediterranen Agrarraumes. In: Geographie heute, 52, 1987, S. 34 – 38.

HÜMMER, Ph., KILLISCH, W. und SOYSAL, M.: Junge Anbauveränderungen in der Bewässerungslandwirtschaft der Türkei – aufgezeigt am Beispiel der Çukurova. In: Die Erde, 117, 1986, S. 217 – 235.

HÜTTEROTH, W.-D.: Türkei. Darmstadt 1982 (Wissenschaftliche Länderkunden, Bd. 21).

KORTUM, G.: Zuckerrübenanbau und regionale Agrarentwicklung in der Türkei. In: Die Erde, 113, 1982, S. 21 – 42.

*SIS* (= State Institut of Statistics): Agricultual structure and production. Ankara, verschiedene Jahre.

SPÄTH, H.-J.: Das Konya-Çumra-Projekt. Ein Beitrag zur Problematik des Bewässerungsfeldbaus in winterkalten Trockensteppen. In: Geographische Zeitschrift, 62, 1974, S. 81 – 104.

STRUCK, E.: Die Landflucht in der Türkei. Passauer Schriften zur Geographie, 1, Passau 1984.

STRUCK, E.: Regionale Disparitäten in der Türkei. Das West-Ostgefälle. – In: H. POPP (Hrsg.): Probleme peripherer Regionen. Passauer Kontaktstudium Erdkunde, 1, Berlin, Vilseck 1987, S. 51 – 63.

STRUCK, E.: Die Treibhauskulturen der türkischen Südküste – Eine Diffusionsanalyse. In: Erdkunde, 44, 1990, S. 161 – 170.

STRUCK, E.: Sozialgeographische und geopolitische Aspekte des Südost-Anatolien Projekts (GAP). – In: K. ROTHER, H. POPP (Hrsg.): Bewässerungsgebiete im Mittelmeerraum. Passauer Schriften zur Geographie, 13, Passau 1993. (*im Druck*)

TOEPFER, H.: Das Südostanatolien-Projekt. Grundlagen und Ziele eines integrierten Entwicklungsprojekts in der Türkei. In: Erdkunde, 43, 1989, S. 293 – 299.

**Priv. Doz. Dr. Ernst Struck**
**Lehrstuhl I für Geographie der Universität Passau**
**Schustergasse 21, 94032 Passau**

Herbert Popp

# Tendenzen der Tourismusentwicklung in den Maghrebländern

Für uns Mitteleuropäer haben freizeitbezogene Aufenthalte an mediterranen Gestaden bereits eine recht lange Tradition. Dabei müssen wir gar nicht bis ins 18. und 19. Jahrhundert zurückgehen, als für eine exklusive Schicht von Privilegierten der europäischen Aristokratie die ‚Grand Tour' zu einer festen Einrichtung geworden war. Es reicht, wenn wir uns bis in die fünfziger Jahre unseres Jahrhunderts zurückerinnern: Schon damals war ein reger Massentourismus bei einer Beteiligung breitester sozialer Schichten ins Mittelmeergebiet zu verzeichnen, und schon damals waren die Deutschen als wichtige Nationalitätengruppe mit im Spiel. Die Sehnsucht nach Sonne, Meer und einem mediterranen Lebensgefühl bestimmen seither immer noch zum größten Teil die Reisemotive ans Mittelmeer. Eigentlich gibt es seit jener Zeit der fünfziger Jahre nur einige, eher unwesentlich erscheinende strukturelle Modifikationen:

– **Das Anspruchsniveau der Nachfrager ist größer geworden**, und dementsprechend hat sich die Angebotsseite mehr und mehr auf die veränderten Wünsche der Touristen eingestellt. Nicht mehr nur die einfache Pension oder das bescheidene Hotel, die man nach langwieriger Anfahrt mit dem Pkw erreicht, dominiert, vielmehr besucht man mittlerweile auch das Ferienhaus, die Bungalow-Hotel-Anlage oder das Feriendorf – Urlaubsdomizile, die in zunehmendem Ausmaß auch bequem mit dem Flugzeug erreichbar sind.

– **Die Zielgebiete innerhalb des Mittelmeerraumes haben sich verlagert.** Nicht mehr ausschließlich die ‚klassischen' Urlaubsgebiete an der Adria, der Côte d'Azur, der Costa Brava und auf Mallorca werden besucht. Darüber hinaus haben sich zwei neuere räumliche Trends ausgebildet:

**Erstens** ein Verdichtungs- und Expansionsprozeß innerhalb der Küstenregionen der einzelnen Länder: So ist etwa nicht nur die Costa Brava, sondern inzwischen die gesamte spanische Mittelmeerküste bis zur Costa de la Luz (westlich von Gibraltar) fast durchgehend erschlossen und wird auch von Urlaubern nachgefragt. So ist in Südfrankreich mittlerweile nicht nur die Côte d'Azur, sondern auch das Languedoc-Roussillon ein touristisches Schwerpunktgebiet.

**Zweitens** sind darüber hinaus neue Länder als Zielgebiete am Mittelmeer touristisch erschlossen worden – Gebiete, die auch nachgefragt werden und die für uns heute zum Teil fast schon wieder als selbstverständlich erscheinen, obwohl sie erst deutlich später hinzugekommen sind: Jugoslawien, Griechenland, Zypern, die Türkei sowie die nordafrikanischen Maghrebländer.

In diesem Beitrag soll unser Interesse nicht den aus mitteleuropäischer Sicht besonders traditionsreichen und bedeutenden Zielländern des Fremdenverkehrs am Mittelmeer, die ja mittlerweile eher durch Nutzungskonflikte, Übernutzung und ökologische Belastung gekennzeichnet sind, gelten, sondern einigen, die erst in den beiden letzten Jahrzehnten vermehrt auf den Plan getreten sind: Marokko, Algerien und Tunesien.

Dabei wollen wir uns drei Fragengruppen zuwenden, die im Mittelpunkt der folgenden Ausführungen stehen:

1. **Wie ist der quantitative Stellenwert der Maghrebländer im Rahmen des gesamtmediterranen Tourismus einzuschätzen?** Diese Frage soll auf der Basis amtlicher statistischer Daten beantwortet werden. Doch hierzu müssen wir auch noch etwas Klarheit in das Gestrüpp der statistischen Tourismusdaten bringen, um auch begrifflich präzise zu sein.

2. **Welche touristischen Potentiale weisen die Maghrebländer eigentlich auf, unabhängig davon, ob sie bereits genutzt werden oder ob sie noch ‚schlummern'?**

3. – und dieser Aspekt wird den Hauptteil der Ausführungen ausmachen: **Welchen je spezifischen ‚touristischen Weg' sind die drei Länder bisher gegangen und welche Zukunftschancen eröffnen sich?**

## 1 Der Tourismus der Maghrebstaaten im Reigen der Mittelmeerländer: eine statistische ‚Tour d'horizon'

Erst unlängst hat Klaus Kulinat in einem lesenswerten Aufsatz im Heft 7 / 8 der Geographischen Rundschau 1991 die wichtigsten Überblicksstrukturen des Fremdenverkehrs in den Mittelmeerländern zusammengestellt. Aus seiner synthetischen Karte (Abbildung 1) geht deutlich hervor, daß Spanien, Italien und Frankreich[1] mit je mehr als 25 Mio. Einreisen ausländischer Touristen im Jahr 1987 immer noch weit vor den Maghrebländern liegen, die zusammen nur knapp 5 Mio. Touristenankünfte erreichen. Zudem wird aus seiner tabellarischen Zusammenstellung (Tabelle 1) deutlich, daß die Wachstumsraten von 1982 – 1987 für die Maghrebländer einen ganz normalen Mittelplatz

---

1) Im Falle Frankreichs ist indes zu berücksichtigen, daß ein erheblicher Anteil dieser Zahlen nicht die mediterrane Südküste betrifft, sondern andere Fremdenverkehrsgebiete einschließt, wie z. B. auch die Bretagne, Aquitanien, die Alpen.

*Abbildung 1: Räumliche Verteilung der Touristenankünfte im Mittelmeerraum (aus: KULINAT 1991, S. 430)*

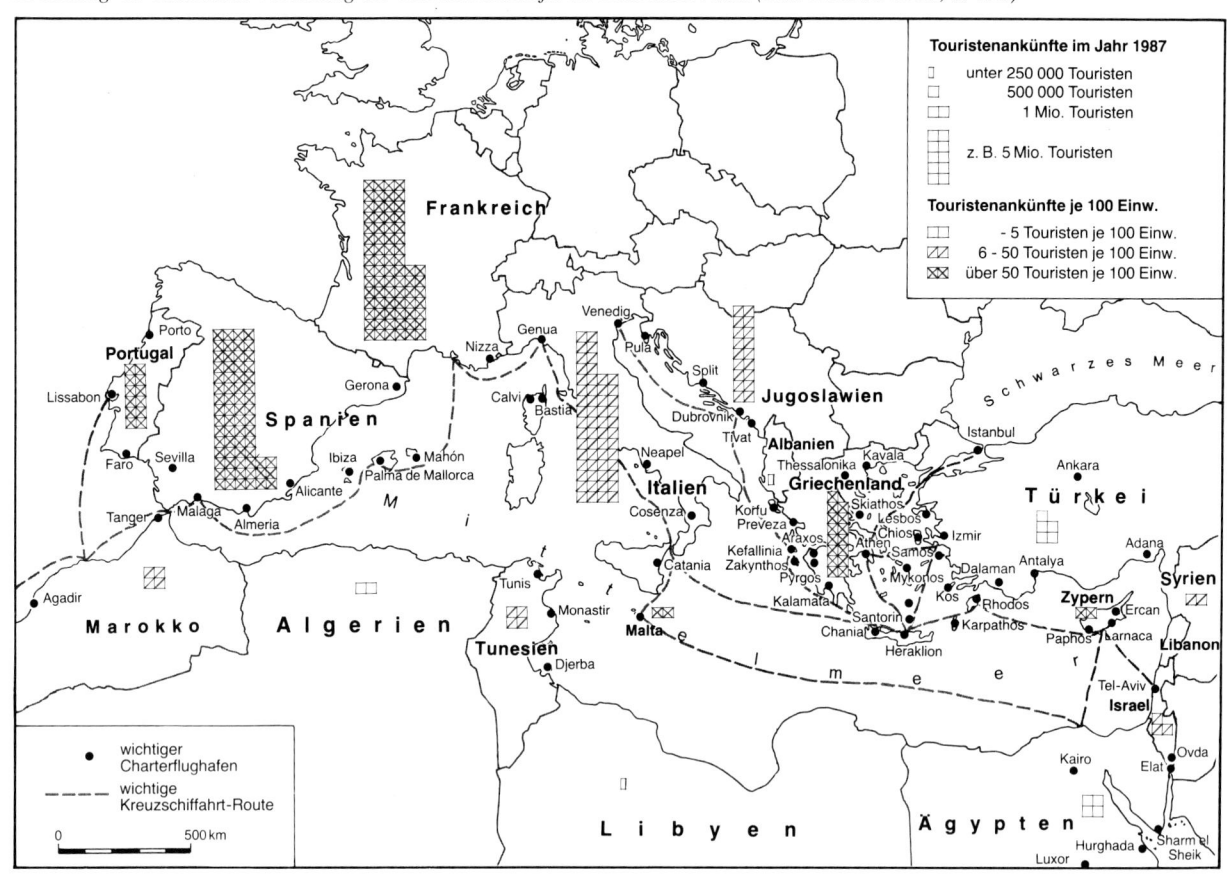

*Tabelle 1: Ankünfte ausländischer Touristen und Tourismus-Einnahmen in den Mittelmeer-Anrainerstaaten[1]) 1987 (aus: KULINAT 1991, S. 431)*

|  | Ankünfte ausländischer Touristen[2] an den Grenzen Anzahl in 1000 | | Zu-/Abnahme | Einnahmen in Mio. US-$ | Ausgaben Mio. US-$ | Saldo Mio. US-$ | Anteil des inländ. Tourismus an den Fremdenübern.[3] |
|---|---|---|---|---|---|---|---|
|  | 1982 | 1987 | 1982-1987 in % | 1987 | 1987 | 1987 | 1987 in % |
| Portugal | 3 164 | 6 102 | 93 | 2 148 | 421 | 1 727 | 40 |
| Spanien | 26 106 | 32 900 | 26 | 14 760 | 1 938 | 12 822 | 35 |
| Gibraltar | 66 | 86 | 30 | 20 | – | – | – |
| Frankreich | 33 467 | 36 818 | 10 | 12 008 | 8 618 | 3 390 | 69[4] |
| Monaco[4] | 200 | 214 | 7 | – | – | – | – |
| Italien | 22 297 | 25 749 | 16 | 12 174 | 4 536 | 7 638 | 70 |
| Malta | 511 | 746 | 46 | 363 | 102 | 261 | – |
| Tunesien | 1 355 | 1 875 | 38 | 672 | 94 | 578 | 6[5] |
| Algerien[6] | 920 | 800 | -13 | 125 | 450 | -325 | 74[5] |
| Marokko[7] | 1 815 | 2 248 | 24 | 1 000 | 100 | 900 | 27 |
| Westliches Mittelmeer | 89 901 | 107 538 | 20 | 43 270 | 16 259 | 26 991 | – |
| Jugoslawien[8] | 5 955 | 8 907 | 50 | 1 668 | 132 | 1 536 | 52 |
| Albanien[9] | 10 | 15 | 50 | – | – | – | – |
| Griechenland | 5 033 | 7 564 | 50 | 2 192 | 507 | 1 685 | 22 |
| Türkei | 1 131 | 2 468 | 118 | 1 721 | 448 | 1 273 | 39[10] |
| Zypern | 548 | 949 | 73 | 666 | 118 | 548 | 4[10] |
| Syrien[6] | 831 | 1 218 | 47 | 477 | 250 | 227 | 53[5] |
| Israel | 858 | 1 379 | 61 | 1 347 | 998 | 349 | 41 |
| Ägypten[6] | 1 423 | 1 795 | 26 | 1 586 | 52 | 1 534 | – |
| Libyen[6] | 126 | 120 | -5 | 3 | 213 | -210 | – |
| Östliches Mittelmeer | 15 915 | 24 415 | 53 | 9 660 | 2 718 | 6 942 | – |
| Mittelmeer | 105 816 | 131 953 | 25 | 52 930 | 18 977 | 33 933 | – |
| Welt Anteil Mittelmeer | 286 780 37 % | 358 659 37 % | 25 | 158 714 33 % | 147 852 13 % | – | – |

[1]zusätzlich Portugal, Daten für den Libanon fehlen; [2]Einreisende, die mindestens eine Nacht im besuchten Land verbringen; [3]in allen Beherbergungsarten; [4]nur in Hotels; [5]in Hotels und vergleichbaren Unterkünften, für Algerien 1986; [6]einschl. Tagesbesucher; [7]einschl. Marokkaner, die im Ausland leben; [8]in Beherbergungsbetrieben; [9]geschätzt; [10]Anteil nur in Hotels größer: Türkei 43 %, Zypern 5 %;    *Quelle:* WTO: Yearbook of Tourism Statistics 1988. Madrid 1989

*Tabelle 2: Touristenankünfte in den Maghrebländern nach verschiedenen Erhebungsmodalitäten (Quelle: United Nations (Hrsg.): Statistical Yearbook / Annuaire statistique 1987. New York 1990, S. 729, 740, 746 u. 751)*

| (Zahlen in 1.000) | **Marokko** | **Algerien** | **Tunesien** |
|---|---|---|---|
| Einreisen von Touristen (UNO, nach Unterlagen der WTO)* (= Zahlen von Kulinat) | 2.248 | 778** | 1.875 |
| Einreisen **ausländischer** Touristen nach Herkunftsgebieten (ohne im Ausland wohnende Staatsbürger) (UNO, nach Unterlagen der WTO) | 1.545 | 168 | 1.851 |

\* Kulinat bezeichnet diese Zahlen nicht ganz korrekt als „Ankünfte ausländischer Touristen an den Grenzen"; bei der WTO lautet die Bezeichnung allerdings *tourist arrivals*. Die Erläuterungen zu den Definitionen der WTO, wonach zu dem Oberbegriff *visitor* ('visitor' describes any person visiting a country other than in which he has his usual place of residence) auch der Unterbegriff *tourist* gehört, verdeutlichen, daß in diesem Fall auch im Ausland lebende Staatsbürger des betreffenden Landes mitberücksichtigt werden.
\*\* Bei Kulinat ist auch ein unbedeutender Übertragungsfehler zu verzeichnen; anstelle 800.000 lautet die korrekte Zahl für Algerien 778.000.

einnehmen (im Falle Tunesiens 38 %, für Marokko 24 %); bei Algerien sind sogar rückläufige Tendenzen von – 13 % zu verzeichnen. Die Maghrebländer sind damit keineswegs die touristischen ‚Newcomer', die eine besonders boomartige Entwicklung zu verzeichnen hätten. Eher scheint sich in Nordafrika nach einer Phase des touristischen Wachstums in den sechziger und siebziger Jahren heute so etwas wie eine Konsolidierungsphase abzuzeichnen.

Auch wenn die Maghrebländer als Fremdenverkehrsregionen nicht annähernd die Dimensionen der südeuropäischen Staaten erreichen, lassen derartige statistische Überblicksdarstellungen (so notwendig sie sind) den tatsächlichen, beträchtlichen Stellenwert des Tourismus für jedes der drei Länder nur unzureichend erfassen. Es tun sich hierbei Defizite in qualitativer und quantitativer Hinsicht auf. So sind die statistischen Daten nur sehr grob (oder überhaupt nicht) in der Lage, speziellere Aspekte des jeweiligen Tourismus aufzuzeigen. Ausstattungsniveau der Beherbergungseinrichtungen, Herkunftsgebiete, Aufenthaltsdauer, Übernachtungsorte der Touristen in den Ziellländern, Art der Freizeitgestaltung, beteiligte Sozialgruppen, Rückwirkungen auf die Wirtschaft des Landes, sozio-kulturelle Impulse und Konflikte usw. sind wichtige Detailaspekte, die statistisch auf internationaler Ebene meist nicht vorliegen.

Doch beginnen unsere Wissens-Defizite (sehr viel banaler) bereits bei den verfügbaren amtlichen statistischen Daten. Es ist keineswegs eine neue Erkenntnis, wenn ich ein weiteres Mal darauf aufmerksam mache, daß gerade die Zahlen in der Tourismusbranche unvollständig und mit Vorsicht zu genießen sind. Wir wissen das im Falle des Meldewesens bei Übernachtungen für unser eigenes Land nur zu gut; auf internationaler Ebene sind derartige Probleme keineswegs kleiner. Nur, im Falle der Maghrebländer klaffen auch die unterschiedlichen ‚amtlichen' Zahlen scheinbar soweit auseinander, daß man zunächst eher ratlos ist. Indes handelt es sich hierbei vielfach eher um eine Frage der unterschiedlichen zugrundeliegenden Definitionen der berücksichtigten Teilmengen ‚Reisender (*passenger, voyageur*)', ‚Besucher (*visitor, visiteur*)' und ‚Tourist (*tourist, touriste*)', die man genau unterscheiden muß (vgl. Material 1).

Ich möchte diese Aussage zunächst veranschaulichen. Der bereits erwähnte Klaus Kulinat zieht bei seinen Ausführungen die Ergebnisse der *World Tourism Organization* (WTO) in Madrid heran. Demnach lauten für die Maghrebländer die Zahlen der touristischen Einreisen von 1987 wie folgt (vgl. Tabelle 2): Marokko 2,25 Mio., Algerien 780.000, Tunesien 1,88 Mio. In der zweiten Zeile der Tabelle findet man demgegenüber Angaben der gleichen Erhebungsbehörde, die deutlich von den soeben ausgeführten abweichen. Die Differenz kann, da es sich in beiden Fällen um Daten der WTO handelt, nur dadurch zustande kommen, daß im ersten Fall die im Ausland wohnenden Staatsangehörigen des betreffenden Landes ebenfalls miterfaßt wurden, im zweiten Fall dagegen nur Ausländer Berücksichtigung fanden. Am Beispiel Algeriens kann man unschwer erkennen, daß dieser scheinbar unwesentliche Unterschied eine essentielle Bedeutung hat. Nur gut ein Fünftel der touristischen Einreisen entfallen für dieses Land nämlich auf Ausländer! Den Löwenanteil nehmen (meist in Frankreich lebende) Algerier ein, die für kürzere Zeit ihr Heimatland besuchen und vermutlich nicht den Typ des Touristen verkörpern, der in Hotels übernachtet und Freizeit im engeren Sinn sucht, sondern eher bei Verwandten und Bekannten unterkommt. Daß auch für Marokko der Anteil der Gastarbeiter, die zu Besuch ins Heimatland kommen, eine wichtige Rolle spielt, geht aus den Zahlen deutlich hervor; daß dasselbe Phänomen in Tunesien nicht existieren soll, kann eigentlich nicht sein. Hier werden wir auf die Unzuverlässigkeit amtlicher Daten aufmerksam gemacht, ohne daß ich in der Lage wäre, die Fehlerquelle zu identifizieren

Wir wollen uns im folgenden nur dem Ausländertourismus im Maghreb zuwenden. In der statistischen Definition der Maghrebländer werden diese unter der Sammelbezeichnung *non-résidents* (Gäste ohne Wohnsitz im Land) zusammengefaßt. Wenn wir für sie erneut nach den globalen Zahlen pro Land in den vergangenen drei Jahrzehnten fragen, treten die Unterschiede sowohl in den Entwicklungstrends als auch in den heutigen absoluten Werten zwischen den drei Ländern sehr viel deutlicher hervor (vgl. Tabelle 3). Man erkennt, daß der Ausländertourismus in Marokko am frühzeitigsten einsetzte. Dort wurde eine Besucherzahl von über 1 Million bereits 1973 erreicht. Die Entwicklung in Tunesien begann zwar etwas später, erfolgte dann aber um so dynamischer, so daß die Zahlen für Tunesien jene für Marokko bald überflügelten. In Algerien blieb dagegen bis heute die Tourismusbranche eine eher randliche Erscheinung, wie auch die Einreiseziffern ausländischer Touristen belegen. Algerien hat im Rahmen seiner politischen Doktrin bisher kein nachhaltiges Interesse am internationalen Tourismus gezeigt; ent-

*Tabelle 3: Touristeneinreisen von Ausländern (non-résidents) (in Tausend Personen)*

|  | **Marokko** | | | **Algerien** | | | **Tunesien** | | |
|---|---|---|---|---|---|---|---|---|---|
|  | gesamt | davon Franzosen | davon Deutsche | gesamt | davon Franzosen | davon Deutsche | gesamt | davon Franzosen | davon Dt. |
| 1960 | 158 | 60 | .. | .. | .. | .. | 54 | 23 | 6 |
| 1961 | 161 | 47 | 13 | .. | .. | .. | 70 | 20 | 16 |
| 1962 | 201 | 50 | 15 | .. | .. | .. | 53 | 18 | 8 |
| 1963 | 287 | 83 | 23 | .. | .. | .. | 105 | 28 | 12 |
| 1964 | 374 | 98 | 29 | .. | .. | .. | 138 | 32 | 14 |
| 1965 | 358 | 94 | 22 | 109 | 56 | 2 | 166 | 35 | 22 |
| 1966 | 414 | 98 | 27 | 117 | 58 | 5 | 219 | 48 | 34 |
| 1967 | 400 | 100 | 28 | 112 | 49 | 3 | 231 | 51 | 42 |
| 1968 | 469 | 119 | 35 | 137 | 46 | 10 | 330 | 62 | 64 |
| 1969 | 593 | 149 | 39 | 213 | 71 | 18 | 373 | 86 | 59 |
| 1970 | 655 | 174 | 56 | 236 | 83 | 22 | 411 | 107 | 77 |
| 1971 | 757 | 188 | 71 | .. | .. | .. | 608 | 132 | 154 |
| 1972 | 988 | 211 | 75 | 197 | 77 | 15 | 780 | 152 | 169 |
| 1973 | 1.226 | 266 | 90 | .. | .. | .. | 722 | 172 | 105 |
| 1974 | 1.072 | 216 | 82 | 249 | 86 | 8 | 716 | 208 | 91 |
| 1975 | 1.027 | 281 | 94 | 297 | 121 | 11 | 1.014 | 323 | 140 |
| 1976 | 903 | 225 | 95 | 185 | 83 | 11 | 978 | 372 | 139 |
| 1977 | 1.062 | 284 | 98 | 241 | 95 | 13 | 1.016 | 387 | 151 |
| 1978 | 1.115 | 316 | 110 | .. | .. | .. | 1.142 | 389 | 173 |
| 1979 | 1.079 | 323 | 100 | 266 | 106 | 15 | 1.356 | 418 | 251 |
| 1980 | 1.097 | 340 | 118 | 291 | 114 | 16 | 1.602 | 366 | 307 |
| 1981 | 1.206 | 348 | 130 | 323 | 106 | 15 | 2.151 | 378 | 328 |
| 1982 | 1.289 | 399 | 119 | 278 | 102 | 14 | 1.355 | 361 | 279 |
| 1983 | 1.283 | 370 | 126 | 285 | 103 | 12 | 1.439 | 344 | 230 |
| 1984 | 1.324 | 366 | 134 | 410 | 168 | 28 | 1.553 | 371 | 213 |
| 1985 | 1.518 | 401 | 163 | 407 | 108 | 20 | 1.975 | 401 | 278 |
| 1986 | 1.453 | 393 | 156 | 348 | 103 | 17 | 1.480 | 411 | 300 |
| 1987 | 1.545 | 444 | 173 | 273 | 88 | 18 | 1.851 | 484 | 436 |
| 1988 | 1.957 | 485 | 168 | 447 | .. | .. | 3.436 | 479 | 474 |
| 1989 | 2.515 | 467 | 160 | 661 | .. | .. | 3.222 | 461 | 455 |
| 1990 | 2.978 | 458 | 161 | .. | .. | .. | 3.204 | 458 | 479 |

Datengrundlage: *Statistical Yearbook / Annuaire statistique* der UN von 1962-1989 [1965-1978 und 1982-1983 für Marokko sowie 1965-1966 und 1982-1983 für Algerien mußten von den angegebenen Zahlen zuvor die im Ausland lebenden Staatsbürger subtrahiert werden]; ergänzt durch *Annuaire Statistique de l'Algérie* 1981, 1983-1984 und 1990, *Le Maroc en chiffres* 1971-1984, Banque Marocaine du Commerce Extérieur. *Revue d'Information* N° 174, 1991, *Annuaire Statistique du Maroc* 1990, *Revue d'Information de la BMCE* N° 192, 1992.

.. = Wert nicht bekannt

sprechend niedrig bleiben die Gästezahlen, die im Jahr 1984 mit 410.000 ihr Maximum erreichten, seither aber wieder stark rückläufig sind.

Von besonderem Interesse ist es, bei diesen Zahlen den Anteil zu identifizieren, der auf Franzosen und Deutsche entfällt (vgl. Tabelle 3). In Marokko nahm zwar die absolute Zahl der Franzosen ständig zu; ihr Anteil an der Gesamtzahl der Touristen sank jedoch von ca. einem Drittel (Anfang der sechziger Jahre) auf ein Viertel (Ende der achtziger Jahre). Die Deutschen haben zwar seit 1960 kontinuierlich an Zahl zugenommen, liegen aber immer noch zahlenmäßig deutlich niedriger als die Franzosen. In Algerien gibt es seit Mitte der siebziger Jahre eine Stagnation der ohnehin nur geringen touristischen Einreisen. Die Deutschen sind bis heute mit 15.000 bis 20.000 Ankünften jährlich eine unbedeutende Gruppe, die ca. 5 % der ausländischen Touristen ausmacht. In Tunesien liegen die Einreisen der französischen Touristen in einer Größenordnung, die mit Marokko vergleichbar ist; im Unterschied zu diesem stagniert aber die jährliche Zahl der Einreisen seit 1976 bei um 350.000 – 380.000, um erst seit 1987 wieder deutlich anzusteigen auf jährlich 450.000 – 500.000. Stärker als in den beiden anderen Maghrebländern sind die Deutschen in Tunesien vertreten. Lag ihre Zahl bis Mitte der sechziger Jahre bei unter 20.000, hat sie sich mittlerweile mehr als verzehnfacht. Vor allem 1971 und ein weiteres Mal 1979 gab es massive Zuwachsraten der deutschen Touristen in Tunesien, deren Zahl in manchen Jahren sogar größer als die der Franzosen war (1968, 1971, 1972 und wieder 1990). Berücksichtigt man, daß die mittlere Aufenthaltsdauer der Deutschen wesentlich länger als die der Franzosen ist, wird deutlich, daß in Tunesien die Deutschen im Tourismusbereich dominieren[2]. Mit 6,5 Mio. Übernachtungen im Jahr 1990 führen sie mit weitem Abstand vor den Franzosen (3,7 Mio.) und den Italienern (1,6 Mio.).

Gerade in den vergangenen Jahren sind die Zahlen der Tabelle 3 wieder in Bewegung geraten, was im wesentlichen innermaghrebinische Ursachen hat. Im Falle Marokkos bedeutet die Öffnung der Grenzen nach einer vorherigen eher frostigen Beziehung zwischen Algerien und Marokko, daß nun viele Algerier einen Besuch in Marokko machen, der vermutlich überwiegend andere als touristische Motive aufweist. Während von 1987 bis 1988 die Einreisen von europäischen Touristen nahezu konstant geblieben sind (1,37 Mio. bzw. 1,34 Mio.), stieg die Zahl der Einreisen aus afrikanischen Ländern (und das sind ganz wesentlich Einreisen von Algeriern) von 37.000 auf 461.000. Ein ähnliches, in seiner Dimension sogar noch viel stärker ausgeprägtes Phänomen ist der Anstieg ‚touristischer Einreisen' nach Tunesien im Vergleich von 1987 zu 1988, haben sich die Zahlen doch von 1,85 Mio. auf 3,44 Mio. fast verdoppelt! Wieder sind es Einreisende aus afrikanischen Nachbarländern (und das heißt in diesem Fall vor allem aus Libyen, z. T. auch aus Algerien), die den Anstieg bewirkten: Die Zahl der einreisenden Afrikaner stieg von 273.000 (1987) auf 1,71 Mio. (1988) an. Erneut ist die Öffnung der Grenze im Rahmen der neubeschworenen großmaghrebinischen Freundschaft, diesmal zwischen Tunesien und Libyen, der Grund für den Anstieg. Auch hier sind es eher ökonomische und verwandtschaftliche Motive, die eine Einreise der Libyer nach Tunesien bewirkt haben dürften. Inzwischen hat sich auch ein reger Schmuggel zwischen beiden Ländern ausgebildet.

In einem ersten, provisorischen Résumé können wir an dieser Stelle festhalten, daß der Ausländertourismus für die Maghrebländer Marokko und Tunesien durchaus eine Dimension erreicht, die ihn zu einem wichtigen Wirtschaftsfaktor im Rahmen der jeweiligen Volkswirtschaft macht, daß er allerdings nicht das Ausmaß südeuropäischer Länder annimmt. Algerien ist demgegenüber nur sehr gering in den internationalen Tourismus einbezogen.

## 2 Die touristischen Potentiale der Maghrebländer

Wie die übrigen Länder der Mediterraneis verfügen Marokko, Algerien und Tunesien über die naturräumlich typischen Eigenschaften, die der Mittelmeer-Tourist erwartet: Sonne (wie in allen subtropisch-sommertrockenen Gebieten), Strand (entlang des Mittelmeeres, im Falle Marokkos auch am Atlantik) und vielleicht noch die natürliche und anthropogen beeinflußte mediterrane Vegetation: Ölbaum, Oleander, Hibiskus, Mimosen, Agaven, Opuntien und weitere hier nicht aufzulistende Pflanzen.

Alle drei Länder besitzen nicht nur nennenswerte Strandlängen (Tunesien ca. 1.250 km, Algerien ca. 1.000 km, Marokko ca. 500 km am Mittelmeer und 3.000 km am Atlantik[3]), davon sind auch erhebliche Abschnitte flache Sandstrände, die – heute immer wichtiger werdend – verglichen mit anderen Küstenabschnitten des Mittelmeers weit unterdurchschnittlich verschmutzt sind. Die marokkanische Rifküste ist die sauberste des Mittelmeeres, und die Atlantikküste ist ohnehin noch sehr viel weniger belastet als das Mittelmeer. Die Maghrebländer sind damit für den touristischen Nachfragetyp ‚Sonne und Strand' sehr attraktiv und könnten teilweise an die Stelle der bereits überlasteten südeuropäischen Küstenbereiche treten. Sie haben lediglich den Nachteil, weiter von Europa entfernt zu liegen und damit Urlaubsziele zu sein, die fast nur mit einer Flugreise erreicht werden können – was über die entstehenden Kosten zu Buche schlägt.

Da diese Länder in ihren südlichen Regionen jeweils kein mediterranes, sondern arides und saharisches Klima besitzen, umfassen sie ergänzend auch ein reiches Potential für solche Touristen, die wüstenhafte Landschaften kennenlernen wollen. Algerien besitzt in dieser Hinsicht die größten Potentiale, reicht sein saharischer Anteil doch über die beiden Großen Ergs hinaus bis ins Hoggar- und Tassili-Massiv. Aber auch Tunesien und Marokko bieten dem Touristen Eindrücke von Sandwüste, Dattelpalmen und Oasen.

Hinzu kommt eine reiche materielle Kultur, die bis in römische, ja sogar vorrömische Zeit reicht. Punische, numidische und römische Siedlungsreste sind reichlich vorhanden und teilweise recht spektakulär ausgegraben. Karthago, Medracen, Tipasa oder Volubilis sind wohlklingende und bekannte Namen, die für den historisch-archäologisch Interessierten nachhaltige Eindrücke ermöglichen.

Prägend für die Maghrebländer der Gegenwart ist allerdings die arabische und berberische Kultur, die sowohl in historisch

---

[2] Seit 1986 weist die WTO in ihren Publikationen die einzelnen Herkunftsländer in Europa nicht mehr einzeln aus, sondern faßt sie zusammen zu der Herkunftsregion ‚Europa'. Dadurch wird es bedauerlicherweise nicht mehr möglich, die Beteiligung einzelner Nationalitätengruppen am Tourismusgeschehen zu identifizieren. Die nationalen Tourismuszahlen in den offiziellen statistischen Publikationsorganen der drei Maghrebländer ermöglichen indes nach wie vor die Differenzierung nach einzelnen europäischen Herkunftsstaaten.

---

[3] Einschließlich der Westsahara.

*Bild 1: Die Große Moschee in der Medina von Tunis: die Jemaâ ez-Zitouna aus aghlabidischer Zeit (Aufnahme: 7. Juni 1990; alle Fotos: H. Popp)*

*Bild 2: Gasse im Färberviertel der Medina von Marrakech (Aufnahme: 2. April 1976)*

*Bild 3: Speicherburgen (Ghorfas) im Bereich des Qsar Haddada (Südtunesien), heute zum Hotel umfunktioniert (Aufnahme: 25. Mai 1991)*

*Bild 4: Berberische Wohnburg (Tighremt) im Tal des Oued Dadès bei Skoura, an der ‚Straße der Kasbahs' in Südmarokko (Aufnahme: 25. März 1989)*

*Bild 5: Blick in die Rhoufi-Schlucht (Aurès-Massiv, Algerien) mit ihren malerisch gelegenen Berberdörfern (Aufnahme: 9. März 1989)*

restaurierten Einzelgebäuden als auch in der Alltagswelt dieser Länder aufscheint. Moscheen mit ihren Minaretten, *Medersen* (Klosterschulen), *Marabouts* (Heiligengräber), aber auch Koranschulen, Klöster (*Zaouïas*) oder Friedhöfe sind Stein gewordene Zeugnisse von der Prägekraft der Religion des Islam.

Für Europäer meist noch faszinierender sind als profane Zeugnisse der arabisch-berberischen Kultur die historischen Altstädte (*Medinen*), so z. B. Tunis (Bild 1), die Kasbah von Algier, Fès oder Marrakech (Bild 2), um nur die bedeutendsten zu nennen, die mit ihren unregelmäßigen Straßengrundrissen, ihrer Enge, dem Fehlen von Kraftfahrzeugen, dem quirligen Leben in den Einzelhandels- und Handwerksquartieren, verbunden mit vielfältigen Gerüchen, Geräuschen und optischen Eindrücken, einen stark exotischen Reiz vermitteln.

Im ländlichen Bereich ist es neben den gebirgigen Naturlandschaften von Rif, Mittlerem Atlas, Hohem Atlas, Antiatlas, Tellatlas und Saharaatlas und neben den traditionellen Agrarlandschaften vor allem die materielle Kultur der Berber, die besonders einzigartig ist. Die befestigten Dörfer (Qsour) mit Vorratsspeichern (Ghorfas) der tunesischen Dahar-Berge (Bild 3), die Siedlungen der algerischen Rhoufi-Schlucht im Aurès (Bild 5) oder die ‚Straße der Kasbahs' mit den Berberburgen des marokkanischen Dadès-Tales (Bild 4) ziehen in ihrer rustikalen, aber zugleich kunstvollen Bauweise jeden europäischen Touristen in ihren Bann.

Diesen reichen, ja überreichen touristischen Potentialen stehen allerdings Elemente gegenüber, die bei den europäischen Touristen zumeist eher Unsicherheit, Unverständnis, vielleicht sogar Angst auslösen, und damit ein Entwicklungshemmnis für jeden Tourismus sein können. Die so gänzlich andere Religion und Alltagskultur des Islam ist für den Mitteleuropäer ein fremdartiges Element, das zudem durch vorhandene Vorurteile zusätzlich distanzierend wirkt. Der situationsbedingte Quasi-Analphabetismus läßt möglicherweise für viele Touristen aus Europa Unsicherheit (und damit ein Fehlen an Geborgenheit) aufkommen: Die arabischen Schriftzüge, die arabische Sprache, die so gut wie keinem der Touristen vertraut sind, erschweren jede Orientierung und Kommunikation. Mit den bescheidenen Englischkenntnissen aus Schulzeiten ist man im Maghreb verloren, denn als Folge der kolonialen Vergangenheit spricht man als gebildeter Maghrebinier Französisch, nicht Englisch. Und nicht zuletzt die andere Mentalität der Maghrebinier – zwar durch extreme Gastfreundschaft gekennzeichnet, aber von Europäern doch zumeist als ungewöhnlich und andersartig empfunden – mag, anders als im Falle Griechenlands oder Spaniens, psychische Hemmschwellen zur Folge haben.

*Abbildung 2: Marokko und Tunesien. Hotelbettenangebot und Übernachtungszahlen 1987 in räumlicher Differenzierung (aus: BERRIANE 1990, S. 94)*

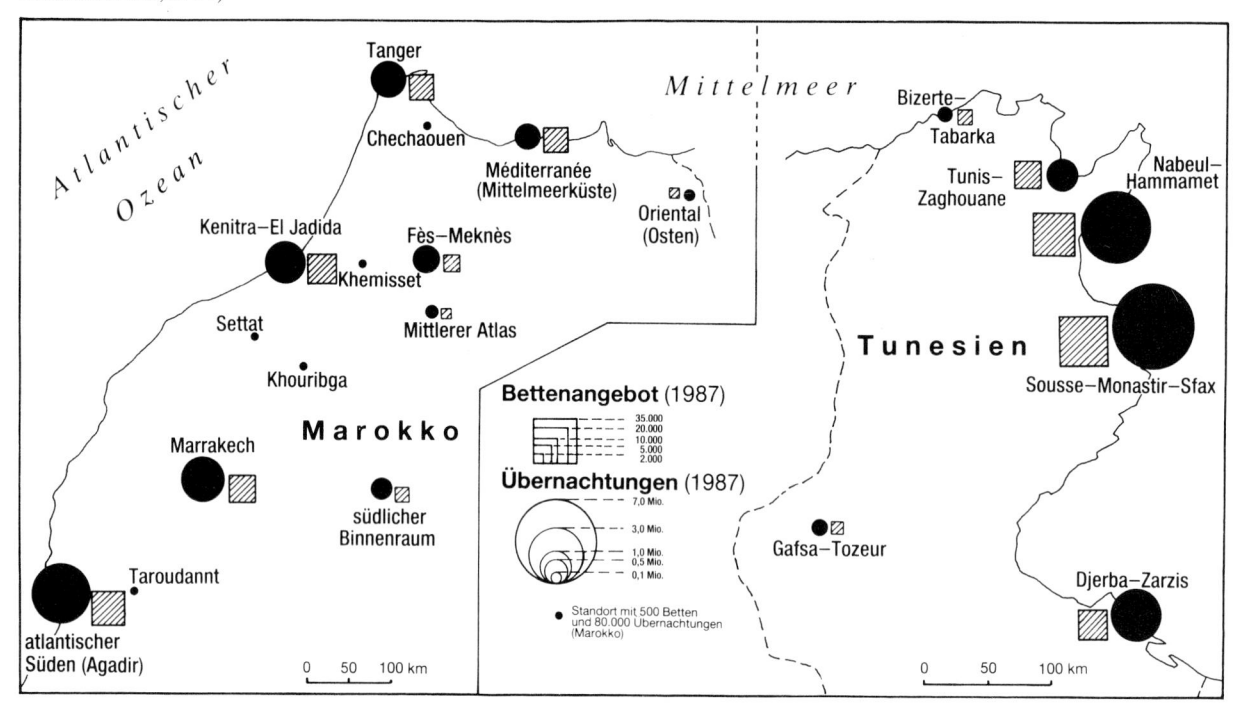

## 3 Tourismusentwicklung in den Maghrebländern

### a) Marokko

Im Reigen der drei Maghrebländer weist Marokko heute den vielfältigsten Tourismus sowohl hinsichtlich des Angebotes als auch der Nachfrage auf. Von den 102.252 Gästebetten (1990) sind vier Fünftel staatlicherseits in die Ausstattungsstufen 1 – 5 Sterne[4] klassifiziert worden, so daß das Ausstattungsniveau weitaus luxuriöser als in den beiden Nachbarländern ist. In der räumlichen Verteilung des Übernachtungsangebotes finden wir eine relativ breite Streuung: Nach der Provinz Agadir mit über 17.300 Hotel-Betten folgen mit den Provinzen Marrakech (16.350), Tanger (11.700) und Casablanca (10.900) drei weitere, die mehr als 10.000 Betten anbieten. Aber selbst z. B. in der Provinz Ouarzazate im Landesinnern mit 4.100, Fès mit 5.200 oder gar Laâyoune im Gebiet der Westsahara mit 1.400 Hotel-Betten gibt es ein erstaunlich umfangreiches Angebot. Die stärkste Konzentration an Betten in Feriendörfern findet man in den Provinzen Tétouan (3.750) und Agadir (3.000); an Ferienwohnungen gibt es lediglich in Agadir mit 4.700 Betten ein massiertes Angebot.

Zwar ist die Bettenauslastung in räumlicher Differenzierung recht unterschiedlich, aber mit insgesamt 133,4 Tagen pro Jahr (das sind 36,6 %) so, daß der in der Tourismusbranche zur Rentabilität geforderte Mindest-Belegungsgrad von einem Drittel deutlich überschritten wird. Die höchsten Auslastungsziffern weisen die Provinzen Agadir mit 188,1 Tagen, Essaouira mit 154,6 Tagen, Rabat-Salé mit 153,5 Tagen, Fès mit 150,5 Tagen, Casablanca mit 150,1 Tagen und Marrakech mit 149,1 Tagen pro Jahr auf (vgl. Material 2). Demgegenüber läßt sich unschwer erkennen, daß die Hotellerie in Laâyoune absolut unrentabel ist; hier wurde aus politischen Gründen eine Infrastruktur geschaffen, die (noch) nicht nachgefragt wird.

Vom Typ des Nachfrageverhaltens her lassen sich vor allem zwei ganz unterschiedliche Tourismusformen unterscheiden:
– ein im wesentlichen auf den Küstenbereich beschränkter **Badetourismus** mit den zwei räumlichen Konzentrationen im Bereich der Atlantikküste um Agadir sowie der Mittelmeerküste zwischen Tétouan und Al Hoceïma (vgl. Abbildung 2).
– ein binnenorientierter **Städte- und Rundreisetourismus**, der neben den Königstädten Rabat, Meknès, Fès und Marrakech auch den Großen Süden Marokkos, südlich des Hohen Atlas gelegen, umfaßt.

### Beispiel Agadir

Als Beispiel für ein bedeutendes Badezentrum sei im folgenden Agadir näher vorgestellt. Die touristische Entwicklung der Stadt begann gewissermaßen beim Punkt Null, wurde die Siedlung doch durch ein Erdbeben im Jahr 1960 fast vollkommen zerstört. Beim Wiederaufbau von Agadir wurde dann ganz systematisch eine Erschließung für touristische Zwecke berücksichtigt. Diese Zielsetzung wurde im Falle Agadirs mit besonderem Nachdruck

---

4) In Marokko werden nicht klassifizierte Hotels einfachen Zuschnitts (*hôtels non classés*) von solchen unterschieden, die entweder in der Hierarchie vom 1-Sterne- bis zum 5-Sternehotel rangieren oder als Feriendorf (*village de vacances touristique*) bzw. Ferienwohnung (*résidence touristique*) staatlich ausgewiesen sind (*hôtels classés*). Von den 1990 vorhandenen 80.554 klassifizierten Gästebetten verteilen sich 4,9 % auf 1\*-Hotels, 8,5 % auf 2\*-Hotels, 11,4 % auf 3\*-Hotels, 38,9 % auf 4\*-Hotels, 14,4 % auf 5\*-Hotels, 14,2 % auf Feriendörfer und 7,7 % auf Ferienwohnungen (vgl. *Annuaire Statistique du Maroc 1990* 1991, S. 250 f.).

*Abbildung 3: Das Angebot an Hotelbetten in Agadir 1988 (aus: MÜLLER-HOHENSTEIN / POPP 1990, S. 199)*

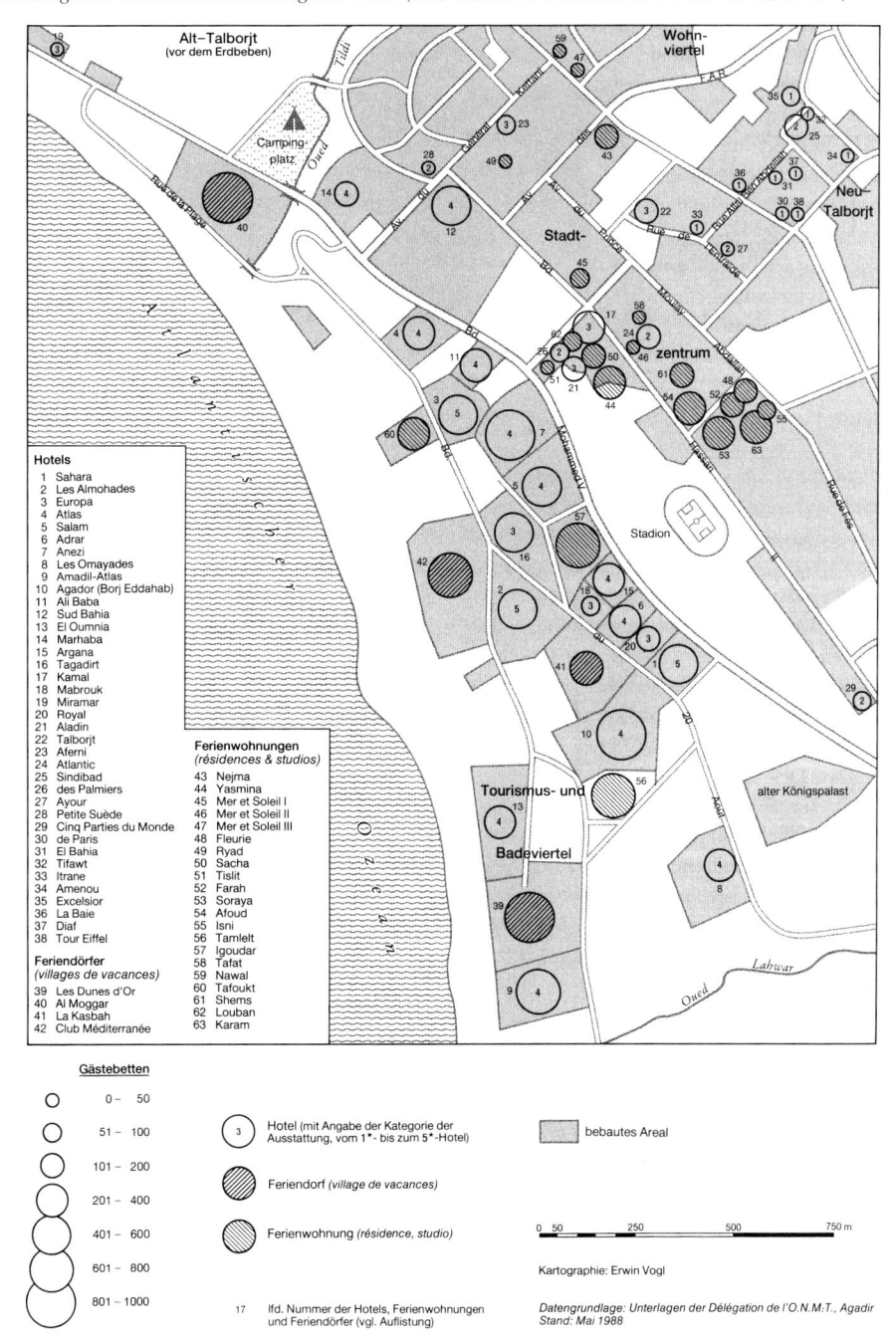

verfolgt, doch strebte der junge, unabhängige Staat in seinem Fünfjahresplan 1960 – 1964 und seinem Dreijahresplan 1965 – 1967 ganz generell die Förderung einer neuen Hotelinfrastruktur über das Land verteilt an. Ein flächenmäßig bedeutender Teil der neu errichteten Stadt zwischen dem Meer und der Hauptdurchgangsstraße wurde für den Tourismus reserviert. Für dieses ‚Tourismus- und Badeviertel' (vgl. Abbildung 3) wurde bereits 1964 ein Bebauungsplan festgelegt, der folgende Vorgaben beinhaltet:

– Der Strand bleibt in seiner Gesamtlänge von 9 km öffentlich und frei zugänglich für jedermann.

– Die Geschoßzahl der Hotelgebäude ist küstenparallel so zu gestalten, daß mit zunehmender Entfernung von der Küste höhere Geschoßzahlen genehmigt werden. Es entsteht dadurch eine Art Zonierung mit geringen Geschoßzahlen direkt am Strand und höheren landeinwärts.

– Nur für den Fall, daß ein Grünplan vorliegt, der auch in die Tat umgesetzt wird, werden Baugenehmigungen für Hotels erteilt.

Die sehr weitsichtig festgelegten Bauvorgaben haben dazu geführt, daß die über 12.000 Betten in Hotels des Tourismus- und Badeviertels (vgl. Abbildung 3), das sind fast drei Viertel aller Hotelbetten der Stadt (1988), auf 23 Anlagen so verteilt sind, daß ein ansprechendes Angebot zustandekam. Und die Nachfrage nach einem Badeaufenthalt in Agadir seitens europäischer Touristen ist stark wie für kein zweites marokkanisches

87

Zielgebiet. Charterflüge aus Deutschland haben fast ausnahmslos Agadir als Ziel. So verzeichnete die Stadt 1989 ca. 3,2 Mio. Übernachtungen in klassifizierten Hotels und damit etwa 30 % der gesamten Übernachtungen des Landes für diesen Angebotstyp. Von der günstigen Bettenauslastung von 52 % war bereits die Rede; aufgrund der ausgeglichenen Klimabedingungen gibt es eine fast ganzjährige Saison. Agadir ist besonders für deutsche Gäste heute das mit Abstand wichtigste marokkanische Zielgebiet des Badetourismus. Und die Bewertung des Standorts Agadir, vorgenommen unter deutschen Touristen, ist tendenziell positiv. Ausgedrückt in Schulnoten, bewerten die Besucher das Klima mit 1,7, die Unterbringung in den Hotels mit 2,0 und den Service in den Hotels mit 2,1; mit dem feinsandigen Strand waren 85 % uneingeschränkt zufrieden (FLÖRKE 1980, S. 88 u. 93).

**Studien-Rundreisen deutscher Reiseveranstalter**

Der ausländische Rundreisetourismus bildet für Marokko ein zweites wichtiges Standbein fremdenverkehrsbezogener Einnahmen. Neben Ein- oder Mehrtagesausflügen bzw. Anschlußreisen von den Badeorten an der Küste gibt es in Marokko auch den eigenen Typ des seriösen Studienreisetourismus unter Führung kompetenter Reiseleiter. Dieser Nachfragetyp sei im folgenden exemplarisch vorgestellt. Wieder nur bezogen auf deutsche Anbieter, wurden für das Stichjahr 1991 die Anzahl solcher Reisen, deren Routenwahl und ihre Übernachtungsstandorte für die drei Länder des Maghreb erfaßt (Abbildung 4)[5].

Es fällt sofort auf, daß rein quantitativ dieser Typ von Ausländertourismus in Marokko viel bedeutender ist als in den beiden Vergleichsländern. Aber auch innerhalb Marokkos schälen sich ganz charakteristische Reiseziele und Routen heraus, die man grob zusammenfassen kann als ‚Königstädte' (Marrakech, Fès, Meknès, Rabat) und ‚Großer Süden im randsaharischen Gebiet' (Straße der Kasbahs, Draâ-Oase, Antiatlas). Spitzenreiter bei den Übernachtungsorten ist Marrakech – wie überhaupt aufgrund seines überragenden Images bei uns in Europa diese Stadt bei Studienreiseangeboten nicht ausgeklammert werden darf, will man eine Marokkoreise erfolgreich verkaufen.

## b) Algerien

Wie schon eingangs erwähnt, ist der Ausländertourismus in Algerien eine *quantité négligable*. Obwohl dieses Land zahlreiche sehr attraktive Sandstrände am Mittelmeer, eindrucksvolle Naturlandschaften im Steppen- und Wüstenbereich sowie sehenswerte archäologische Stätten besitzt, spielt es im internationalen Tourismus lediglich eine Außenseiterrolle. Der Grund hierfür ist in allererster Linie das Desinteresse der politischen Machthaber, die (gespeist aus einem sozialistisch-volksdemokratischen Verständnis osteuropäischen Typs, wie es ihn bis vor kurzem noch gab) Ausländertourismus aus ideologischen Gründen ablehnen.

Dementsprechend ist auch das tourismusbezogene Angebot Algeriens eher spärlich entwickelt. Für 1984 existieren im gesamten Land 26.600 Betten in 143 klassifizierten Hotels, davon 22.800 Betten in 80 staatseigenen Hotels. Lediglich ein verschwindend kleiner Anteil von 14,5 % der Betten ist in Privateigentum. Summarisch ist die Auslastung der Hotelbetten mit durchschnittlich 148,8 Tagen zwar beachtlich; doch entfällt nur ein Auslastungsanteil von 50,3 Tagen auf ausländische Touristen (*non-résidents*).

Ganz anders erscheint die Angebotssituation für das Jahr 1987, beträgt doch nunmehr die Anzahl der Betten 46.000, was gegenüber 1984 eine Steigerung von 77 % bedeutet (vgl. Material 3). Es wäre allerdings grundfalsch, wenn wir uns aufgrund dieses Zahlenbefundes zu der These hinreißen ließen, Algerien würde nun mit Verzögerung doch noch in der Tourismusbranche expansiv werden. Im wesentlichen ist nämlich nur eine Veränderung des Klassifikationssystems der Hotels erfolgt. An die Stelle der bisherigen hierarchischen Abfolge (Luxe, $1^{ère}$ Catégorie, $2^{ème}$ Catégorie, $3^{ème}$ Catégorie, $4^{ème}$ Catégorie) der klassifizierten Hotels trat nun eine veränderte Systematik ($1^e$ catégorie (Luxe), $2^e$ catégorie (4*), $3^e$ catégorie (3*), $4^e$ catégorie (2*), $5^e$ catégorie (1*)), ergänzt durch eine vorher nicht ausgewiesene 6. Kategorie ohne Stern ($6^e$ catégorie). Zieht man die 14.600 Betten der 6. Kategorie ab, verbleiben insgesamt für Algerien lediglich 31.400 Betten – und damit fällt das Bettenwachstum deutlich bescheidener aus. Entscheidender jedoch ist, daß sich das Bettenwachstum fast ausschließlich auf den bislang nur wenig entwickelten privaten Sektor konzentriert.

Am Mittelmeerstrand gibt es als einziges größeres Zentrum des Badetourismus die Anlagen von Sidi-Ferruch (Bild 6) und Moretti, 40 km westlich von Algier[6]. Aber selbst hier dominieren, sofern die Anlagen überhaupt nennenswerte Auslastungen verzeichnen, Funktionäre des Staates (besonders in den Ferienhäusern von Moretti) oder – im Falle von Ausländern – Personen, die für gewisse Zeit dienstlich im Auftrag des algerischen Staates im Lande sind.

Wenn man, unserem Anliegen gemäß, lediglich die Übernachtungen ausländischer Touristen berücksichtigt, fällt auf, daß von den 1,34 Million Gesamtübernachtungen des Jahres 1984 730.000 (und damit mehr als die Hälfte) allein auf Algier entfallen. Bei diesen Übernachtungen ist zu unterstellen, daß es sich zu einem erheblichen Teil nicht um ‚klassische Touristen' handelt, sondern Personen, die geschäftlich und / oder aus persönlichen Gründen Algeriens Hauptstadt besuchen. Für 1986 und 1987 fällt die im Vergleich zu 1984 starke Rückläufigkeit der Übernachtungen ausländischer Touristen in Algerien auf. Nur noch 871.000 (1986) bzw. 690.000 Übernachtungen (1987) werden registriert[7]. Auch wenn im Zusammenhang damit der relative Anteil der Übernachtungen von Ausländern in Algier für 1987 auf 36,6 % sämtlicher Übernachtungen in Algerien zurückgegangen ist, bildet die Hauptstadt des Landes immer noch den bedeutendsten Übernachtungsort der *non-résidents* (vgl. Material 4). Ebenfalls erwähnenswerte Zahlen ausländischer Hotelgäste und Hotelübernachtungen entfallen lediglich noch auf das Wilaya Tipasa, das seit seiner administrativen Festlegung im

---

5) Durch die Ereignisse des Golfkrieges fand das Angebot an Studienreisen für 1991 (zumindest im ersten Halbjahr) so gut wie überhaupt nicht statt. So gesehen, sind die Auswertungsergebnisse der Abbildung 4 unzutreffend, da die Reisen nur geplant waren, durch die politischen Ereignisse am Golf jedoch nicht (vollständig) realisiert worden sind. Doch entsprechen die geplanten Reisen für 1991 dem Angebot der Jahre vorher und auch dem ab 1992, so daß die Ergebnisse des Kartogramms sehr wohl brauchbar sind.

---

6) Außerdem existieren noch in Nachbarschaft der beiden genannten die Zentren von Zeralda, Tipasa-Club und Tipasa-Matares. Ebenfalls erwähnenswert, wenn auch bereits wesentlich kleiner sind die Zentren des Badetourismus von Les Andalouses (westlich von Oran) und im Raum Béjaja sowie Annaba (vgl. SCHUSTER 1989, S. 292).

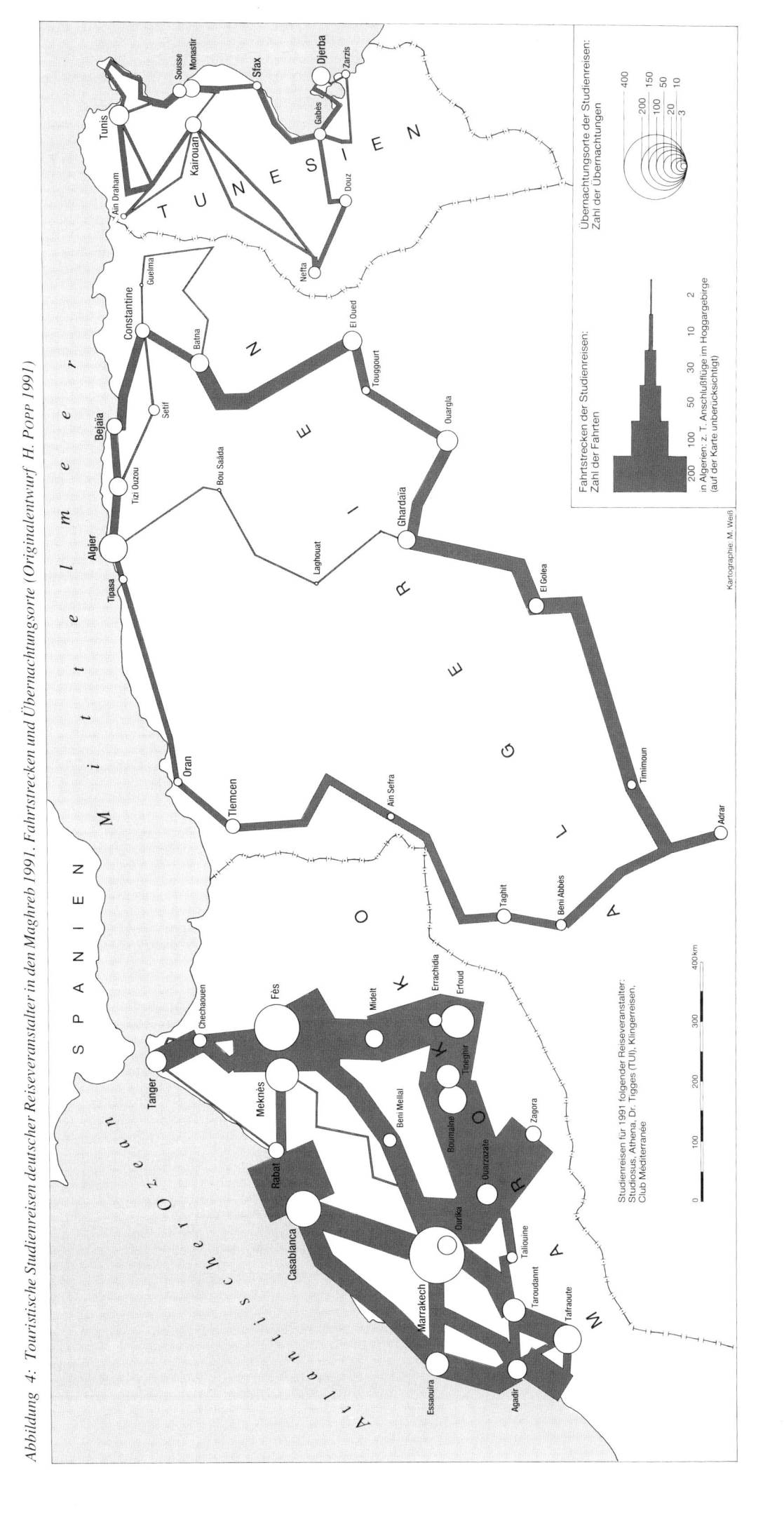

Abbildung 4: *Touristische Studienreisen deutscher Reiseveranstalter in den Maghreb 1991. Fahrtstrecken und Übernachtungsorte (Originalentwurf H. POPP 1991)*

*Bild 6: Jachthafen und Hotellerie im Bereich der touristischen Küstensiedlung Sidi-Ferruch (Wilaya Tipasa) (Aufnahme: 27. Februar 1985)*

*Bild 7: Der ‚Decumanus Maximus' der römischen Stadt Timgad. Blick in Richtung Westen zum Trajansbogen (Aufnahme: 9. März 1989)*

*Bild 8: Die Oase Beni Abbès am Rand des ‚Großen Westlichen Erg' (Aufnahme: 19. Oktober 1983)*

Jahr 1984 auch die bereits oben erwähnte Badezone von Sidi-Ferruch / Moretti umfaßt. Mit einer mittleren Übernachtungsdauer von 4,5 Tagen – bewirkt durch den Typus des Badetourismus mit längerer Verweildauer – liegt dieses Wilaya sogar an der Spitze aller algerischen Regionen.

Verglichen mit Marokko, ist der Studienreisetourismus zwar recht bescheiden ausgebildet; bei dem niedrigen Gesamtstellenwert, den der ausländische Fremdenverkehr in Algerien generell besitzt, bildet er jedoch eine respektable Größe (vgl. Abbildung 4). Noch viel stärker als im Falle Marokkos sind die Reiseziele und -routen standardisiert; sie umfassen, unabhängig vom Reiseveranstalter, nahezu identische Programme. Erwartungsgemäß sind die meisten Übernachtungen deutscher Studienreiseveranstalter auf Algier (den Ankunfts- und Rückflugsort), auf Ghardaïa im M'zab sowie auf El Oued im Souf konzentriert. Aus diesen Übernachtungsorten sowie den gewählten Routen läßt sich erkennen, daß im wesentlichen zwei Attraktionsbereiche angeboten werden: römische und numidische Ruinen im küstennahen Bereich (z. B. Djemila, Tipasa, Timgad (vgl. Bild 7), Medracen) sowie Wüste und Oasen (Aïn Sefra, Taghit, Beni Abbès (Bild 8), Timimoun, Adrar, El Golea, Ghardaïa, Ouargla, Touggourt, El Oued und, auf der Abbildung 4 nicht verzeichnet, Tamanrasset).

Man kann den Ausländertourismus Algeriens stenogrammartig charakterisieren als: so gut wie inexistent im Bereich des Küsten- und Badetourismus (Ausnahme: Sidi-Ferruch und Moretti) und als bescheiden entwickelt im Bereich des Rundreise- und Studienreisentourismus. Der Algerienreisende braucht nicht um eine Vermassung im Strom der Touristen bangen; er sollte sich aber auch auf eine quantitativ bescheidene und vom Service her noch bescheidenere Hotelinfrastruktur einstellen.

## c) Tunesien

Im Vergleich der drei Maghrebländer spielt der Tourismus für die Wirtschaft des Landes im Falle Tunesiens mittlerweile sicherlich die größte Rolle. Mit 115.770 Hotelbetten und 18,8 Mio. Übernachtungen ausländischer Gäste (für 1990)[8] liegt Tunesien in der touristischen Nachfrage noch deutlich vor Marokko. Trotz dieser quantitativen Dominanz ist der Ausländertourismus Tunesiens weniger vielseitig, als es für Marokko zutrifft. Es ist keine Übertreibung, wenn man behauptet, daß neben dem alles überragenden Badetourismus weitere Tourismusformen eine nur randliche Bedeutung aufweisen.

Zunächst staatlicherseits initiiert, nach wenigen Jahren dann aber auf der Basis privater Initiativen fortgesetzt und beschleunigt, hat sich seit Mitte der sechziger Jahre das Angebot an Betten für den Ausländertourismus boomartig entwickelt: von 5.700 im Jahr 1963 auf 31.700 im Jahr 1969, 62.400 im Jahr 1975, 73.400 im Jahr 1981, 91.900 im Jahr 1987 und schließlich 115.770 im Jahr 1990. Die Bettenkapazität wächst derzeit immer noch; allerdings nehmen demgegenüber die Touristenankünfte seit einigen Jahren nicht mehr im gleichen Maße zu.

Von der Ausstattungsqualität hat sich Tunesien stärker als Marokko auf einen etwas bescheideneren Standard von 2*- und 3*-Hotels konzentriert. Dementsprechend sind Ferienaufenthalte in Tunesien billiger als in Marokko; damit wiederum eignet sich Tunesien vorzüglich für den Angebotstyp, wie er von den großen europäischen Reiseveranstaltern (wie z. B. TUI, Neckermann, Fram) als pauschales massentouristisches Arrangement per Charterflug angeboten wird. Ende der sechziger Jahre bereits buchten über 90 % der britischen und deutschen Urlauber über Reisebüros (ARNOLD 1984, S. 461). Monastir und Djerba, die beiden wichtigsten tourismusbezogenen Flughäfen, weisen fast nur Charterverkehr auf. Konform zu dem dominierenden Angebotstyp „Strandhotel" überrascht es nicht, wenn vier Fünftel der Gäste als wichtigste Reisemotivation nach Tunesien ‚Sonne und Meer' (BERRIANE 1990, S. 96) nennen.

Drei bedeutende touristische Zentren haben sich mittlerweile in räumlicher Differenzierung ausgebildet (vgl. Abbildung 3):
– Sousse-Monastir-Sfax mit 35.000 Betten und über 7 Mio. Übernachtungen (Stand: 1987). Zu diesem, sich am Strand entlangziehenden Band an Fremdenhotels gehört neben dem Hauptzentrum Sousse mit seinen stetig nach Norden expandierenden Hotels und neben der Küstenzone von La Dkhila zwischen Sousse und Skanès auch der als Retortensiedlung völlig neu angelegte Komplex von Port El Kantaoui, nördlich von Sousse.
– Hammamet-Nabeul mit 28.000 Betten und über 5 Mio. Übernachtungen. Dieser Komplex setzt sich zusammen aus dem sich beidseits des kleinen malerischen Ortes Hammamet an der Küste entlangziehenden Hotelband, das mittlerweile schon bis 3 km westlich und 5 km nordöstlich der Medina reicht, so daß es bereits die Ortsgrenze von Nabeul erreicht hat, und Nabeul selbst mit seinem Sandstrand. Die thematische Karte Hammamets von ARNOLD für 1972 (Abbildung 5) ist inzwischen eine historische Aufnahme, weil sich seither entlang der Küste in beide Richtungen weitere Objekte außerhalb des Kartenausschnittes entwickelt haben.
– Djerba-Zarzis mit 14.000 Betten und etwa 3 Mio. Übernachtungen. Es setzt sich aus einer größeren Agglomeration von Hotels auf der Insel Djerba sowie mehreren Bungalowhotelanlagen auf dem Festland zwischen Hassi Djerbi und Zarzis zusammen (vgl. Bild 9). Das Gebiet von Djerba soll im folgenden exemplarisch etwas ausführlicher vorgestellt werden.

## Beispiel Djerba

Wie im gesamten Land setzte auch in Djerba der Massentourismus aus Europa erst in den sechziger Jahren ein. Als erstes Strandhotel wurde 1962 das Al Jazira im Sandstrand von Sidi Mahrès am Nordostrand der Insel eröffnet, gefolgt von der Anlage Djerba La Fidèle des Club Méditerranée am Strand von La Séguia. Alle weiteren Anlagen wurden in räumlicher Nachbarschaft zu den bereits bestehenden im Bereich der beiden Sandstrandabschnitte von Sidi Mahrès und La Séguia errichtet,

---

[7] Ein entscheidendes strukturelles Merkmal der Übernachtungen in algerischen Hotels ist die überragende Dominanz von Personen aus dem eigenen Land. Während 1987 die Zahl der Übernachtungen für ausländische Touristen (*non-résidents*) 689.000 betrug (18,5 %), belief sich die der in Algerien wohnhaften Ausländer (*résidents étrangers*) auf 195.000 (5,2 %) und die der Algerier (*résidents nationaux*) auf 2.836.000 (76,2 %)! D.h. drei Viertel der Hotelauslastung in algerischen Hotels erfolgt durch Einheimische. Auch in kleinräumiger Differenzierung läßt sich dieser Befund ganz analog für das Wilaya Tipasa (wo die bereits erwähnten Zentren des Badetourismus liegen) nachweisen: Von den 1.393.000 Übernachtungen des Jahres 1987 entfallen 173.000 (12,4 %) auf ausländische Touristen, 122.000 (8,8 %) auf in Algerien wohnhafte Ausländer und 1.099.000 (78,8 %) auf Algerier. Einen Anteil von mehr als 40 % an den Gesamtübernachtungen erreichen ausländische Touristen lediglich in den Wilayate Ghardaïa (42,2 %, = 21.900 Ü.), Adrar (42,5 %, = 10.100 Ü.) und Algier (42,7 %, = 252.600 Ü.) (vgl. *Annuaire Statistique de l'Algérie*. Edition 1990, S. 255).

[8] Zahlen nach: *Bundesstelle für Außenhandelsinformation* (Hrsg.): Tunesien. Wirtschaftsentwicklung 1990. Berlin 1991, S. 10.

*Abbildung 5: Die touristische Infrastruktur von Hammamet 1972 (aus: ARNOLD 1984, S. 473)*

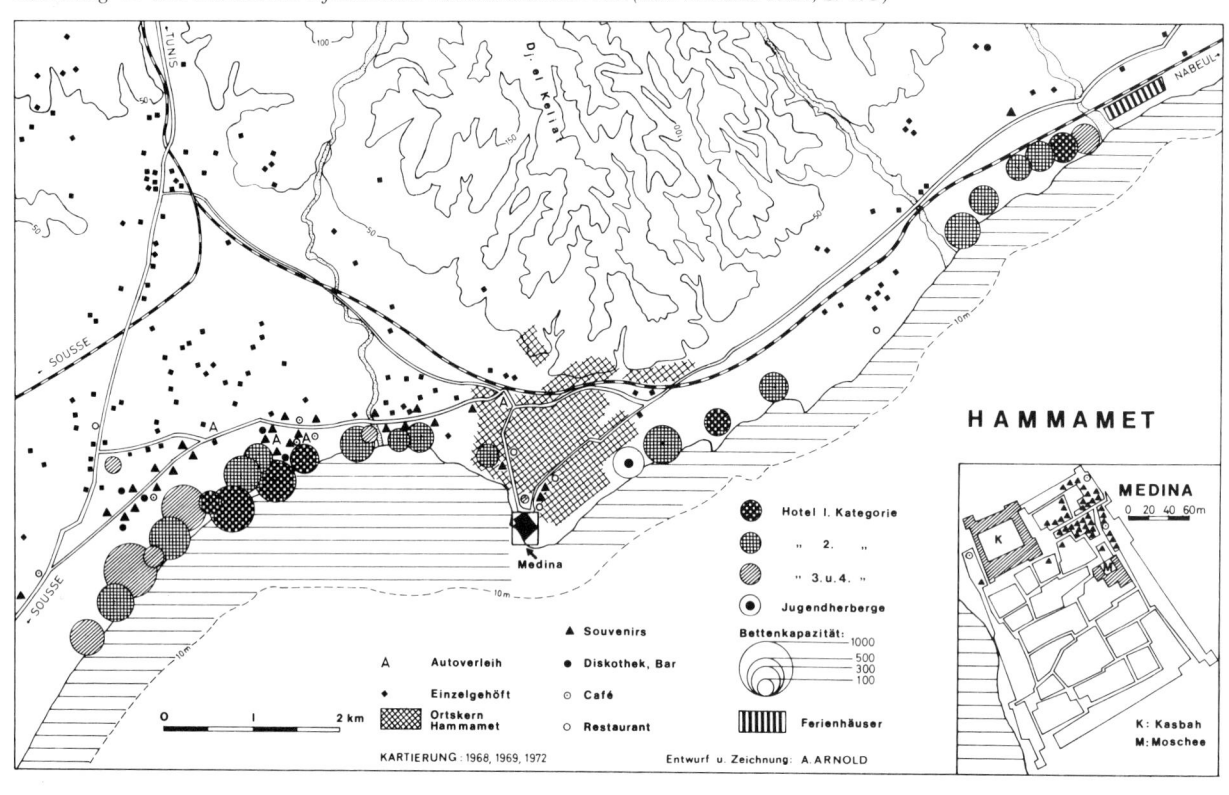

*Abbildung 6: Das Angebot an Hotelbetten auf der Insel Djerba 1989 (Originalentwurf H. POPP 1991)*

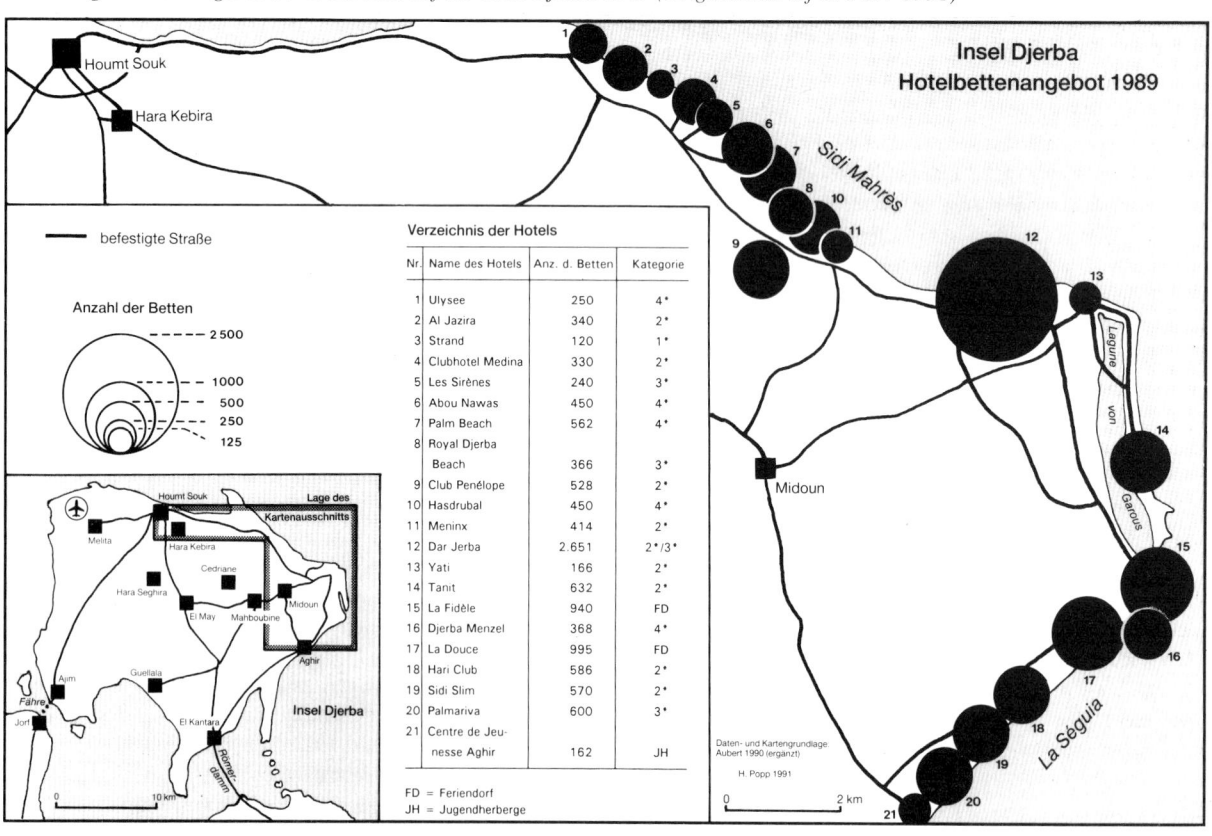

*Bild 9: Typ einer Bungalow-Hotelanlage bei Zarzis (Südtunesien): Hotel Oamarit (Aufnahme: 29. Mai 1991)*

*Bild 10: Das malerisch gelegene, durch starke Abwanderungstendenzen allmählich vom Verfall bedrohte Berberdorf Chenini in den südtunesischen Dahar-Bergen (Aufnahme: 25. Mai 1991)*

die die einzigen Sandstrände der Insel bilden; alle übrigen Küstenstrecken eignen sich nicht für Badeurlauber. Die Anlagen, die mit der Zeit immer größer wurden, und mit dem Dar Jerba, das 2.650 Betten umfaßt, seinen gigantischsten Vertreter aufweist, liegen allesamt abseits der traditionellen Siedlungskerne von Houmt Souk und Midoun – sie bilden klassische Touristen-Ghettos (vgl. Abbildung 6), die (nicht formal-juristisch, aber faktisch) Privatstrände aufweisen. Die Mehrzahl der Gäste hat Vollpension gebucht und müßte somit, sofern sie es nicht ausdrücklich will, während des Aufenthaltes das Hotelgelände überhaupt nicht verlassen. Infolge seiner höheren Klimasicherheit als weiter im Norden Tunesiens entwickelt sich Djerba zunehmend zu einem bevorzugten Ziel für Touristen, die auf der Suche nach Sonne und Meer sind.

Die wenigen Aktivitäten auf der Insel außerhalb der Hotelghettos beschränken sich im allgemeinen auf den völlig vom Tourismus geprägten Hauptort Houmt Souk mit seinem Bazar, die Synagoge von La Ghriba, die Töpferwerkstätten von Guellala und das malerische Dorf von Midoun. Organisierte Ein- oder Zweitagesausflüge in die Dahar-Berge mit ihren Berberdörfern (Matmata, Chenini; vgl. Bild 10) oder in die Nefzaoua- und Djerid-Oasen (Kebili, Douz, Nefta, Tozeur) werden angeboten.

Demgegenüber spielt, wie bereits erwähnt, der Studienreisetourismus lediglich eine marginale Rolle, unbedeutender noch als in Algerien – obwohl Tunesien reiche Potentiale für einen solchen zu bieten hätte. Wie Abbildung 4 zeigt, sind neben den vom Badetourismus geprägten Räumen (die im Falle Tunesiens im Vergleich zu Marokko interessanterweise bei den Studienreisen nicht ausgespart werden) vor allem Tunis, Kairouan, die Oasen des Südens sowie römische Ausgrabungsstätten das Ziel der Studienreisen. Im Großraum Tunis werden neben der Medina und dem Bardo-Museum die Ausgrabungen von Karthago und der malerische Künstlerort Sidi Bou Saïd aufgesucht. Bei Kairouan sind es die eindrucksvollen Gebäude aus der bedeutenden Vergangenheit dieser aghlabidischen Stadt, die einen Besuch lohnen. Unter den Oasen des Südens werden Gafsa, Tozeur, Nefta und Douz präferiert, wo das Wüstenerlebnis den wichtigsten Stellenwert hat. Von den Ausgrabungsstätten schließwerden (neben dem schon erwähnten Karthago) vorwiegend die Römersiedlungen von Bulla Regia, Dougga, Thuburbo Majus, Sbeitla und El Djem besucht.

## 4 Folgerungen und Zukunftsperspektiven

Die Ausführungen haben deutlich gemacht, daß Tunesien und Marokko heute Mittelmeer-Anrainerstaaten sind, bei denen mittlerweile der Ausländertourismus eine wichtige Rolle für die jeweilige Volkswirtschaft spielt. Am stärksten hat sich Tunesien auf den Ausländertourismus konzentriert, aber auch Marokko setzt in erheblichem Maß auf den Fremdenverkehr aus Europa. Besonders Tunesien, aber in etwas abgeschwächtem Maße auch Marokko haben sich in ihrem Angebot auf den heute zahlenmäßig dominierenden Touristen konzentriert, der Sonne und Meer sucht. Diesbezüglich haben zwar beide Länder einiges zu bieten (und hätte auch Algerien reiche Potentiale), nicht zuletzt, weil die Strandverschmutzung (verglichen mit südeuropäischen Gestaden) noch wesentlich geringere Ausmaße ausmacht. Dennoch bedeutet eine Konzentration auf den Angebotstyp ‚Sonne und Meer', daß die Touristen jederzeit auch ausbleiben könnten, um dieselbe Urlaubserwartung anderswo nachzufragen. Die Erfahrungen nach dem Golfkrieg Anfang 1991 haben dies deutlich gezeigt. Obwohl die Reichweite der kriegerischen Auseinandersetzungen überhaupt nicht bis in den Maghreb verlaufen konnte (diese Länder sind zu weit vom Irak entfernt), obwohl Tunesien und Marokko loyal an der Seite der UNO gegen Saddam Hussein standen, ja obwohl Marokko sogar Truppen nach Saudi-Arabien sandte, um sie im Notfall gegen den Irak einzusetzen, stellte sich in Europa bei den Reiseveranstaltern und potentiellen Reiseurlaubern eine Hysterie ein, die alles, was arabisch war, undifferenziert in einen Topf warf und mied. Tunesien und Marokko haben 1991 die schwersten Besuchereinbrüche seit langem zu verzeichnen (vgl. Material 5). Bis zum Hochsommer standen viele Hotels nahezu leer; zahlreiche Charterflüge der Veranstalter wurden storniert; die wirtschaftlichen Rückwirkungen waren erheblich. Für Tunesien beläuft sich z. B. die Zahl der Einreisen von Ausländern für 1989 auf 1.670.538, für 1990 auf 1.705.451, für 1991 aber nur auf 1.086.564 Personen. 1991 verzeichnet im Vergleich zum Vorjahr somit einen Rückgang der Besucherzahl von 36,3 %! In den Monaten Januar bis Mai 1990 betrug die Übernachtungszahl der Ausländer in Tunesien 6,014 Mio.; im gleichen Zeitraum 1991 dagegen nur 2,035 Mio. Erst seit Juli / August 1991 gibt es Anzeichen dafür, daß sich das Verhalten wieder normalisiert hat; doch liegen uns zu dieser Frage bisher nur provisorische Zahlen vor. Die Einreisezahl der Deutschen nach Tunesien erreicht z. B. für Dezember 1991 mit 26.169 Personen bereits wieder einen höheren Wert als für den gleichen Monat in den Jahren 1990 (18.414) und 1989 (14.901)[9].

Langfristig wesentlich krisensicherer als der Badetourismus, auch wenn er nur ein bescheidenes Angebotssegment betrifft, ist der Studienreisetourismus, weil bei diesem Angebotstyp nur sehr bedingt ein Zielgebiet so ohne weiteres durch ein anderes ersetzbar ist. Marokko hat das erkannt und versucht, seinen Fremdenverkehr auf zwei Beinen stehen zu lassen. Tunesien könnte demgegenüber seine reichen kulturellen und naturräumlichen Potentiale noch merklich intensiver erschließen als bisher.

Die Zukunftschancen für den Ausländertourismus in den Maghrebländern sind günstig. In einer Zeit, in der die Reisekosten für Charterflüge einen immer niedrigeren Anteil an den Gesamtkosten ausmachen, wird die etwas weitere Entfernung zu Europa kein verhindernder Faktor mehr. Ähnlich geartete Bausünden wie an der spanischen Mittelmeerküste mit einer übermäßigen Verdichtung gibt es im Maghreb glücklicherweise nicht. Das noch wesentlich weniger stark verbrauchte Potential entlang der Meeresstrände ist eine Trumpfkarte, die sicherlich sticht. Sofern die politischen Rahmenbedingungen eine Umorientierung zuließen, wäre zweifellos auch Algerien im Reigen der drei Maghrebländer als Touristenland in starkem Maße entwicklungsfähig.

Besonders im Falle Marokkos, in Ansätzen aber auch für Tunesien, müssen wir heute über das Ausgeführte hinaus erkennen, daß (bezogen auf den Tourismus) eine in der entwicklungstheoretischen Literatur oft beschworene Gefahr so sehr, wie vielfach vermutet, offenbar nicht zutrifft: Entwicklungsländer würden, so lautet diese Auffassung, erhebliche Investitionen in einen Bereich stecken, der der Bevölkerung des Landes kaum zugute kommt. Die volkswirtschaftlichen Effekte des Tourismus stünden in keinem Verhältnis zu diesen Vorleistungen, und zudem seien die soziokulturellen Konflikte und Negativfolgen erheblich. An dieser These ist vieles richtig. Insbesondere die soziokulturellen Konflikte lassen sich nicht leugnen. Es stellt sich aber mit signifikant zunehmender Tendenz heraus, daß mittlerweile auch eine innerarabische Nachfrage aus dem Maghreb und aus den Ländern des Machrek (des Vorderen Orient) festzustellen ist und daß vor allem der Binnentourismus eine stetig steigende Nachfrage zeigt (BERRIANE 1992). Tourismus in den beschriebenen Angebots- und Nachfrageformen ist somit nicht länger das Privileg der Europäer, sondern stößt auf einen expandierenden Binnenmarkt in den Maghrebländern selbst.

# Literatur

ARNOLD, A.: Der Fremdenverkehr in Tunesien. Entwicklung, Struktur, Funktion und Fremdenverkehrsräume. In: Würzburger Geographische Arbeiten, 37, 1972, S. 453 – 489.

ARNOLD, A.: Fremdenverkehr in Tunesien. Ein Beitrag zur Entwicklungsländerproblematik. In: Geographische Rundschau, 35, 1983, S. 638 – 643.

ARNOLD, A.: Der Fremdenverkehr. – In: K. SCHLIEPHAKE (Hrsg.): Tunesien. Stuttgart 1984, S. 458 – 476 (Ländermonographien,14).

AUBERT, H.-J.: Djerba und Südtunesien. Köln 1990 (DuMont Reise-Taschenbücher, Bd. 2004).

BERRIANE, M.: Tourisme national et migrations des loisirs au Maroc. Etude géographique. Publications de la Faculté des Lettres et des Sciences Humaines Rabat, Série: Thèses et Mémoires, N° 16, Rabat 1992.

BERRIANE, M.: Fremdenverkehr im Maghreb. Tunesien und Marokko im Vergleich. In: Geographische Rundschau, 42, 1990, S. 94 – 99.

CÔTE, M.: L'Algérie ou l'espace retourné. Paris 1988.

DÄRR, E.: Marokko. Vom Rif zum Anti-Atlas. Reiseführer für Globetrotter. München ²1985 (Reise Know-How, Bd. 2980).

FLÖRKE, A.: Fremdenverkehr in Agadir. Eine Analyse 19 Jahre nach dem Erdbeben. Staatsexamensarbeit Erlangen 1980 *(unveröffentlicht)*.

HEDDAR, B.: Rôle socio-économique du tourisme. Cas de l'Algérie. Algier 1988.

---

9) Diese aktuellen Zahlen wurden alle freundlicherweise von der Tunesischen Botschaft in der Bundesrepublik zur Verfügung gestellt.

JEDIDI, M.: L'expansion du tourisme en Tunisie et ses problèmes. In: Revue Tunisienne de Géographie, 18, 1990, S. 149 – 180.

KULINAT, K.: Fremdenverkehr in den Mittelmeerländern. Konkurrenten mit gemeinsamen Umweltproblemen. In: Geographische Rundschau, 43, 1991, S. 430 – 436.

MÜLLER-HOHENSTEIN, K. und POPP, H.: Marokko. Ein islamisches Entwicklungsland mit kolonialer Vergangenheit. Stuttgart 1990 (Klett Länderprofile).

POPP, H.: Auswirkungen des Fremdenverkehrs auf Raum und Gesellschaft in Marokko: Entwicklung – Strukturen – Folgen. – In: H. WETZEL (Hrsg.): Reisen in den Mittelmeerraum. Passauer Mittelmeerstudien, 3, Passau 1991, S. 183 – 212.

RAUSCH, Barbara: Tunesien. Wetzlar 1988 (Reise Know-How, Bd. 2980).

SCHUSTER, Adolf: Algerien. Pforzheim $^5$1989 (Goldstadt-Reiseführer, Bd. 4212).

# Material 1
## Wichtige Definitionen der nationalen und internationalen Tourismusstatistik (insbes. für die Maghrebländer):

Engl.: **visitor** / frz.: **visiteur**
„[...] any person visiting a country other than in which he has his usual place of residence for any reason other than following an occupation remunerated from within the country visited and who is staying for a period of one year or less." (1; S. 793)

Frz.: **entrée** / engl.: **entry**
„Le fait pour un voyageur de mettre les pieds sur le territoire national, hors de l'aire de transit, est consideré comme entrant." (2; S. 245)

Engl.: **tourists** / frz.: **touristes**
„[...] i.e. temporary visitors staying at least one night but not more than one year in the country visited and the purpose of whose journey can be classified under one of the following headings: (a) recreation, holiday, health, study, religion and sport; (b) business, family, mission, meeting." (1; S. 793)

Engl.: **excursionists** / frz.: **excursionnistes**
„i.e. temporary visitors who do not stay overnight in the country visited (including travellers on cruises)" (1; S. 793)

Frz.: **non-résident** / engl.: **non-resident**
„Ce sont les touristes, les excursionnistes et les voyageurs en transit à l'exclusion des excursionnistes en croisière maritime." (2; S. 245)

Frz.: **nuitées touristiques** / engl.: **touristic overnight stays**
„Il s'agit du nombre de nuits passées par les touristes marocains et étrangers dans les différents établissements hôteliers et para-hôteliers suivants: Hôtels classés; Hôtels non classés; Villages de vacances touristiques (V.V.T.); Résidences touristiques; Campings et centres de jeunesse; Résidence chez des parents, amis et autres." (3; S. 242)

**Besucher**
= jede Person, die ein anderes Land als das, in dem sie ihren Hauptwohnsitz hat, aus irgendeinem Grund besucht, der nichts mit einer vom besuchten Land bezahlten Berufstätigkeit zu tun hat; die Aufenthaltsdauer beträgt weniger als ein Jahr.

**Einreise**
Wenn ein Reisender seinen Fuß auf das Staatsgebiet außerhalb der Flächen für Transitreisende setzt, ist er ein Einreisefall.

**Touristen**
= zeitweilige Besucher, deren Aufenthaltsdauer im besuchten Land mindestens eine Nacht, maximal aber ein Jahr beträgt und deren Reisemotive einer der folgenden Klassen zugeordnet werden können: (a) Erholung, Ferien, Gesundheit, Studium, Religion, Sport; (b) Geschäftstätigkeit, Familie, Auftrag, Begegnung.

**Ausflügler**
= zeitweilige Besucher, die nicht über Nacht im besuchten Land bleiben (einschließlich Reisende auf einer Kreuzfahrt).

**Nichtansässiger**
Darunter werden zusammengefaßt: Touristen, Ausflügler (ohne Ausflügler im Rahmen einer Seekreuzfahrt) und Transitreisende, [die jeweils ihren Hauptwohnsitz außerhalb des besuchten Landes haben].

**Touristische Übernachtungen**
Dabei handelt es sich um die Anzahl der Nächte, die marokkanische und ausländische Touristen in den verschiedenen hotel- und parahotelartigen Einrichtungen verbracht haben, nämlich: klassifizierte Hotels; nichtklassifizierte Hotels; Feriendörfer; Ferienwohnungen; Campingplätze und Jugendferienlager; Wohnungen bei Verwandten, Freunden u.a.

*Quellen:* (1) United Nations/Nations Unies (Hrsg.): *Statistical Yearbook / Annuaire statistique 1987.* — New York 1990
(2) *Annuaire Statistique de l'Algérie. Edition 1990.* — Algier 1990.
(3) *Annuaire Statistique du Maroc 1990.* — Rabat o.J. [1991].

# Material 2
## Auslastung der Hotelbettenkapazität Marokkos, differenziert nach ausgewählten Provinzen (1989)

|  | Zahl der Übernachtungen in klassifizierten Hotels[1] | Zahl der Betten in klassifizierten Hotels[2] | mittlere jährliche Belegung (in Tagen) |
|---|---|---|---|
| *Tanger und die Mittelmeerküste* | | | |
| Tanger | 989.652 | 9.266 | 106,8 |
| Tétouan | 506.364 | 5.687 | 89,0 |
| Al Hoceïma | 128.125 | 2.318 | 55,3 |
| *Atlantischer Küstenbereich im Süden* | | | |
| Essaouira | 59.673 | 386 | 154,6 |
| Agadir | 3.181.279 | 16.910 | 188,1 |
| Tiznit | 26.585 | 500 | 53,2 |
| *Königsstädte und Casablanca* | | | |
| Casablanca | 1.227.670 | 8.178 | 150,1 |
| Rabat-Salé | 537.882 | 3.503 | 153,5 |
| Meknès | 199.690 | 1.518 | 131,5 |
| Fès | 591.947 | 3.934 | 150,5 |
| Marrakech | 2.162.212 | 14.500 | 149,1 |
| *Großer Süden (Binnenbereich)* | | | |
| Ouarzazate | 333.873 | 3.668 | 91,0 |
| Errachidia | 83.148 | 760 | 109,4 |
| Taroudannt | 73.769 | 733 | 100,6 |
| *Westsahara* | | | |
| Laâyoune | 24.567 | 859 | 28,6 |
| *Marokko gesamt* | 10.749.907 | 80.554 | 133,4 |

(1) Nicht berücksichtigt sind Übernachtungen in nichtklassifizierten Hotels und auf Campingplätzen.
(2) Darunter werden zusammengefaßt 1*–5*-Hotels, Feriendörfer und Ferienwohnungen.

*Quelle: Annuaire Statistique du Maroc 1990* 1991, S. 250-253

# Material 3
## Entwicklung der Bettenkapazität in Algerien von 1984 bis 1987

|  | 1984 | | 1986 | | 1987 | |
|---|---|---|---|---|---|---|
|  | Anzahl der Hotels | Anzahl der Betten | Anzahl der Hotels | Anzahl der Betten | Anzahl der Hotels | Anzahl der Betten |
| **Staatliche Hotels** *(Secteur Public)* | | | | | | |
| 1e catégorie Luxe (5*) | 3 | 2.245 | 3 | 2.056 | 3 | 2.056 |
| 2e catégorie (4*) | 18 | 4.787 | 11 | 3.472 | 11 | 3.139 |
| 3e catégorie (3*) | 45 | 14.376 | 35 | 16.842 | 35 | 16.137 |
| 4e catégorie (2*) | 12 | 1.083 | 6 | 2.653 | 6 | 2.242 |
| 5e catégorie (1*) | 2 | 316 | — | — | — | — |
| 6e catégorie | — | — | — | — | — | — |
| Staatl. Hotels, gesamt | 80 | 22.807 | 55 | 25.023 | 55 | 23.574 |
| **Private Hotels** *(Secteur Privé)* | | | | | | |
| 1e catégorie Luxe (5*) | — | — | 2 | 302 | 2 | 302 |
| 2e catégorie (4*) | 2 | 226 | 4 | 396 | 4 | 396 |
| 3e catégorie (3*) | 6 | 386 | 18 | 1.019 | 18 | 1.019 |
| 4e catégorie (2*) | 20 | 1.217 | 63 | 3.909 | 63 | 3.909 |
| 5e catégorie (1*) | 35 | 2.027 | 44 | 2.213 | 44 | 2.213 |
| 6e catégorie | — | — | — | — | 387 | 14.621 |
| Private Hotels, gesamt | 63 | 3.856 | 131 | 7.839 | 518 | 22.460 |
| **Hotels insgesamt** *(Total Général)* | 143 | 26.663 | 186 | 32.862 | 573 | 46.034 |

Quelle: *Annuaire Statistique de l'Algérie 1983-1984*, S. 254; *Annuaire Statistique de l'Algérie. Edition 1990*, S. 252.

## Material 4
### Räumliche Differenzierung des Ausländertourismus in Algerien (1987) für die am häufigsten besuchten Wilayate

| Wilaya | Hotelankünfte | Übernachtungen | mittlere Übernachtungszahl |
|---|---|---|---|
| Algier | 84.034 | 252.551 | 3,0 |
| Tipasa | 38.083 | 172.689 | 4,5 |
| Ghardaïa | 14.812 | 21.901 | 1,5 |
| Oran | 14.065 | 35.007 | 2,5 |
| Annaba | 13.995 | 44.189 | 3,2 |
| El Oued | 9.405 | 11.673 | 1,3 |
| Ouargla | 9.184 | 11.835 | 1,3 |
| Constantine | 6.988 | 16.686 | 2,4 |
| Béchar | 6.350 | 9.537 | 1,5 |
| M'Sila | 6.220 | 7.025 | 1,1 |
| Adrar | 5.755 | 10.077 | 1,8 |
| Biskra | 5.321 | 8.904 | 1,7 |
| Tizi Ouzou | 4.480 | 13.835 | 3,1 |
| Béjaja | 3.954 | 11.591 | 2,9 |
| Algerien gesamt | 250.571 | 689.197 | 2,8 |

Quelle: *Annuaire Statistique de l'Algérie. Edition 1990, S. 253 u. 255.*

# Material 5
### Entwicklung der Einreisen ausländischer Touristen nach Tunesien unter dem Einfluß des Golfkrieges (Januar bis März 1991)

|  | Zahl der Einreisen ausländischer Touristen | davon Einreisen der Franzosen | davon Einreisen der Deutschen |
|---|---|---|---|
| **1989** | | | |
| *Januar – Juni* | 1.371.077 | 231.676 | 200.717 |
| *Juli – Dezember* | 1.851.159 | 229.020 | 253.792 |
| *Gesamtjahr 1989* | 3.222.236 | 460.696 | 454.509 |
| **1990** | | | |
| *Januar* | 152.619 | 16.023 | 13.724 |
| *Februar* | 165.281 | 30.279 | 14.870 |
| *März* | 218.389 | 35.865 | 32.618 |
| *April* | 269.716 | 65.790 | 47.753 |
| *Mai* | 246.082 | 50.829 | 44.974 |
| *Januar – Juni* | 1.313.428 | 243.696 | 205.260 |
| *Juli – Dezember* | 1.890.359 | 214.426 | 274.163 |
| *Gesamtjahr 1990* | 3.203.787 | 458.122 | 479.423 |
| **1991** | | | |
| *Januar* | 142.439 | 6.294 | 10.269 |
| *Februar* | 114.894 | 2.835 | 3.212 |
| *März* | 180.676 | 4.300 | 8.647 |
| *April* | 194.470 | 14.263 | 14.050 |
| *Mai* | 223.647 | 18.209 | 28.676 |
| *Gesamtjahr 1991* | .. | .. | 393.416 |

Quelle: *freundliche Mitteilung der Tunesischen Botschaft in der Bundesrepublik auf der Basis von Daten des « Office National du Tourisme Tunisien ».*

Johann-Bernhard Haversath

# Stadtentwicklung in Griechenland

Wandel, Strukturen und Probleme der gegenwärtigen Groß- und Mittelstädte

## 1 Epochen der Stadtentwicklung

„In den Städten des Landes drückt sich dessen historische Entwicklung in besonderer Weise aus. Daraus erklärt es sich, daß die griechischen Städte nicht jene Tiefe, architektonische Vielfalt und Dichte aufweisen, wie die Städte Italiens, Frankreichs oder Spaniens" (LIENAU 1989, S. 223). Diese Einschätzung der Stadtentwicklung Griechenlands mag auf den ersten Blick verwundern, hat doch kaum ein anderes europäisches Land – zumindest vordergründig – eine solche historische Tiefe, eine derart bedeutende Vergangenheit wie eben Griechenland.

Mehrere stadtgeographische Termini sind sogar direkt von altgriechischen Bezeichnungen abgeleitet. Das Wort für Stadt bzw. Stadtstaat, *polis*, ist Bestandteil verschiedener Wortzusammensetzungen: Metropole, Megalopolis oder Technopolis. Hieraus aber eine Kontinuität der griechischen Stadtentwicklung seit dem Altertum ableiten zu wollen wäre verfehlt. Die Geschichte griechischer Städte seit mykenischer Zeit (1500 v. Chr.) ist vielmehr in vier große Abschnitte gegliedert, die durch drei markante Einschnitte in jeweils eigenständige Phasen zerfallen.

a) Die Anfänge der griechischen Stadtentwicklung gehen bis zu den **mykenischen Burganlagen** zurück, deren markantestes Beispiel die Akropolis von Athen ist. Im frühen zweiten Jahrtausend vor Christus bildet sie als Königsburg den Kristallisationspunkt einer städtischen Siedlung; erst viel später – um 1000 – entwickelt sich die Akropolis zum Kultzentrum, das unter Perikles (ab 456) mit den berühmten Prunkbauten der Propyläen, des Parthenon und Erechteion ausgestattet wird.

Ein wichtiges Formelement griechischer Städte, die planmäßige Gestaltung des Straßennetzes, ist ebenfalls bis in die klassische Antike zurückzuverfolgen. Hippodamos von Milet, ein Architekt des 5. Jahrhunderts v. Chr., gilt als Schöpfer des regelmäßigen Grundrisses mit rechtwinklig sich schneidenden Straßen. Nach seinen Plänen werden neben Milet die Städte Piräus, Thurii in Süditalien und Rhodos erbaut (MARWITZ 1979, Sp. 1161 – 1162). Einen Überblick über die griechische Stadt der klassischen Antike bieten MURRAY und PRICE (1990).

b) In **byzantinischer Zeit** (395 – 1453 n. Chr.) werden die meisten antiken Städte aufgegeben. Nach den Unruhen der Völkerwanderung (die Westgoten und verschiedene slavische Völker zogen durch das Land) blieb die politische Instabilität kennzeichnend. Neben Byzanz hatten die Venezianer und fränkische Kreuzritter die oft wechselnde Herrschaft über das Territorium. Städtisches Leben zieht sich auf wenige sichere Plätze zurück. Besonders bekannt ist Mistras, das vom 13. bis 15. Jahrhundert unter dem Despotat der Paläologen eine kurze, glänzende Geschichte erlebte. Die Stadt, die heute nur noch aus Ruinen besteht, liegt auf einer Kuppe der Vorberge des Taïgetos mit Blick über das Eurotastal. Die antike und in neugriechischer Zeit (1834) wiedergegründete Stadt Sparta (POTYKA 1981) liegt in dieser Flußebene.

c) In **türkisch-osmanischer Zeit** (1453 – 1821, in den nördlichen Landesteilen bis 1919) ändert sich das Bild abermals. Die Städte werden nach den Vorbildern der orientalisch-islamischen Anlagen umgeformt bzw. neu erbaut. Charakteristische Kennzeichen sind jetzt die Moschee, der Bazar, ein verwinkeltes Straßensystem mit Sackgassen u.v.a. Nach dem Ende der ‚Turkokratia' liegen oft gerade die Städte, Zentren der Macht und Mittelpunkte des Handels, in Schutt und Asche; sie werden im neuen Nationalstaat meistens mit bewußt verändertem Grundriß wieder aufgebaut. Andere Städte – z. B. Athen – sind zu Beginn des 19. Jahrhunderts bis zur Bedeutungslosigkeit eines Dorfes herabgesunken (LIENAU 1987) und erleben erst in der neuen Zeit eine zweite Blüte (KERN 1986).

d) Die Stadtentwicklung in **neugriechischer Zeit** (ab 1821) setzt sich bewußt von der orientalisch-islamischen Tradition der jahrhundertelangen osmanischen Epoche ab. Die neugriechischen Städte sind in der Regel moderne Anlagen – in der Tat ohne jene historische Tiefe, der vielschichtigen, bewegten Vergangenheit zum Trotz.

## 2 Die Städte Griechenlands

In der griechischen Statistik beginnen die halb- oder kleinstädtischen Siedlungen bereits bei 2.000 Einwohnern, alle Siedlungen mit 10.000 und mehr Einwohnern sind Städte (SAUERWEIN 1976, S. 49). Die größte Stadt des Landes ist Athen mit über 3 Mio. Einwohnern (Agglomeration); nur 20.000 Einwohner reichen für Arta in Westgriechenland, um in der Stadtgrößen-Rangfolge immerhin noch Platz 39 einzunehmen. Die Kluft zwischen den wenigen Großstädten und den zahlreichen Mittelstädten ist sehr groß.

Die Ranggrößenverteilung (Abbildung 1) gibt einen raschen, landesweiten Überblick. Weit vor allen Konkurrenten steht die Hauptstadt an der Spitze; die überproportionale Einwohnerzahl der Agglomeration Athen (33 % der Landesbewohner) und das steile Abfallen der Kurve bei den anderen Rangplätzen rechtfertigen es, Athen als Primatstadt (HEINEBERG 1989, S. 5) zu

*Abbildung 1: Ranggrößenverteilung der Städte Griechenlands (1981) und der Bundesrepublik Deutschland (1979)*

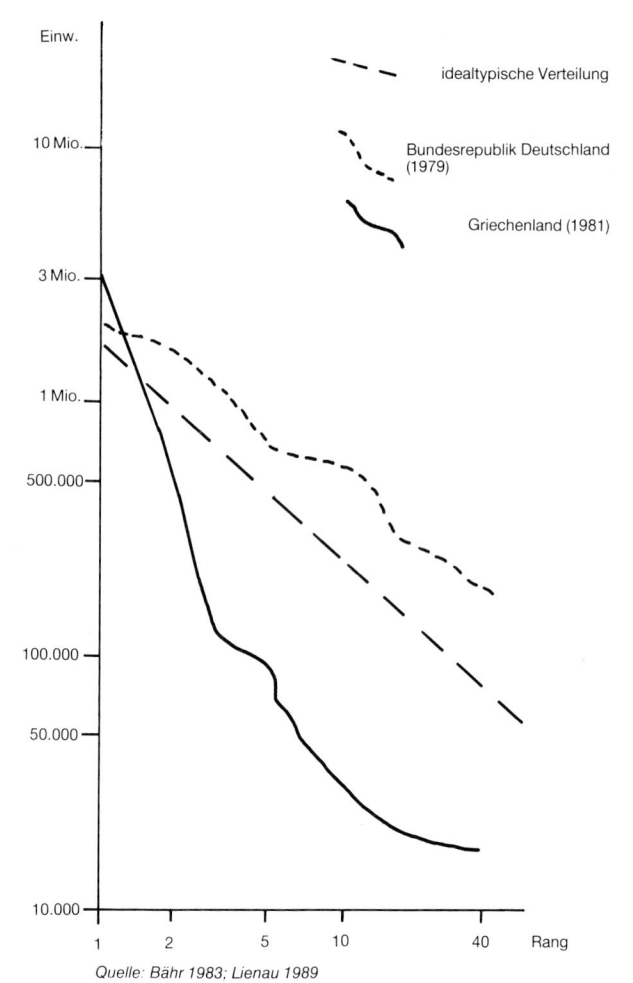

*Abbildung 2: Rangordnung griechischer Städte über 20.000 Einwohner (aus: HAVERSATH 1991, S. 418)*

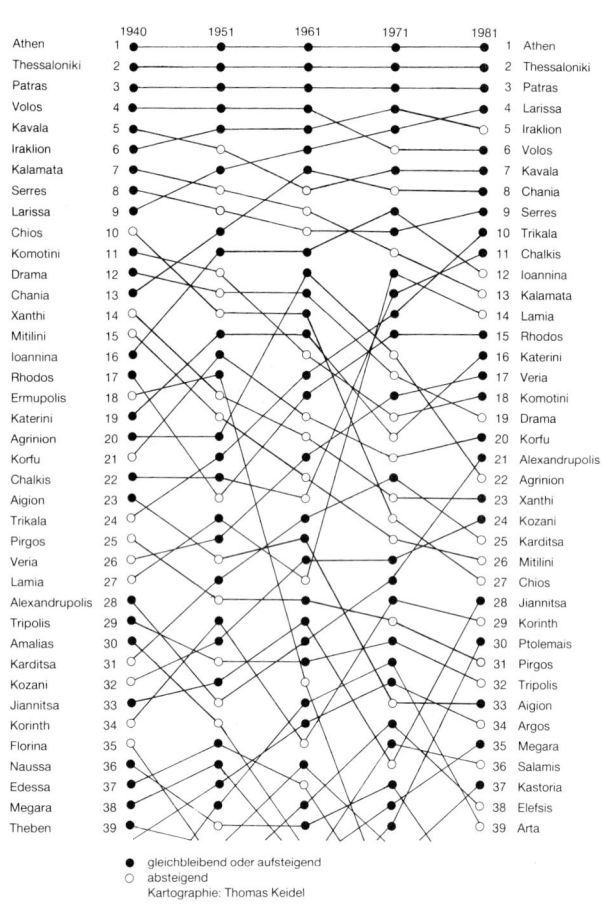

## 2.1 Athen

bezeichnen. In eindeutiger Weise fügen sich alle anderen Städte in das Bild der sog. Primatverteilung (HAGGETT 1983, S. 461); daß hieraus nicht vorschnell auf eine ‚Überurbanisierung' bzw. eine Entwicklung, wie sie für südamerikanische Großstädte kennzeichnend ist, geschlossen werden darf, betont LEONTIDOU (1990, S. 105 – 109). Im doppelt-logarithmischen Diagramm ist der Kurvenverlauf für Griechenland ausgesprochen konkav. In der Bundesrepublik Deutschland (1979) zeigt dagegen die z.T. binäre Verteilung (konvexer Kurvenverlauf) an, daß es hier keine alles überragende Kapitale gibt. Auch mit der Einigung Deutschlands (1990) hat sich dieser Tatbestand nicht grundlegend geändert.

Die gegenwärtige Ranggrößenverteilung wird durch vier nach Dekaden gemessenen Querschnitte (Abbildung 2) in eine zeitliche Folge zerlegt, aus der im folgenden manche Probleme der Stadtentwicklung zu erkennen sind. Die Primatstadt und zwei weitere Großstädte (Thessaloniki, Patras) haben ihre Rangposition seit Jahrzehnten ungefährdet inne. Die anderen Städte dagegen – sämtlich Mittelstädte mit 20.000 bis knapp über 100.000 Einwohner – erfahren z. T. erhebliche Platzverschiebungen (HAVERSATH 1991, S. 418 – 419). Um bei derart entgegengesetzt verlaufenden Prozessen einen Überblick über die gegenwärtige Stadtentwicklung zu bekommen, werden im folgenden vier Städte vorgestellt, die jeweils eine andere Entwicklung durchlaufen haben: Athen, Ioannina, Tripolis und Rhodos.

Wie in anderen Ländern mit zentralistischer Organisation der Verwaltung (z. B. Frankreich, Italien) konzentrieren sich auch in Griechenland im Vergleich zum Bevölkerungsanteil (33 %) die wirtschaftlichen und gesellschaftlichen Aktivitäten überproportional auf die Hauptstadt. In diesem Ballungsraum (0,3 % der Landesfläche) sind 90 der 100 größten Industriebetriebe des Landes angesiedelt und 68 % aller Gewerbebetriebe, so daß 66 % des landesweiten Steueraufkommens auf dieses Gebiet entfällt; 62 % der im Land niedergelassenen Fachärzte, 58 % der Ärzte, 58 % aller im Großhandel Beschäftigten und 47 % aller Industriebeschäftigten betonen die Hegemonialstellung des attischen Bevölkerungszentrums. Die Agglomeration umfaßt auf 427 km$^2$ 57 selbständige Gemeinden, deren größte Athen (885.737 Einwohner) und Piräus (196.389 Einwohner) sind.

Die Bevölkerungsentwicklung ist sprunghaft verlaufen. Nach der Niederlage im Krieg gegen die Türkei (1920 – 22) war ein Zustrom von ca. 300.000 Flüchtlingen zu verkraften. Neue Wohnvororte wurden gebaut, deren Namen (Nea Ionia, Nea Smyrni u. a.) die Erinnerung an die Herkunft der Bewohner wachhalten. Im zweiten Weltkrieg und während des anschließenden zweiten Bürgerkriegs (1946 – 49) hält der Zustrom von Flüchtlingen aus den gefährdeten und umkämpften Landesteilen an (RUWE 1990). Die Abwanderung aus den peripheren festländischen Gebieten besonders im Norden, aus dem Gebirge und

*Bild 1: Athen – Überblick über die Stadt vom Likawittos-Hügel (alle Aufnahmen: Haversath)*

*Abbildung 3: Stadtentwicklungsplan Athen 1834 (vereinfacht nach: KERN 1986, S. 68)*

geplanter Grundriß

geplante Erhaltung des alten Grundrisses

heutiger Grundriß

von den Inseln zielt auf den Ballungsraum Athen (sogenannter Akropolis-Komplex) (SAUERWEIN 1976, S. 41), in dem von den Zuwanderern die besten Lebenschancen erwartet werden. Es gibt keinen Landesteil, der nicht von der Sogwirkung Athens betroffen ist (*Kentron Ikonomikon Erevnon* u. a. 1964, S. 218).

Die Stadt expandiert unkontrolliert, weil in den meisten Fällen die Entwicklungspläne zu spät fertig sind. Um das Chaos wenigstens in groben Zügen zu steuern, beschränkt man sich auf die Gestaltung des Straßennetzes (Bild 1). Die neuen Siedlungen bekommen den üblichen schachbrettartigen (z. B. Nea Ionia, Kalamaki, Nea Smyrni), in Einzelfällen auch einen radialkonzentrischen Grundriß (z. B. Psychikon, Iliupolis, Nea Philadelphia) (KERN 1986, S. 59). Es gehört dabei zur Praxis des gesellschaftlich-politischen Klientelsystems, daß solche illegal

*Bild 2: Geschäftsstraße Eleftheriu Weniselu in Ioannina*

*Bild 3: Ehemalige Geschäftspassage (Stoa Liampei) in Ioannina*

errichteten Wohngebiete kurz vor Wahlen als rechtmäßig erklärt werden (PATTON und SOPHULIS 1989).

Die anfänglichen Bemühungen um ein geordnetes Stadtwachstum, wie sie im Entwicklungsplan Leo von Klenzes (1834) zum Ausdruck kommen (Abbildung 3), sind dennoch nicht vergeblich. Nur wegen dieser Entwicklungsleitlinien (HALL 1986, S. 76 – 94) blieb die Plaka, das verwinkelte türkische Bazarviertel zu Füßen der Akropolis, erhalten und die moderne City konnte sich im planmäßig angelegten Dreieck zwischen Agora, Omonia- und Syntagma-Platz entwickeln.

Die heutigen stadtklimatischen Bedingungen mit zahlreichen Smog-Wetterlagen sind ein Ergebnis der dichten und ungeordneten Bebauung, der Beckenlage, des hohen Verkehrsaufkommens und der Industriedichte. Noch vor 40 Jahren wurde die Luft in Athen als frei von Staub und Ruß und besonders rein beschrieben (PHILIPPSON 1952, S. 938). Betrachtet man die gegenwärtige Umweltsituation in Athen, dann sieht es wie ein Paradoxon aus, daß gerade hier 1933 das Manifest für einen am Gemeinwohl orientierten funktionalen Sädtebau, die Charta von Athen (BREITLING 1970), verabschiedet wurde.

## 2.2 Ioannina

Die Hauptstadt von Epirus, Ioannina (44.800 Einwohner), liegt im Nordwesten Griechenlands. Sie gehört in die Gruppe der größeren Mittelstädte (vgl. Abbildung 2) und nimmt 1981 Rang 12 unter den griechischen Städten ein. Ihre Bevölkerungsbilanz ist seit den letzten Dekaden positiv. Als alter Verwaltungssitz – seit dem 15. Jahrhundert residierte hier ein osmanischer Pascha – verfügt die Stadt über viele zentrale Einrichtungen, hat einen Flughafen (mit Linienverkehr nach Athen, Thessaloniki und Tirana) und ist Mittelpunkt eines weiten ländlichen Umlands. Seit Jahrzehnten ist sie regionaler Sammelpunkt der Menschen, die die entlegenen Bergorte verlassen und sich in der Stadt nach neuen Verdienstmöglichkeiten umsehen; Ioannina profitiert auch von Remigranten, die nach einem Arbeitsaufenthalt in West- und Mitteleuropa nicht mehr in ihre Heimatdörfer im Pindos-Gebirge zurückkehren, sondern in der Stadt ein neues Leben beginnen (MERLOPULOS 1967).

Durch die Balkanspiele rückte die Stadt schon mehrfach für kurze Zeit ins Licht der internationalen Öffentlichkeit, wenn auf dem See (Pamwotis Limni), an dessen Rand Ioannina liegt, die Ruderwettkämpfe ausgetragen wurden. Hätte Athen für die Olympischen Spiele 1996 den Zuschlag bekommen, wäre ein weiteres Mal die weltweite Aufmerksamkeit auf diese Stadt gelenkt worden.

*Abbildung 4: Moderne Einkaufs- und Dienstleistungspassage (Stoa Orfeas) in Ioannina (Quelle: eigene Erhebung)*

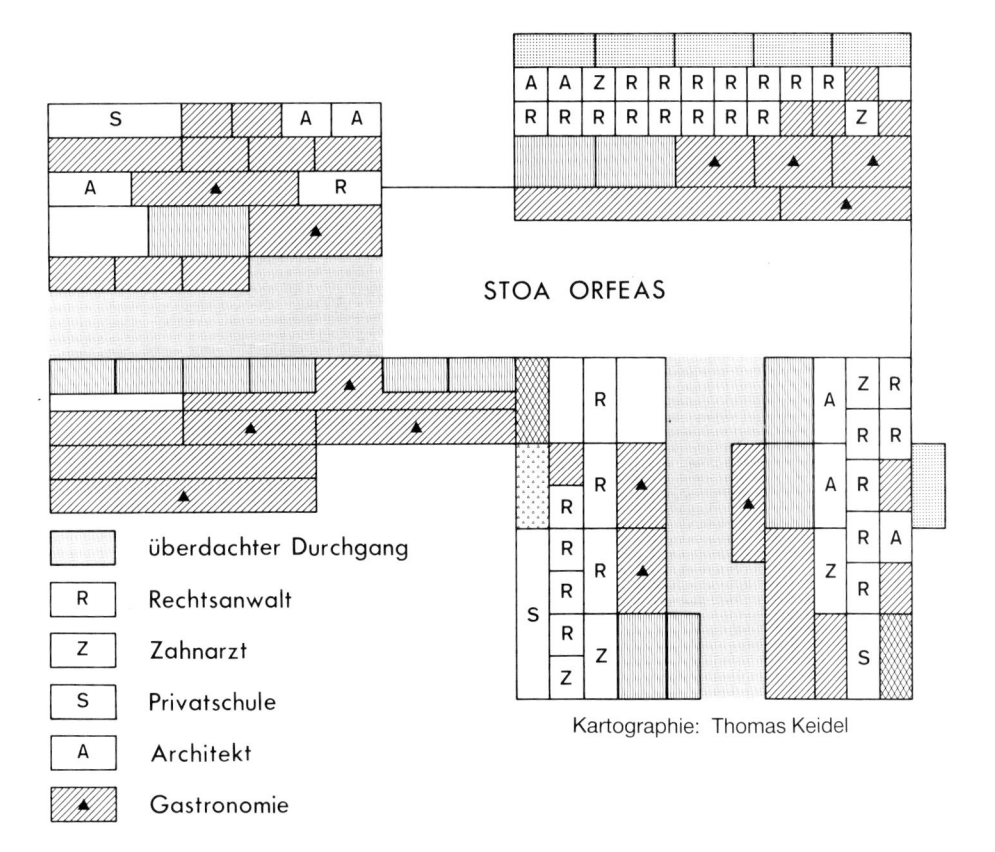

STOA ORFEAS

| | überdachter Durchgang |
|---|---|
| R | Rechtsanwalt |
| Z | Zahnarzt |
| S | Privatschule |
| A | Architekt |
| ▲ | Gastronomie |

Kartographie: Thomas Keidel

Die moderne Entwicklung der Stadt ist aus dem funktionalen Wandel der Geschäftsstraßen zu erkennen. Die Straße Eleftheriu Weniselu (Bild 2) führt quer durch den geschäftlichen Kernbereich der Stadt. Die Häuser sind überwiegend ein- und zweigeschossig. Die Bausubstanz läßt in den meisten Fällen zu wünschen übrig: In die Fassade, den Innenausbau und die technischen Einrichtungen ist seit Jahrzehnten nicht mehr investiert worden, sie verfallen zusehends. Die Obergeschosse dienen Wohnzwecken, das Erdgeschoß wird geschäftlich genutzt. In dieser Straße sind besonders Geschäfte mit langfristigem Warenangebot vertreten. Das Kupfer- und Messinghandwerk, Textil- und Bekleidungsgeschäfte, Schmuck-, Farb-, Matratzen-, Schuh-, Werkzeug-, Elektroläden u. a., meist kleine Ladenlokale vermitteln noch heute mit ihrem geschäftigen Treiben das Fluidum einer orientalischen Stadt. Der Charakter dieser Straße als Einkaufsstraße ist bereits von N. GAGE (1987, S. 158) in dem Roman „Eleni" für 1947 beschrieben worden.

Den funktionalen Wandel dieser Straße zeigt der Blick hinter die Fassaden. Zahlreiche Stoas (Säulengänge, Passagen) erschließen die bis zu 40 Meter tiefen Grundstücke. Eine davon ist die Stoa Liampei (Bild 3); dieser ehemals belebte Einkaufs- und Geschäftsbereich verfügt inzwischen nur noch über eine Werkstatt und eine Druckerei, 18 weitere Ladenlokale sind geschlossen, manche werden allerdings als Lager eines Möbelgeschäfts genutzt. Wie beim Gang durch die Straßen der Stadt zu beobachten ist, gab es früher solche mit Handwerkern und kleinen Ladengeschäften besetzten Stoas mehrfach (MANEKAS 1979, S. 41). Sie erschließen den Raum zwischen zwei Straßen mit Geschäften und machen durch einen aufwendig gestalteten Torbogen an der Straße auf sich aufmerksam. Solange die lokale handwerkliche Produktion am heimischen Umsatz noch stark beteiligt war und keine Schaufenster als ‚Kundenfang' nötig waren, florierten die Stoas und sorgten für eine hohe Geschäftsdichte im Bereich der Einkaufsstraßen. Mit dem Wandel der Konsumgewohnheiten (hauptsächlich seit den 70er Jahren) wurden sie zunächst durch neue, moderne Geschäfte mit breiter Glasfront abgelöst, anschließend verfielen sie.

Gleichzeitig verlor auch der Bazar viel von seiner Bedeutung; nur an wenigen Stellen gibt es noch die alten, kleinen Geschäfte, die ihr Sortiment aus Platzgründen z. T. auf dem Gehsteig präsentieren. In zahlreichen Seitenstraßen der Eleftheriu Weniselu ist die alte Bazarstruktur aus dem Baubestand der eingeschossigen Häuser auf schmal parzelliertem Grund noch zu erkennen.

Die modernen Geschäfts- und Wohnhäuser Ioanninas stehen nicht weit entfernt an den breiten Hauptverkehrs- und Geschäftsstraßen, der Odos Georg. Aweroff, der Platia Pirgu und der Odos Dodonis. Durchgehend sind hier das Erd- und Zwischengeschoß, oft auch die Obergeschosse modernen Geschäften (Süßwaren, Schmuck, Cafés u. a.) vorbehalten; der Anteil an Wohnungen ist geringer als in anderen Teilen der Stadt, aber nicht völlig zurückgedrängt.

Eine neue Entwicklung sind moderne Einkaufspassagen, die an die Tradition der alten Stoas anknüpfen. Die Stoa Orpheas, die an einer Straßenecke zwei Grundstücke mit einem teilweise überdachten Durchgang erschließt, enthält zahlreiche Geschäfte (Restaurants, Boutiquen u. a.), öffentliche und private Dienstleistungsunternehmen (Kanzleien, Praxen, Privatschulen, Büros u. a.) und Freiflächen (Abbildung 4). Die Gestaltung der Fassaden und Auslagen sowie das gesamte Angebot ist auf eine Kundschaft eingestellt, deren gestiegener Lebensstandard in erhöhtem Konsum zum Ausdruck kommt. Doch auch alte, tradi-

*Abbildung 5: Ausfallstraße nach Argos (Odos Eleftheriu Weniselu) in Tripolis (Quelle: eigene Erhebungen)*

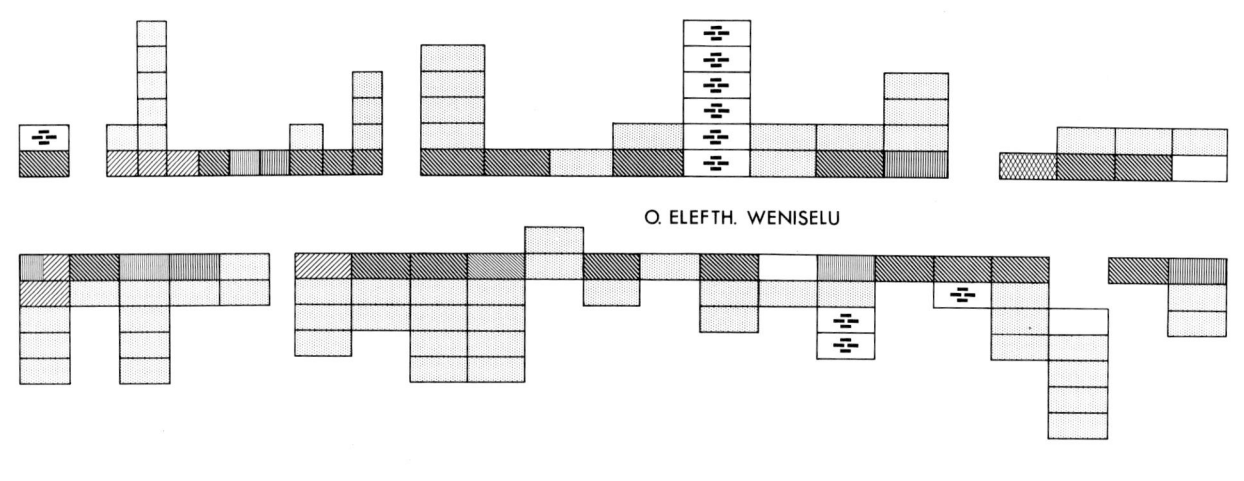

O. ELEFTH. WENISELU

| | Parkanlagen |
| | Militär |
| | Garagen |
| • | Kiosk |
| | öffentliche Einrichtung |
| | tägliches Warenangebot |
| | langfristiges Warenangebot |
| | private Dienstleistungsbetr. |
| | traditionelles Handwerk |
| | Gewerbebetriebe |
| | Wohnen |
| | in Bau |

Kartographie: Thomas Keidel

tionelle Raumnutzungen sind hier erkennbar. Die vielen Rechtsanwaltskanzleien – in der Regel besteht eine Kanzlei aus einem Raum – sind hier wie in anderen griechischen Städten der untrügliche Hinweis auf die Nähe des *Dikastikon Megaron*, des Gerichtsgebäudes.

Ein weiteres griechisches Spezifikum sind die vielen Privatschulen *(Frontistirion)* die auf Fächergruppen (z. B. Sprachen, Naturwissenschaften) spezialisiert über die ganze Stadt verteilt sind. Allein in der Stoa Orfeas gibt es davon drei; sie werden von jeweils wenigen Lehrern geleitet, die in bis zu drei Klassenzimmern den Schülern am Nachmittag das Wissen vermitteln, das eigentlich Thema des morgendlichen Unterrichts gewesen wäre. Bei dem im europäischen Vergleich niedrigen Niveau griechischer Lehranstalten gilt der Besuch eines *Frontistirion* als notwendig, um einen guten Schulabschluß zu erreichen.

Die Altstadt, das Kastro (Bild 4), ragt halbinselförmig in den See von Ioannina. Die alten Zentren der Macht, der Palast des Pascha, die Moschee, Bibliothek und Schulen, haben nur noch musealen Charakter, soweit sie überhaupt erhalten sind. Die Wohnhäuser dieses Stadtteils werden nach denkmalpflegerischen Kriterien renoviert, so daß die regionale Bauweise mit überkragenden Obergeschossen und vergitterten Erkern erhalten bleibt. Das in alter Manier wiederhergestellte Kastro ist heute ein wichtiges Ziel des innergriechischen Städtetourismus.

Aus dem Schatten der Primatstadt Athen treten Mittelstädte wie Ioannina mit vergleichsweise geringer zentralörtlicher Ausstattung nicht heraus. Ioanninas unverkennbare osmanische Wurzeln verleihen der Stadt einen Großteil ihrer Individualität. Durch erhaltende Erneuerung bleibt in der Altstadt die gewachsene Struktur gewahrt. Es ist dies der seltene Fall einer konsequenten Umsetzung planerischer Vorgaben in einer griechischen Stadt.

Die Entwicklung in den anderen Teilen Ioanninas verläuft dagegen ohne klares Konzept. Eine rege Bautätigkeit läßt zwischen zweigeschossigen Häusern sechs- bis neungeschossige Neubauten entstehen. Trotz der Gründung einer Universität, der Errichtung eines Flughafens und einer großzügigen Industriezone bleibt die Stadt aber nur ein Provinzhauptort, dessen Rangposition (Nr. 12) in Deutschland der von Dresden mit (1989) 501.400 Einwohnern entspricht, dessen Bedeutung allerdings über das regionale Umfeld in Epirus nicht hinausreicht.

## 2.3 Tripolis

Das planlose Wachstum der letzten Jahrzehnte wird an den Ausfallstraßen besonders deutlich. In Tripolis, dem Hauptort des Nomos Arkadien (21.300 Einwohner), ist z. B. die Straße nach Argos (Odos Eleftheriu Weniselu) von stürmischem Wachstum geprägt (Abbildung 5). Hier ist es das Kfz-Gewerbe, das in der geschäftlichen Nutzung eine dominierende Rolle spielt. Für 1954 beschrieb BEUERMANN (1957, S. 269) diese damals neuartige Entwicklung, die bis in die Gegenwart anhält. Die alten, ein- und zweigeschossigen Häuser weichen großen Neubauten. In Betonskelettbauweise werden vier- bis sechsstöckige Gebäude errichtet, die ab der ersten Etage Wohnzwecken dienen.

In ganz ähnlicher Form zeigt sich der Wandel in den Hauptgeschäftsstraßen. An der Odos Washington (HAVERSATH 1991, S. 420) ist die nordwestliche Straßenseite noch ganz mit

*Bild 4: Denkmalgeschützte und teilweise renovierte Bausubstanz in der Altstadt (Kastro) von Ioannina*

*Bild 6: Modernes Wohn- und Geschäftshaus in der Innenstadt von Tripolis*

*Bild 5: Traditionelle Ladengeschäfte in Tripolis auf einer 20-Drachmen-Serienbriefmarke der Griechischen Post von 1990*

budenartigen Ladenlokalen besetzt; neben einzelnen Textil- und Lebensmittelgeschäften ist hier das metallverarbeitende Handwerk konzentriert. Die eingeschossigen Läden befinden sich in schlechtem baulichen Zustand. Dieser Straßenzug spiegelt das alte Tripolis (Bild 5), dessen traditionelle Bazar-Struktur BEUERMANN (1957, S. 261) beschreibt. Am Standort des Gerichts, das für den ganzen Nomos (= Bezirk) Arkadien zuständig ist, waren die Bewohner des Umlands bei Erbschaftsangelegenheiten zu in der Regel tagelangem Aufenthalt gezwungen. Die 50 Kaffeehäuser, 35 Restaurants, 20 Konditoreien, 42 Imbißstuben und 60 Rechtsanwälte (BEUERMANN 1957, S. 272) spiegeln diese alte Struktur. Selbstverständlich sind hier auch heute noch die Anwaltskanzleien im Umkreis des Dikastikon Megaron konzentriert.

Das neue Tripolis auf der anderen Straßenseite expandiert: Auf zusammengelegten Parzellen wächst die Stadt in die Höhe, an vielen Stellen entstehen moderne Geschäfte und großzügig zugeschnittene Wohnungen (vgl. Bild 6). Die neuen Wohn- und Geschäftshäuser haben vielfach über dem Erdgeschoß ein halbhohes Zwischengeschoß. Dadurch können die Ladenlokale auf die individuellen Bedürfnisse ihrer wechselnden Inhaber zugeschnitten werden. Manche Betreiber bevorzugen ein hohes, helles Geschäft, so daß der eineinhalb Stockwerke hohe Raum seinen hallenartigen Charakter beibehält. Andere wiederum gestalten das Zwischengeschoß als Galerie mit einem Umgang, der Aufgang erfolgt über eine Treppe. Auf diese Weise kann der hohe Geschäftsraum intensiver für Ausstellungszwecke genutzt werden. Wiederholt ist auch das Zwischengeschoß mit einer durchgehenden Decke vom Erdgeschoß getrennt. Die halbhohen Räume dienen dann zumeist als Lager, mitunter aber auch als Büroräume (z. B. Telefonzentrale eines Taxiunternehmens).

Die Wohnungen in den oberen Etagen sind oftmals in der Art von Terrassenhäusern zurückversetzt, in jedem Fall aber mit breiten, möglichst umlaufenden Balkons versehen. Abgesehen von der Metropole Athen, gilt es dabei für alle anderen Städte Griechenlands, daß auch die Innenstädte als Wohngebiete geschätzt werden. Den aus west- und mitteleuropäischen Städten bekannten ‚Bevölkerungskrater' findet man in dieser Form in den Städten Griechenlands nicht. Das abendliche Flanieren auf bestimmten Straßen und Plätzen der Innenstadt ist nach wie vor

*Bild 7: Moderne Wohnbebauung am Stadtrand von Tripolis*

eine wichtige Form der städtisch-gesellschaftlichen Kommunikation. In Tripolis steht hierfür die Platia Areos, ein großer, rechteckiger Platz in der Nähe des ehemaligen Pascha-Palastes, zur Verfügung; die Ränder dieses Platzes sind von Cafés, Restaurants und anderen Vergnügungsstätten gesäumt. In anderen Städten werden allabendlich die Hauptstraßen für den Autoverkehr gesperrt, damit die *Volta* (Spaziergang) möglich ist. Nur in wenigen Städten (z. B. Arta oder Preveza in Westgriechenland) gibt es eine Fußgängerzone, die ein regelmäßiges ungestörtes Flanieren erlaubt.

Die gleiche Entwicklung wie in den Wohngebieten der Innenstadt ist am Stadtrand (Bild 7) festzustellen. Der architektonische Zuschnitt der Neubauten ist großzügig; nur äußerst selten wird ein altes Haus renoviert, meistens wird es durch ein neues, größeres ersetzt. Es ist dabei auffallend, daß sich die Stadt in den letzten 30 Jahren flächenmäßig fast verdoppelt hat, indem sie in konzentrischen Ringen nach außen wuchs (HAVERSATH 1989, S. 25). Gleichzeitig stieg die Einwohnerzahl lediglich um 4.000 an. Infolge der wirtschaftlichen Entwicklung des Landes und der (trotz hoher Inflationsrate) real gestiegenen Einkommen wuchsen auch die Ansprüche, die an modernen Wohnraum gestellt werden. Diese Schaffung neuer Wohnflächen, die bei besserer Bauausstattung und zunehmender Wohnungsgröße mit einer abnehmenden Einwohnerdichte einhergeht, wird als qualitatives Wachstum (HAVERSATH 1991, S. 420) bezeichnet. Eine derartige Entwicklung ist derzeit für ganz Griechenland kennzeichnend. Die Schwerpunkte der baulichen Aktivitäten liegen eindeutig in der Innenstadt und am Stadtrand. Die älteren Wohngebiete befinden sich heute zwischen beiden Ausbaugebieten, vor einigen Dekaden markierten sie noch den Stadtrand. In diesem Bereich wurde bei Feldstudien (1988) in Tripolis der alte Wohnbestand überwiegend unverändert angetroffen, lediglich entlang von Ausfallstraßen und an vereinzelten anderen Stellen griff auch hier die neue Form der Bebauung Platz.

Das hohe Ausmaß der Lärmbelästigung und Luftverschmutzung hängt unmittelbar mit der gesellschaftlich-wirtschaftlichen Entwicklung zusammen. Der steigende Motorisierungsgrad – allein zwischen 1980 und 1984 nahm der Bestand an Personenkraftwagen um über 33 % zu (*Statistisches Bundesamt* 1986, S. 56) – führt zur Überlastung der Innenstädte, weil der Ausbau des Straßennetzes – von wenigen Ausnahmen abgesehen – unterbleibt. Auch wenn es für die Weiterentwicklung der Städte durchaus Pläne gibt, die von den zuständigen Stadtplanungsämtern erstellt wurden, so ist doch zu bedenken, daß der politische Wille zur Realisierung solcher Konzepte in den meisten Fällen fehlt. Das qualitative Wachstum wird sicher bald an seine Grenzen stoßen, wenn die Lebensqualität in der Stadt weiterhin abnimmt.

*Bild 8: Ehemals türkische Altstadt von Rhodos*

## 2.4 Rhodos

Die vom Tourismus geprägten Städte der griechischen Inseln sind in besonderer Weise in den letzten Jahrzehnten umgestaltet worden. Die für das Ägäische Meer charakteristische Inselflucht konnte in den größeren Städten (Mitilini, Chios, Rhodos) durch wirtschaftliches Wachstum gebremst, z. T. sogar überwunden werden.

Das klarste Beispiel hierfür ist die Stadt Rhodos. Von 1983 bis 1988 nahm die Anzahl der Hotelbetten in der gehobenen Kategorie auf der gesamten Insel um rund 250 % zu. Von 37.114 Hotelbetten (1988) entfallen 41,3 % auf die Stadt Rhodos und 52 % auf die angrenzenden Gemeinden. Die Einrichtungen des Massentourismus konzentrieren sich auf den Nordteil der Insel; hier befindet sich auch der internationale Flughafen. Der Süden ist dagegen frei von der Quartieren des Massentourismus. Selbst das Städtchen Lindos mit seinem berühmten antiken Hafen und der Akropolis verfügt nur über 736 Betten (1988).

Die Altstadt von Rhodos ist orientalisch geprägt (vgl. Bild 8). Moscheen, Sackgassen und Bazarstraßen lassen die Erinnerung an die türkische Zeit (bis 1912) wach werden. Heute ist dieser Teil der Stadt in eine weitläufige Fußgängerzone umgewandelt mit zahlreichen billigen Souvenir-Shops, aber auch vielen teuren Pelz- und Schmuckgeschäften. Diese Art der Branchensortierung ist eine moderne Entwicklung und ganz auf das Einkaufsverhalten der Touristen zugeschnitten. Die ehemals kennzeichnende ethnische Heterogenität mit Vierteln für Juden, Türken und Griechen (EGGELING 1984, S. 78 – 85) ist vollkommen beseitigt. Ein anderer Teil der Altstadt, die Burg der Kreuzritter, wurde in italienischer Zeit (1912 – 1943) in historisierender Bauweise neu erstellt und ist nun eine wichtige Station für den Besichtigungs-Tourismus.

Von der touristisch überprägten Altstadt ist die griechische Neustadt vollkommen getrennt. In Betonskelettbauweise errichtete Wohn- und Geschäftshäuser mit vier bis sieben Stockwerken erinnern an die Bilder von Athen, Ioannina oder Tripolis. Die bekannte dichte Bebauung, ungelenktes Wachstum, vertikale Expansion und der uniforme Betonbaustil lassen auch hier Merkmale erscheinen, die in allen griechischen Städten wiederzufinden sind. Die Besonderheit von Rhodos ist seine duale Struktur, durch die die griechische von der touristischen Stadt getrennt wird.

## 3 Zusammenfassung

Die anfangs besprochene fehlende historische Dimension griechischer Städte (LIENAU 1989, S. 223) ist auf das jugendliche Alter des neugriechischen Staates und vieler seiner Städte zurückzuführen. Gewaltige Bevölkerungsverschiebungen durch Land-, Höhen- und Inselflucht, riesige Flüchtlingsströme nach der ‚kleinasiatischen Katastrophe' (1922), Zerstörungen im Bürgerkrieg und durch Erdbeben führten zu Wachstumsschüben und Neubauphasen, so daß die Städte horizontal und vertikal expandierten.

Der ‚Akropoliskomplex' konzentriert das städtische Wachstum auf Athen, das als Primatstadt alle anderen Siedlungen an Einwohnerzahl und Bedeutung weit übertrifft.

Das schubweise Wachstum führt zu enormen Rangverschiebungen innerhalb der Mittelstädte. Während beispielsweise Ermupolis, der Hauptort der Kykladen, noch 1951 eine ranghohe Position (vgl. Abbildung 2, Nr. 17) einnimmt, ist die Stadt heute zur Bedeutungslosigkeit herabgesunken. Andere Städte wie Larissa oder Ioannina konnten ihre Position verbessern, ohne allerdings die schneller wachsende Primatstadt zu gefährden.

Das moderne Stadtwachstum verläuft ungeregelt. Ältere Baumasse wird zumeist abgerissen und durch moderne, vielgeschossige Betonbauten ersetzt. Ein allgemein festzustellender Bauboom führt zur horizontalen und vertikalen Expansion der Städte. Dieser auch bei stagnierender Einwohnerzahl feststellbare Prozeß zeigt eine Zunahme der Wohnfläche pro Einwohner an (qualitatives Wachstum).

Die Verschlechterung der Lebensbedingungen in der Stadt (dichte Bebauung, Luftverschmutzung, Lärmbelästigung) deutet darauf hin, daß das städtische Wachstum bei unveränderten Rahmenbedingungen möglicherweise bald an seine Grenzen stößt.

Die Sonderentwicklung der touristisch geprägten Inselstädte zeigt sich in ihrer dualen Struktur.

Bei aller Einförmigkeit, wie sie im Betonbaustil deutlich zum Ausdruck kommt, dürfen die individuellen Züge nicht übersehen werden. „Das individuelle Denken der Griechen, insbesondere die Eigenheiten der Kreter (Epiroten, Thessalier, Arkadier, Mazedonier ... : *Zusatz des Verfassers*), lassen Eigenwilligkeiten offen, die die heutige griechische Stadt gegenüber denen der benachbarten Länder Südosteuropas kennzeichnen" (BEUERMANN 1987, S. 237).

## Literatur

BÄHR, J.: Bevölkerungsgeographie. Verteilung und Dynamik der Bevölkerung in globaler, nationaler und regionaler Sicht. Stuttgart 1983.

BEUERMANN, A.: Tripolis und seine Umwelt. In: Die Erde, 88, 1957, S. 255 – 274.

BEUERMANN, A.: Iraklion. Strukturprobleme einer griechischen Stadt auf Kreta. – In: E. KÖHLER und N. WEIN (Hrsg.): Natur- und Kulturräume. Münstersche Geographische Arbeiten, 27, Paderborn 1987, S. 233 – 246.

BREITLING, P.: Charta von Athen. – In: *Akademie für Raumforschung und Landesplanung* (Hrsg.): Handwörterbuch der Raumforschung und Raumordnung. Band I. Hannover 1970, Sp. 398 – 403.

EGGELING, W. J.: Rhodos, Naxos, Syros. Die heutige Kulturlandschaft der südlichen Ägäis als Resultat anthropogeographischer Wandlungen unter besonderer Berücksichtigung ethnischer Gegensätze. Wuppertaler Geographische Studien, 4, 1984.

GAGE, N.: Eleni. München 1987.

HAGGETT, P.: Geographie. Eine moderne Synthese. New York 1983.

HALL, T.: Planung europäischer Hauptstädte. Zur Entwicklung des Städtebaus im 19. Jahrhundert. Stockholm 1986.

HAVERSATH, J.-B.: Stadtentwicklung in Griechenland. Wachstum und Wandel der zentralpeloponnesischen Stadt Tripolis (1954 – 1988). – In: *Universität Passau* (Hrsg.): Nachrichten und Berichte, 58, 1989, S. 24 – 27.

HAVERSATH, J.-B.: Modernes Stadtwachstum im Mittelmeerraum. Das Beispiel griechischer Mittelstädte. In: Geographische Rundschau, 43, 1991, S. 417 – 423.

HEINEBERG, H.: Stadtgeographie. Paderborn, München, Wien, Zürich 1989.

*Kentron Ikonomikon Erevnon u.a.* (Hrsg.): Ikonomikos kä kinonikos atlas tis Ellados. Athen 1964.

KERN, W.: Athen. Studien zur Physiognomie und Funktionalität der Agglomeration, des Dimos und der Innenstadt. Salzburger Geographische Arbeiten, 14, 1986.

LEONTIDOU, L.: The Mediterranean City in Transition. Social Change and Urban Development. Cambridge 1990.

LIENAU, C.: 150 Jahre Athen Hauptstadt des neuen Griechenland. Von der Landstadt zur Metropole. – In: E. KÖHLER und N. WEIN (Hrsg.): Natur- und Kulturräume. Münstersche Geographische Arbeiten, 27, Paderborn 1987, S. 219 – 232.

LIENAU, C.: Griechenland. Geographie eines Staates der europäischen Südperipherie. Darmstadt 1989. (Wissenschaftliche Länderkunden, 32)

MANEKAS, B. A.: Artisanat d'art et logement social en extension urbaine de Jannina (Grèce). Ecole Nationale Supérieure des Beaux-Arts. Unité Pédagogique d'Architecture, No. 1, Paris 1979.

MARWITZ, H.: Hippodamos. – In: K. ZIEGLER und W. SONTHEIMER (Hrsg.): Der Kleine Pauly. Lexikon der Antike, 2. München 1979, Sp. 1161 – 1162.

MERLOPULOS, P.: Research in the Province of Yannina. – In: *Social Sciences Centre, Athens* (Hrsg.): Essays on Greek Migration. Athen 1967, S. 95-105.

MURRAY, O. und PRICE, S. (Hrsg.): The Greek City. From Homer to Alexander. Oxford 1990.

PATTON, C.V. und SOPHULIS, C.M.: Unauthorized Suburban Housing Production in Greece. In: Urban Geography, 10, Nr. 2, S. 138 – 156.

PHILIPPSON, A.: Die Griechischen Landschaften. Band I, Teil III: Der Nordosten der griechischen Halbinsel. Attika und Megaris. Frankfurt 1952.

POTYKA, J.: Die Stadt Sparta. In: Arbeiten aus dem Institut für Geographie der Universität Salzburg, 8, 1981, S. 161 – 223.

RUWE, G.: Griechische Bürgerkriegsflüchtlinge. Vertreibung und Rückkehr. Berichte aus dem Arbeitsgebiet Entwicklungsforschung, 16, Münster 1990.

SAUERWEIN, F.: Griechenland. Land, Volk, Wirtschaft in Stichworten. Wien 1976.

*Statistisches Bundesamt Wiesbaden* (Hrsg.): Länderbericht Griechenland 1986. Stuttgart, Mainz 1986.

**Priv. Doz. Dr. Johann-Bernhard Haversath, Studiendirektor i. H.**
**Lehrstuhl I für Geographie der Universität Passau**
**Schustergasse 21, 94032 Passau**

# PASSAUER SCHRIFTEN ZUR GEOGRAPHIE

## Herausgegeben von der Universität Passau durch Klaus Rother und Herbert Popp
## Schriftleitung: Ernst Struck

**HEFT 1**
Ernst Struck
Landflucht in der Türkei
Die Auswirkungen im Herkunftsgebiet – dargestellt an einem Beispiel aus dem Übergangsraum von Inner- zu Ostanatolien (Provinz Sivas) 1984. *(vergriffen)*

**HEFT 2**
Johann-Bernhard Haversath
Die Agrarlandschaft im römischen Deutschland der Kaiserzeit (1.-4. Jh. n. Chr.) 1984. *(vergriffen)*

**HEFT 3**
Johann-Bernhard Haversath und Ernst Struck
Passau und das Land der Abtei in historischen Karten und Plänen
1986. 18 und 146 Seiten, DIN A4 broschiert, 30 Tafeln und eine Karte. 38,-- DM. ISBN 3922016677

**HEFT 4**
Herbert Popp (Hrsg.)
Geographische Exkursionen im östlichen Bayern
1991. 120 Seiten, DIN A4 broschiert, mit zahlreichen Karten.
28,-- DM. ISBN 3922016693 *(unveränderte Neuauflage)*

**HEFT 5**
Thomas Pricking
Die Geschäftsstraßen von Foggia (Süditalien)
1988. 72 Seiten, DIN A4 broschiert, 28 Abbildungen, davon 19 Farbkarten, 23 Tabellen und 8 Bilder. Summary, Riassunto.
29,80 DM. ISBN 3922016790

**HEFT 6**
Ulrike Haus
Zur Entwicklung lokaler Identität nach der Gemeindegebietsreform in Bayern
Fallstudien aus Oberfranken
1989. 120 Seiten, DIN A4 broschiert, mit 79 Abbildungen, davon 10 Farbkarten, und 58 Tabellen.
29,80 DM. ISBN 3922016898

**HEFT 7**
Klaus Rother (Hrsg.)
Europäische Ethnien im ländlichen Raum der Neuen Welt
1989. 136 Seiten, DIN A4 broschiert, 56 Abbildungen, 22 Tabellen und 10 Bilder.
28,-- DM. ISBN 3922016901

**HEFT 8**
Andreas Kagermeier
Versorgungsorientierung und Einkaufsattraktivität
Empirische Untersuchungen zum Konsumentenverhalten im Umland von Passau
1991. 121 Seiten, DIN A4 broschiert, 20 Abbildungen und 81 Tabellen.
32,-- DM. ISBN 3922016979

**HEFT 9**
Roland Hubert
Die Aischgründer Karpfenteichwirtschaft im Wandel
Eine wirtschafts- und sozialgeographische Untersuchung
1991. 76 Seiten, DIN A4 broschiert, 19 Abbildungen, davon 4 Farbbeilagen, 19 Tabellen und 11 Bilder.
32,-- DM. ISBN 3922016987

**HEFT 10**
Herbert Popp (Hrsg.)
Geographische Forschungen in der saharischen Oase Figuig
1991. 186 Seiten, DIN A4 broschiert, 73 Abbildungen, davon 18 Farbbeilagen, 14 Tabellen und 27 Bilder.
49,80 DM. ISBN 3922016995

**HEFT 11**
Ernst Struck
Mittelpunktssiedlungen in Brasilien
Entwicklung und Struktur in drei Siedlungsräumen Espirito Santos
1992. 174 Seiten, DIN A4 broschiert, 55 Abbildungen, davon 6 Farbkarten, 37 Tabellen und 20 Bilder. Summary, Resumo.
49,80 DM. ISBN 3860360035

*im Druck:*

**HEFT 12**
Armin Ratusny
Mittelalterlicher Landesausbau im Mühlviertel / Oberösterreich.
Formen, Verlauf und Träger der Besiedlung vom 12. bis zum 15. Jahrhundert.
1993. ca. 150 Seiten

**HEFT 13**
Klaus Rother und Herbert Popp (Hrsg.)
Die Bewässerungsgebiete im Mittelmeerraum
Tagung des „Arbeitskreises Mittelmeerländer-Forschung" in Passau 1992
1993. ca. 160 Seiten

*in Vorbereitung:*

**HEFT 14**
Johann-Bernhard Haversath
Die Entwicklung der ländlichen Siedlungen im südlichen Bayerischen Wald.
1994. ca. 150 Seiten

# PASSAUER KONTAKTSTUDIUM ERDKUNDE

**Band 1**
**Herbert Popp (Hrsg.)**
Probleme peripherer Regionen
1987. 157 Seiten, DIN A4 broschiert, 76 Abbildungen, 36 Bilder,
Tabellen und Materialien.
32,80 DM. ISBN 3924905177

**Band 2**
**Johann-Bernhard Haversath und Klaus Rother (Hrsg.)**
Innovationsprozesse in der Landwirtschaft
1989. 152 Seiten, DIN A4 broschiert, 42 Abbildungen, 43 Bilder,
Tabellen und Materialien.
29,80 DM. ISBN 3922016936

**Band 3**
**Ernst Struck (Hrsg.)**
Aktuelle Strukturen und Entwicklungen im Mittelmeerraum
1993. 110 Seiten, DIN A4 broschiert, 48 Abbildungen, 29 Bilder,
16 Tabellen und Materialien.
ISBN 3860360094

# PASSAUER MITTELMEERSTUDIEN

**HEFT 1**
Klaus Dirscherl (Hrsg.)
Die italienische Stadt als Paradigma der Urbanität
1989. 164 Seiten, 16 x 24 cm broschiert, 7 Abbildungen und eine
Tabelle.
24,80 DM. ISBN 3922016863

**HEFT 2**
Klaus Rother (Hrsg.)
Minderheiten im Mittelmeerraum
1989. 168 Seiten, 16 x 24 cm broschiert, 19 Abbildungen,
3 Tabellen und 12 Bilder.
26,80 DM. ISBN 3922016839

**HEFT 3**
Hermann Wetzel (Hrsg.)
Reisen in den Mittelmeerraum
1991. 282 Seiten, 16 x 24 cm broschiert, 11 Abbildungen und
24 Bilder.
34,-- DM. ISBN 3860360019

**Sonderreihe-Heft 1**
Abdellatif Bencherifa und Herbert Popp (Hrsg.)
Le Maroc: espace et société
Actes du colloque maroco-allemand de Passau 1989
1990. 286 Seiten, DIN A4 broschiert, 38 Abbildungen,
63 Tabellen und 32 Fotos.
49,80 DM. ISBN 3922016944

**Sonderreihe-Heft 2**
Abdellatif Bencherifa und Herbert Popp
L'oasis de Figuig
Persistance et changement
1990. 110 Seiten, DIN A4 broschiert, 18 Farbkarten,
26 Abbildungen und 10 Tabellen.
49,80 DM. ISBN 3922016952

**Sonderreihe-Heft 3**
Hubert Lang
Der Heiligenkult in Marokko
Formen und Funktionen der Wallfahrten
1992. 235 Seiten, DIN A4 broschiert, 53 Abbildungen und
3 Tabellen
49,80 DM ISBN 386036006X

# PASSAUER UNIVERSITÄTSREDEN

**HEFT 7**
Klaus Rother
Der Agrarraum der mediterranen Subtropen
Einheit oder Vielfalt?
Öffentliche Antrittsvorlesung an der Universität Passau –
15. Dezember 1983
1984. 28 Seiten, DIN A5 geheftet, 8 Abbildungen, 13 Bilder.
7,50 DM. ISBN 3922016456